Triple

Novelas cortas de Hispanoamérica

Triple espera

Novelas cortas de Hispanoamérica

Edited by Djelal Kadir

PURDUE UNIVERSITY

Under the general editorship of
ROBERT G. MEAD, JR., *University of Connecticut*

Harcourt Brace Jovanovich, Inc.

New York   Chicago   San Francisco   Atlanta

"El coronel no tiene quien le escriba" by
Gabriel García Márquez and "Los adioses" by
Juan Carlos Onetti are reprinted by permission
of Agencia Literaria Carmen Balcells, Barcelona.

"Aura" by Carlos Fuentes, copyright © 1962 by
Ediciones Era, S. A. Reprinted by permission of
Brandt & Brandt.

ISBN: 0-15-592353-6

Library of Congress Catalog Card Number: 75-39396

Printed in the United States of America

Preface

Spanish American writers like Leopoldo Lugones and Jorge Luis Borges have maintained that we all construct worlds around ourselves that give us identities and the security of believing that we have some control over our fate. There is always a moment, however, in which we, the builders, suddenly realize that each construction is really a labyrinth, a trap that becomes a prison.

The three works presented here offer three versions of this predicament. The short novel by the Colombian Gabriel García Márquez, *El coronel no tiene quien le escriba*, shows a man who is victimized by his pride, dignity, and quixotic hopes as much as by the realities of history, government, and society. *Aura*, by the Mexican Carlos Fuentes, presents a historian who becomes the victim of history. *Los adioses*, by the Uruguayan Juan Carlos Onetti, places before the reader a character who faces death honorably as a private, human experience. His attempt to confront his destiny in a meaningful way leads to his self-destruction.

The three authors are outstanding examples of the contemporary flowering of Spanish American prose. All three are best-selling novelists and continue to have an active role in the rise of the Spanish American novel. These particular works have been selected for their exemplary quality. Individually, each one represents the thematic and esthetic preoccupations of its author. They also form a cohesive thematic concern: the tireless expectation of a revelatory moment in life that will disclose an alternate reality—whether it be in futility, in metaphysical awareness, or in death. This revelatory moment climaxes in each of the works in this collection.

These novellas, as mature examples of Spanish American prose, are intended to engage the imagination of American students at the intermediate and advanced college level. Since they are presented in their entirety, they are also suitable for introductory courses to Spanish American literature at the college level. The difficulty in scheduling full-length novels as part of these courses is a common problem. With these short novels, the students will now have access to complete works that can manageably fit within the time limitations of an introductory course. More advanced students of Spanish American literature may also find the collection a useful tool by virtue of its homogeneity and the fact that it presents three of the best contemporary short novels in a single volume.

The editorial notes are intended for use by the intermediate and advanced language student. While the collection may certainly be used in classes beyond the third or fourth semesters, my experience with these works at the fourth-semester level has proven fruitful. The chapter breakdown of the works results in convenient and manageable work units. The varied language structures inherent in each author's style and technique result in extremely helpful exercises in verbal forms. While García Márquez narrates in a straightforward manner, Fuentes' *Aura* uses the second person singular and the future tense. Onetti's *Los adioses*, narrated by an observer who must frequently conjecture and project, makes ample use of the imperfect, conditional, and subjunctive tenses. The three works, placed in order of graduated difficulty, thus present a great variety of linguistic structures for review and reinforcement.

The annotations are meant to facilitate easy access to syntax and to uncommon lexical items. The questions, broken down by chapter, aim at generating discussion of the text as well as stimulating oral and written responses to conceptual, thematic, and interpretive problems or ideas. The vocabulary contains all but the most obvious cognates and easiest words in the text. Each term is followed by its primary meaning as it appears in the context of the narrative. When necessary, the standard definition is also provided.

Djelal Kadir

Acknowledgments

I wish to acknowledge my debt to those who aided in the preparation of this volume. My particular appreciation goes to Professor Roger Peel, of Middlebury College, and to Albert Richards, of Harcourt Brace Jovanovich, for their editorial assistance, as well as to the Center for Inter-American Relations for its support and encouragement.

D. K.

Contents

Preface

v

Triple espera

Novelas cortas de Hispanoamérica

Gabriel García Márquez

COLOMBIA
1928

*L*ike all great writers, Gabriel García Márquez has created a unique world of his own. Each of his stories and novels represents a vital fragment of a totality whose most substantial elaboration can be found in his best seller Cien años de soledad (*1967*). This novel, which in 1972 won the Premio Rómulo Gallegos of Venezuela—a $22,000 prize given every five years for the best novel published in Spanish—placed García Márquez in the first rank of contemporary Latin American writers. He refused to keep the prize, however, and donated the money to the Venezuelan political party MAS (Movimiento al Socialismo), which used the gift toward the purchase of a printing press for its newspaper Acción.

Journalism and literature have always had a close relationship in García Márquez' career. His very first stories appeared in the literary supplement of El espectador, a liberal Bogotá daily. García Márquez became a journalist for this paper in 1946 when he completed his studies. At the age of twenty-six he became its foreign correspondent in Rome and, some months later, in Paris. The four years from 1954 to 1958 in these European capitals were decisive in the author's development and in the genesis of El coronel no tiene quien le escriba (*1961*).

García Márquez views events as inevitabilities that happen to one by necessity. His comments upon receiving the Rómulo Gallegos Prize seem to indicate that he views his own role as a writer in the same vein: "I have always believed, anyway, that we are not writers on our own merits, but rather because of our misfortune in not being able to be something else and that our solitary work should bring us neither greater compensation nor more privileges than those which the shoemaker deserves for making his shoes." In view of such affirmations, we should not be surprised by his scruples, nor by the nature of his literature and its themes. The author's birth, childhood, family circumstances, cultural background, and his situation at the time of the inception of El coronel no tiene quien le escriba *have seemingly conspired to formulate the character of this work. The biographical details of García Márquez' life are no longer a secret. The insistent parallels between these details and the author's work have also become common knowledge.*

Aracataca, the village where García Márquez was born in 1928, is much like the small town that serves as the setting for El coronel. *The village, named after the nearby banana plantation, shared the tumultuous history of political revolts and social instability that has traditionally plagued Colombia. Aside from the tempestuous historical events that assume epic qualities in the author's fiction, García Márquez has embued Aracataca with the fabulous character that always surrounds the locales of one's childhood. In García Márquez the geography of that enchanted age became even more saturated by the marvelous because he spent those early years with his grandparents, absorbing their superstitions, fables, and legendary past—or memories of a past that became legendary in recollection and telling. The figure of his grandfather has undoubtedly shaped the fictional Colonel who, in one form or another, is in every one of the author's works. Like the aging Colonel of this particular novella, García Marquez' grandfather was a veteran of one of the many military uprisings in Colombia, and like the protagonist of this work, he was the treasurer of the rebellious forces. García Márquez also admits that his grandmother has had an equally significant impact on his work. The matriarchal, stalwart mainstay* of the story, who keeps the quixotic men of the household away from foolhardy ventures, or who at least tries to do so—and if not successful, picks up the pieces—was shaped in large measure by the author's memory of this remarkable woman. As we see in this work, it is the woman who constantly humors, coaxes, tolerates, and maintains the dogged Colonel in his unyielding expectation, faith, and innocence.

Starvation, which constantly threatens as an approching inevitability in El coronel no tiene quien le escriba, constantly lurked around the corner for García Márquez while he was composing the great, elaborate work Cien años de soledad, part of which crystallized into the few pages of El coronel. The author was in Paris then. When in 1955 one of Colombia's most notorious dictatorships closed down El espectador, García Márquez' main source of income dried up, his rent went unpaid for more than a year, and he found himself in a Paris garret boiling the same bones more than once to extract a precarious sustenance. García Márquez' tenacious determination and persevering spirit have their parallel in the faith of the old Colonel and his waiting. It is said that the author rewrote El coronel eleven times before it suited him. It is, therefore, not surprising that more than one critic has considered this short novel as García Márquez' most finished work and its hero as the best realized of all the author's characters.

El coronel no tiene quien le escriba

I

El coronel destapó el tarro[1] del café y comprobó que no había más de una cucharadita. Retiró la olla del fogón,[2] vertió la mitad del agua en el piso de tierra, y con un cuchillo raspó el interior del tarro sobre la olla hasta cuando se desprendieron las últimas raspaduras del polvo de café revueltas con óxido de lata.[3]

Mientras esperaba a que hirviera la infusión,[4] sentado junto a la hornilla de barro cocido[5] en una actitud de confiada e inocente expectativa,[6] el coronel experimentó la sensación de que nacían hongos y lirios venenosos en sus tripas. Era octubre. Una mañana difícil de sortear,[7] aun para un hombre como él que había sobrevivido a tantas mañanas como esa. Durante cincuenta y seis años —desde cuando terminó la última guerra civil— el coronel no había hecho nada distinto de esperar. Octubre era una de las pocas cosas que llegaban.

---

[1] **destapó** . . . took the lid off the can
[2] **Retiró** . . . He took the pot off the stove
[3] **hasta cuando** . . . until the last scrapings of the ground coffee mixed with bits of rust were loosened

[4] **a que** . . . for the liquid to boil
[5] **hornilla** . . . baked clay stove
[6] anticipation
[7] get through

Su esposa levantó el mosquitero cuando lo vio entrar al dormitorio con el café. Esa noche había sufrido una crisis de asma y ahora atravesaba por un estado de sopor.[8] Pero se incorporó[9] para recibir la taza.

—Y tú —dijo.

—Ya tomé —mintió el coronel—. Todavía quedaba una cucharada grande.[10]

En ese momento empezaron los dobles.[11] El coronel se había olvidado del entierro.[12] Mientras su esposa tomaba el café, descolgó la hamaca en un extremo y la enrolló en el otro, detrás de la puerta. La mujer pensó en el muerto.

—Nació en 1922 —dijo—. Exactamente un mes después de nuestro hijo. El siete de abril.

Siguió sorbiendo[13] el café en las pausas de su respiración pedregosa.[14] Era una mujer construida apenas en cartílagos blancos sobre una espina dorsal arqueada e inflexible.[15] Los trastornos respiratorios la obligaban a preguntar afirmando. Cuando terminó el café todavía estaba pensando en el muerto.

"Debe ser horrible estar enterrado en octubre", dijo. Pero su marido no le puso atención. Abrió la ventana. Octubre se había instalado[16] en el patio. Contemplando la vegetación que reventaba[17] en verdes intensos, las minúsculas tiendas de las lombrices en el barro,[18] el coronel volvió a sentir el mes aciago[19] en los intestinos.

—Tengos los huesos húmedos —dijo.

—Es el invierno —replicó la mujer—. Desde que empezó a llover te estoy diciendo que duermas con las medias puestas.

—Hace una semana que estoy durmiendo con ellas.

Llovía despacio pero sin pausas. El coronel habría preferido envolverse en una manta de lana y meterse otra vez en la hamaca. Pero la insistencia de los bronces rotos[20] le recordó el entierro. "Es octubre", murmuró, y caminó hacia el centro del cuarto. Sólo

---

[8] drowsiness
[9] she sat up
[10] **cucharada** . . . large spoonful
[11] tolling of the church bells
[12] funeral
[13] sipping
[14] wheezy breathing
[15] **construida** . . . built of little more than

white cartilage attached to a bent and stiff backbone
[16] moved in
[17] was bursting out
[18] **tiendas** . . . earthen cocoons made by worms
[19] ill-fated
[20] **bronces** . . . cracked bells

entonces se acordó del gallo amarrado a la pata de la cama. Era un gallo de pelea.

Después de llevar la taza a la cocina dio cuerda[21] en la sala a un reloj de péndulo montado en un marco de madera labrada.[22] A diferencia del[23] dormitorio, demasiado estrecho para la respiración de una asmática, la sala era amplia, con cuatro mecedoras de fibra en torno a una mesita con un tapete y un gato de yeso.[24] En la pared opuesta a la del reloj, el cuadro de una mujer entre tules[25] rodeada de amorines[26] en una barca cargada de rosas.

Eran las siete y veinte cuando acabó de dar cuerda al reloj. Luego llevó el gallo a la cocina, lo amarró a un soporte de la hornilla,[27] cambió el agua al tarro y puso al lado un puñado de maíz. Un grupo de niños penetró por la cerca desportillada.[28] Se sentaron en torno al gallo, a contemplarlo en silencio.

—No miren más a ese animal —dijo el coronel—. Los gallos se gastan de tanto mirarlos.[29]

Los niños no se alteraron.[30] Uno de ellos inició en la armónica los acordes de una canción de moda. "No toques hoy", le dijo el coronel. "Hay muerto en el pueblo". El niño guardó[31] el instrumento en el bolsillo del pantalón y el coronel fue al cuarto a vestirse para el entierro.

La ropa blanca estaba sin planchar a causa del asma de la mujer. De manera que el coronel tuvo que decidirse por[32] el viejo traje de paño negro que después de su matrimonio sólo usaba en ocasiones especiales. Le costó trabajo encontrarlo en el fondo del baúl, envuelto en periódicos y preservado contra las polillas con bolitas de naftalina. Estirada en la cama la mujer seguía pensando en el muerto.

—Ya debe haberse encontrado con Agustín —dijo—. Pueda ser que no le cuente la situación en que quedamos después de su muerte.

—A esta hora[33] estarán discutiendo de gallos —dijo el coronel.

Encontró en el baúl un paraguas enorme y antiguo. Lo había ganado la mujer en una tómbola[34] política destinada a recolectar

---

[21] **dio** . . . he wound	[29] **se** . . . wear out from being looked at
[22] **marco** . . . case of carved wood	so much
[23] **A** . . . Unlike the	[30] move
[24] plaster	[31] put
[25] **entre** . . . enveloped in tulle	[32] **tuvo** . . . had to settle for
[26] cherubs	[33] **A** . . . By now
[27] **soporte** . . . stove leg	[34] raffle
[28] **por** . . . through a gap in the fence	

fondos para el partido del coronel. Esa misma noche asistieron a un espectáculo al aire libre que no fue interrumpido a pesar de la lluvia. El coronel, su esposa y su hijo Agustín —que entonces tenía ocho años— presenciaron el espectáculo hasta el final, sentados bajo el paraguas. Ahora Agustín estaba muerto y el forro de raso[35] brillante había sido destruido por las polillas.

—Mira en lo que ha quedado[36] nuestro paraguas de payaso de circo —dijo el coronel con una antigua frase suya. Abrió sobre su cabeza un misterioso sistema de varillas[37] metálicas—. Ahora sólo sirve para contar las estrellas.

Sonrió. Pero la mujer no se tomó el trabajo de mirar el paraguas. "Todo está así", murmuró. "Nos estamos pudriendo vivos". Y cerró los ojos para pensar más intensamente en el muerto.

Después de afeitarse al tacto[38] —pues carecía de espejo desde hacía mucho tiempo[39]— el coronel se vistió en silencio. Los pantalones, casi tan ajustados a las piernas como los calzoncillos largos,[40] cerrados en los tobillos con lazos corredizos,[41] se sostenían en la cintura con dos lengüetas[42] del mismo paño que pasaban a través de dos hebillas[43] doradas cosidas a la altura de los riñones. No usaba correa. La camisa color de cartón antiguo, dura como un cartón, se cerraba con un botón de cobre que servía al mismo tiempo para sostener el cuello postizo.[44] Pero el cuello postizo estaba roto, de manera que el coronel renunció a la corbata.[45]

Hacía cada cosa como si fuera un acto trascendental. Los huesos de sus manos estaban forrados por un pellejo lúcido y tenso, manchado de carate como la piel del cuello.[46] Antes de ponerse los botines de charol[47] raspó el barro incrustado en la costura. Su esposa lo vio en ese instante, vestido como el día de su matrimonio. Sólo entonces advirtió[48] cuánto había envejecido su esposo.

—Estás como para un acontecimiento[49] —dijo.

---

[35] **forro** . . . satin covering
[36] **en** . . . what's become of
[37] ribs
[38] **al** . . . by touch
[39] **carecía** . . . he had been without a mirror for a long time
[40] long johns
[41] **cerrados** . . . laced at the ankles
[42] flaps
[43] buckles
[44] detachable collar
[45] gave up on the tie
[46] **pellejo** . . . translucent and taut skin, spotted with dry patches like the skin of his neck
[47] patent leather
[48] noticed
[49] special event, happening

—Este entierro es un acontecimiento —dijo el coronel—. Es el primer muerto de muerte natural que tenemos en muchos años.

Escampó[50] después de las nueve. El coronel se disponía a salir cuando su esposa lo agarró por la manga del saco.

—Péinate —dijo.

El trató de doblegar[51] con un peine de cuerno las cerdas color de acero.[52] Pero fue un esfuerzo inútil.

—Debo parecer un papagayo —dijo.

La mujer lo examinó. Pensó que no. El coronel no parecía un papagayo. Era un hombre árido, de huesos sólidos articulados a tuerca y tornillo.[53] Por la vitalidad de sus ojos no parecía conservado en formol.[54]

"Así estás bien", admitió ella, y agregó cuando su marido abandonaba el cuarto:

—Pregúntale al doctor si en esta casa le echamos agua caliente.[55]

Vivían en el extremo[56] del pueblo, en una casa de techo de palma con paredes de cal desconchadas.[57] La humedad continuaba pero no llovía. El coronel descendió hacia la plaza por un callejón de casas apelotonadas.[58] Al desembocar a la calle central sufrió un estremecimiento.[59] Hasta donde alcanzaba su vista el pueblo estaba tapizado de flores. Sentadas a la puerta de las casas las mujeres de negro[60] esperaban el entierro.

En la plaza comenzó otra vez la llovizna. El propietario del salón de billares vio al coronel desde la puerta de su establecimiento y le gritó con los brazos abiertos:

—Coronel, espérese y le presto un paraguas.

El coronel respondió sin volver la cabeza.

—Gracias, así voy bien.

Aún no había salido el entierro. Los hombres —vestidos de blanco con corbatas negras— conversaban en la puerta bajo los paraguas. Uno de ellos vio al coronel saltando sobre los charcos de la plaza.

—Métase aquí,[61] compadre —gritó.

---

[50] The weather cleared up
[51] subdue
[52] **las** . . . his bristly, steel gray hair
[53] **articulados** . . . joined by nuts and bolts
[54] formaldehyde
[55] **Pregúntale** . . . Ask the doctor what we have done to keep him away (*lit.* "if we have poured hot water on him in this house)
[56] far end
[57] peeling
[58] bunched up
[59] shudder
[60] dressed in mourning
[61] Get under here

Hizo espacio bajo el paraguas.

—Gracias, compadre —dijo el coronel.

Pero no aceptó la invitación. Entró directamente a la casa para dar el pésame[62] a la madre del muerto. Lo primero que percibió fue el olor de muchas flores diferentes. Después empezó el calor. El coronel trató de abrirse camino a través de la multitud bloqueada[63] en la alcoba. Pero alguien le puso una mano en la espalda, lo empujó hacia el fondo del cuarto por una galería de rostros perplejos hasta el lugar donde se encontraban —profundas y dilatadas— las fosas nasales[64] del muerto.

Allí estaba la madre espantando las moscas del ataúd[65] con un abanico de palmas trenzadas.[66] Otras mujeres vestidas de negro contemplaban el cadáver con la misma expresión con que se mira la corriente de un río. De pronto empezó una voz en el fondo del cuarto. El coronel hizo de lado[67] a una mujer, encontró de perfil a la madre del muerto y le puso una mano en el hombro. Apretó[68] los dientes.

—Mi sentido pésame —dijo.

Ella no volvió la cabeza. Abrió la boca y lanzó un aullido.[69] El coronel se sobresaltó. Se sintió empujado contra el cadáver por una masa deforme que estalló en un vibrante alarido.[70] Buscó apoyo con las manos pero no encontró la pared. Había otros cuerpos en su lugar. Alguien dijo junto a su oído, despacio, con una voz muy tierna: "Cuidado, coronel". Volteó la cabeza y se encontró con[71] el muerto. Pero no lo reconoció porque era duro y dinámico y parecía tan desconcertado como él, envuelto en trapos blancos y con el cornetín[72] en las manos. Cuando levantó la cabeza para buscar el aire por encima de los gritos[73] vio la caja tapada dando tumbos[74] hacia la puerta por una pendiente[75] de flores que se despedazaban contra las paredes. Sudó. Le dolían las articulaciones.[76] Un momento después supo que estaba en la calle porque la llovizna le maltrató los párpados y alguien lo agarró por el brazo y le dijo:

[62] condolences
[63] jammed
[64] **fosas** . . . nostrils
[65] coffin
[66] **abanico** . . . braided palm fan
[67] **hizo** . . . pushed aside
[68] He gritted
[69] howl
[70] scream

[71] **se** . . . he was facing
[72] cornet (he is put to rest with his cornet in his hands—Ed.)
[73] **buscar** . . . to find relief from the shouting
[74] **dando** . . . bouncing
[75] slope
[76] **Le** . . . His joints ached

—Apúrese, compadre, lo estaba esperando.

Era don Sabas, el padrino de su hijo muerto, el único dirigente de su partido que escapó a la persecución política y continuaba viviendo en el pueblo. "Gracias, compadre", dijo el coronel, y caminó en silencio bajo el paraguas. La banda inició la marcha fúnebre. El coronel advirtío la falta de un cobre[77] y por primera vez tuvo la certidumbre de que el muerto estaba muerto.

—El pobre —murmuró.

Don Sabas carraspeó. Sostenía el paraguas con la mano izquierda, el mango casi a la altura de la cabeza pues era más bajo que el coronel. Los hombres empezaron a conversar cuando el cortejo abandonó la plaza. Don Sabas volvió entonces hacia el coronel su rostro desconsolado, y dijo:

—Compadre, qué hay del gallo.[78]

—Ahí está el gallo[79] —respondió el coronel.

En ese instante se oyó un grito:

—¿A dónde van con ese muerto?

El coronel levantó la vista. Vio al alcalde en el balcón del cuartel en una actitud discursiva. Estaba en calzoncillos y franela, hinchada la mejilla sin afeitar.[80] Los músicos suspendieron la marcha fúnebre. Un momento después el coronel reconoció la voz del padre Angel conversando a gritos con el alcalde. Descifró el diálogo a través de la crepitación de la lluvia sobre los paraguas.[81]

—¿Entonces? —preguntó don Sabas.

—Entonces nada —respondió el coronel—. Que[82] el entierro no puede pasar frente al cuartel de la policía.

—Se me había olvidado —exclamó don Sabas—. Siempre se me olvida que estamos en estado de sitio.[83]

—Pero esto no es una insurrección —dijo el coronel—. Es un pobre músico muerto.

El cortejo cambió de sentido. En los barrios bajos las mujeres lo vieron pasar mordiéndose las uñas en silencio. Pero después salieron al medio de la calle y lanzaron gritos de alabanzas,[84] de gratitud y despedida, como si creyeran que el muerto las escuchaba dentro del

[77] cornet (brass)
[78] how is the rooster?
[79] The rooster is still there
[80] sin . . . unshaven

[81] **crepitación** . . . the drumming of the rain on the umbrellas
[82] "They say"
[83] **en** . . . under martial law
[84] praise

ataúd. El coronel se sintió mal en el cementerio. Cuando don Sabas lo empujó hacia la pared para dar paso[85] a los hombres que transportaban al muerto, volvió su cara sonriente hacia él, pero se encontró con un rostro duro.

—Qué le pasa,[86] compadre —preguntó.

El coronel suspiró.

—Es octubre, compadre.

Regresaron por la misma calle. Había escampado. El cielo se hizo profundo, de un azul intenso. "Ya no llueve más", pensó el coronel, y se sintió mejor, pero continuó absorto.[87] Don Sabas lo interrumpió.

—Compadre, hágase ver del médico.[88]

—No estoy enfermo —dijo el coronel—. Lo que pasa es que en octubre siento como si tuviera animales en las tripas.

"Ah", hizo don Sabas. Y se despidió en la puerta de su casa, un edificio nuevo, de dos pisos, con ventanas de hierro forjado. El coronel se dirigió a la suya desesperado por abandonar el traje de ceremonias.[89] Volvió a salir un momento después a comprar en la tienda de la esquina un tarro de café y media libra de maíz para el gallo.

II

El coronel se ocupó del gallo a pesar de que el jueves habría preferido permanecer en la hamaca. No escampó en varios días. En el curso de la semana reventó[1] la flora de sus vísceras. Pasó varias noches en vela,[2] atormentado por los silbidos pulmonares de la asmática. Pero octubre concedió una tregua el viernes en la tarde. Los compañeros de Agustín —oficiales de sastrería,[3] como lo fue él, y fanáticos de la gallera[4]— aprovecharon la ocasión para examinar el gallo. Estaba en forma.

El coronel volvió al cuarto cuando quedó solo en la casa con su mujer. Ella había reaccionado.

—Qué dicen —preguntó.

---

[85] **dar** . . . make way
[86] What's the matter
[87] pensive
[88] **hágase** . . . you should see a doctor
[89] **desesperado** . . . anxious to shed his dress suit

[1] blossomed
[2] **en** . . . sleepless
[3] **oficiales** . . . tailors
[4] cock-fight arena

—Entusiasmados —informó el coronel—. Todos están ahorrando para apostarle[5] al gallo.

—No sé qué le han visto a ese gallo tan feo —dijo la mujer—. A mí me parece un fenómeno:[6] tiene la cabeza muy chiquita para las patas.

—Ellos dicen que es el mejor del Departamento[7] —replicó el coronel—. Vale como cincuenta pesos.

Tuvo la certeza de que ese argumento justificaba su determinación de conservar el gallo, herencia del hijo acribillado[8] nueve meses antes en la gallera, por distribuir información clandestina. "Es una ilusión que cuesta caro", dijo la mujer. "Cuando se acabe el maíz tendremos que alimentarlo con nuestros hígados". El coronel se tomó todo el tiempo[9] para pensar mientras buscaba los pantalones de dril en el ropero.

—Es por pocos meses —dijo—. Ya se sabe con seguridad que hay peleas en enero. Después podemos venderlo a mejor precio.

Los pantalones estaban sin planchar. La mujer los estiró sobre la hornilla con dos planchas de hierro calentadas al carbón.

—Cuál es el apuro de salir a la calle —preguntó.

—El correo.

"Se me había olvidado que hoy es viernes", comentó ella de regreso al cuarto. El coronel estaba vestido pero sin los pantalones. Ella observó sus zapatos.

—Ya esos zapatos están de botar[10] —dijo—. Sigue poniéndote los botines de charol.

El coronel se sintió desolado.

—Parecen zapatos de huérfano —protestó—. Cada vez que me los pongo me siento fugado de un asilo.[11]

—Nosotros somos huérfanos de nuestro hijo —dijo la mujer.

También esta vez lo persuadió. El coronel se dirigió al puerto antes de que pitaran las lanchas.[12] Botines de charol, pantalón blanco sin correa y la camisa sin el cuello postizo, cerrada arriba con el botón de cobre. Observó la maniobra de las lanchas desde el almacén del sirio[13] Moisés. Los viajeros descendieron estragados[14] después de ocho horas sin cambiar de posición. Los mismos de siempre:

---

[5] bet on
[6] freak
[7] province, state
[8] riddled (with bullets)
[9] **se** . . . took his time
[10] **están** . . . are ready to be thrown out

[11] **me** . . . I feel like a fugitive from an orphanage
[12] **antes** . . . before the barges sounded their horns
[13] Syrian
[14] ruined

vendedores ambulantes y la gente del pueblo que había viajado la semana anterior y regresaba a la rutina.

La última fue la lancha del correo. El coronel la vio atracar[15] con una angustiosa desazón.[16] En el techo, amarrado a los tubos del vapor[17] y protegido con tela encerada, descubrió el saco del correo. Quince años de espera habían agudizado[18] su intuición. El gallo había agudizado su ansiedad. Desde el instante en que el administrador de correos subió a la lancha, desató el saco y se lo echó a la espalda, el coronel lo tuvo a la vista.[19]

Lo persiguió por la calle paralela al puerto, un laberinto de almacenes y barracas con mercancías de colores en exhibición. Cada vez que lo hacía, el coronel experimentaba una ansiedad muy distinta pero tan apremiante como el terror. El médico esperaba los periódicos en la oficina de correos.

—Mi esposa le manda preguntar[20] si en la casa le echaron agua caliente, doctor —le dijo el coronel.

Era un médico joven con el cráneo cubierto de rizos charolados.[21] Había algo increíble en la perfección de su sistema dental. Se interesó por[22] la salud de la asmática. El coronel suministró una información detallada sin descuidar[23] los movimientos del administrador que distribuía las cartas en las casillas[24] clasificadas. Su indolente manera de actuar exasperaba al coronel.

El médico recibió la correspondencia con el paquete de los periódicos. Puso a un lado los boletines de propaganda científica. Luego leyó superficialmente las cartas personales. Mientras tanto, el administrador distribuyó el correo entre los destinatarios presentes. El coronel observó la casilla que le correspondía en el alfabeto. Una carta aérea de bordes azules aumentó la tensión de sus nervios.

El médico rompió el sello de los periódicos. Se informó de las noticias destacadas[25] mientras el coronel —fija la vista en su casilla— esperaba que el administrador se detuviera frente a ella. Pero no lo hizo. El médico interrumpió la lectura de los periódicos. Miró al coronel. Después miró al administrador sentado frente a los instrumentos del telégrafo y después otra vez al coronel.

---

[15] docking
[16] uneasiness
[17] **tubos** . . . smoke stacks
[18] sharpened
[19] **a** . . . in sight
[20] **le** . . . "wants to know"

[21] **con** . . . with a head covered with shiny black curls
[22] **Se** . . . He inquired after
[23] **sin** . . . "without taking his eyes off"
[24] post office boxes
[25] main

—Nos vamos —dijo.

El administrador no levantó la cabeza.

—Nada para el coronel —dijo.

El coronel se sintió avergonzado.

—No esperaba nada —mintió. Volvió hacia el médico una mirada enteramente infantil—. Yo no tengo quien me escriba.[26] Regresaron en silencio. El médico concentrado en los periódicos. El coronel con su manera de andar habitual que parecía la de un hombre que desanda el camino[27] para buscar una moneda perdida. Era una tarde lúcida. Los almendros de la plaza soltaban sus últimas hojas podridas. Empezaba a anochecer cuando llegaron a la puerta del consultorio.

—Qué hay de noticias[28] —preguntó el coronel.

El médico le dio varios periódicos.

—No se sabe[29] —dijo—. Es difícil leer entre líneas lo que permite publicar la censura.

El coronel leyó los titulares[30] destacados. Noticias internacionales. Arriba, a cuatro columnas, una crónica sobre la nacionalización del canal de Suez.* La primera página estaba casi completamente ocupada por las invitaciones a un entierro.

—No hay esperanzas de elecciones —dijo el coronel.

—No sea ingenuo,[31] coronel —dijo el médico—. Ya nosotros estamos muy grandes para esperar al Mesías.

El coronel trató de devolverle los periódicos pero el médico se opuso.

—Lléveselos para su casa —dijo—. Los lee esta noche y me los devuelve mañana.

Un poco después de las siete sonaron en la torre las campanadas de la censura cinematográfica. El padre Ángel utilizaba ese medio para divulgar la calificación moral de la película de acuerdo con la lista clasificada[32] que recibía todos los meses por correo. La esposa del coronel contó doce campanadas.

—Mala para todos —dijo—. Hace como un año que las películas son malas para todos.

[26] **Yo ...** I have no one to write to me
[27] **desanda ...** retraces his steps
[28] "What's in the news?"
[29] No one knows
[30] headlines
* This detail places the time of the story in the mid-1950s. The nationalization of the Suez Canal took place in 1956—Ed.
[31] **No ...** Don't be naive
[32] **la calificación ...** the moral rating of the movie according to the index

Bajó la tolda del mosquitero y murmuró: "El mundo está corrompido". Pero el coronel no hizo ningún comentario. Antes de acostarse amarró el gallo a la pata de la cama. Cerró la casa y fumigó[33] insecticida en el dormitorio. Luego puso la lámpara en el suelo, colgó la hamaca y se acostó a leer los periódicos.

Los leyó por orden cronológico y desde la primera página hasta la última, incluso los avisos.[34] A las once sonó el clarín del toque de queda.[35] El coronel concluyó la lectura media hora más tarde, abrió la puerta del patio hacia la noche impenetrable, y orinó contra el horcón, acosado por los zancudos. Su esposa estaba despierta cuando él regresó al cuarto.

—No dicen nada de los veteranos —preguntó.

—Nada —dijo el coronel. Apagó la lámpara antes de meterse en la hamaca—. Al principio por lo menos publicaban la lista de los nuevos pensionados. Pero hace como cinco años que no dicen nada.

Llovió después de la medianoche. El coronel concilió el sueño[36] pero despertó un momento después alarmado por sus intestinos. Descubrió una gotera en algún lugar de la casa. Envuelto en una manta de lana hasta la cabeza trató de localizar la gotera en la oscuridad. Un hilo de sudor helado resbaló por su columna vertebral. Tenía fiebre. Se sintió flotando en círculos concéntricos dentro de un estanque de gelatina. Alguien habló. El coronel respondió desde su catre de revolucionario.

—Con quién hablas —preguntó la mujer.

—Con el inglés disfrazado de tigre[37] que apareció en el compamento del coronel Aureliano Buendía* —respondió el coronel. Se revolvió en la hamaca, hirviendo en la fiebre—. Era el duque de Marlborough.**

Amaneció estragado. Al segundo toque para misa saltó de la hamaca y se instaló en una realidad turbia, alborotada por el canto del gallo. Su cabeza giraba todavía en círculos concéntricos. Sintió

[33] sprayed
[34] advertisements
[35] **clarín . . .** curfew bugle call
[36] managed to fall asleep
[37] **disfrazado . . .** disguised as a tiger
* Aureliano Buendía: one of the main characters of the author's longer novel *Cien años de soledad*, who started thirty-two wars and lost them all. The protagonist of *El coronel* was a young captain in his last armed uprising.
** Duke of Marlborough (1650–1722), English general who defeated the French at Blenheim, Aug. 13, 1704, in the War of the Spanish Succession. He won the battle but lost the war. He is a frequent legendary figure in the author's work.

náuseas. Salió al patio y se dirigió al excusado a través del minucioso cuchicheo y los sombríos olores del invierno. El interior del cuartito de madera con techo de zinc estaba enrarecido por el vapor amoniacal del bacinete. Cuando el coronel levantó la tapa surgió del pozo un vaho de moscas[38] triangulares.

Era una falsa alarma. Acuclillado en la plataforma de tablas sin cepillar[39] experimentó la desazón del anhelo frustrado. El apremio fue sustituido por un dolor sordo en el tubo digestivo. "No hay duda", murmuró. "Siempre me sucede lo mismo en octubre". Y asumió su actitud de confiada e inocente expectativa hasta cuando se apaciguaron los hongos de sus vísceras. Entonces volvió al cuarto por el gallo.

—Anoche estabas delirando de fiebre —dijo la mujer.

Había comenzado a poner orden en el cuarto, repuesta[40] de una semana de crisis. El coronel hizo un esfuerzo para recordar.

—No era fiebre —mintió—. Era otra vez el sueño de las telarañas.

Como ocurría siempre, la mujer surgió excitada de la crisis. En el curso de la mañana volteó la casa al revés.[41] Cambió el lugar de cada cosa, salvo[42] el reloj y el cuadro de la ninfa. Era tan menuda y elástica que cuando transitaba con sus babuchas de pana y su traje negro enteramente cerrado parecía tener la virtud de pasar a través de las paredes. Pero antes de las doce había recobrado su densidad, su peso humano. En la cama era un vacío.[43] Ahora, moviéndose entre los tiestos de helechos y begonias, su presencia desbordaba la casa. "Si Agustín tuviera su año[44] me pondría a cantar", dijo, mientras revolvía la olla donde hervían cortadas en trozos todas las cosas de comer que la tierra del trópico es capaz de producir.

—Si tienes ganas de cantar, canta —dijo el coronel—. Eso es bueno para la bilis.

El médico vino después del almuerzo. El coronel y su esposa tomaban el café en la cocina cuando él empujó la puerta de la calle y gritó:

—Se murieron los enfermos.

---

[38] **un** . . . a cloud of flies
[39] **sin** . . . unsanded, rough
[40] recovered
[41] **volteó** . . . she turned the house upside down

[42] except
[43] **era** . . . she was like a ghost
[44] **Si** . . . If the year of mourning for Agustín were up

El coronel se levantó a recibirlo.

—Así es, doctor —dijo dirigiéndose a la sala—. Yo siempre he dicho que su reloj anda con el de los gallinazos.[45]

La mujer fue al cuarto a prepararse para el examen. El médico permaneció[46] en la sala con el coronel. A pesar del calor, su traje de lino intachable exhalaba[47] un hálito de frescura. Cuando la mujer anunció que estaba preparada, el médico entregó al coronel tres pliegos dentro de un sobre. Entró al cuarto, diciendo: "Es lo que no decían los periódicos de ayer".

El coronel lo suponía. Era una síntesis de los últimos acontecimientos nacionales impresa en mimeógrafo para la circulación clandestina. Revelaciones[48] sobre el estado de la resistencia armada en el interior del país. Se sintió demolido. Diez años de informaciones clandestinas no le habían enseñado que ninguna noticia era más sorprendente que la del mes entrante. Había terminado de leer cuando el médico volvió a la sala.

—Esta paciente está mejor que yo —dijo—. Con un asma como esa yo estaría preparado para vivir cien años.

El coronel lo miró sombríamente. Le devolvió el sobre sin pronunciar una palabra, pero el médico lo rechazó.

—Hágala circular[49] —dijo en voz baja.

El coronel guardó el sobre en el bolsillo del pantalón. La mujer salió del cuarto diciendo: "Un día de estos me muero y me lo llevo a los infiernos, doctor". El médico respondió en silencio con el estereotipado esmalte[50] de sus dientes. Rodó una silla hacia la mesita y extrajo del maletín varios frascos de muestras gratuitas.[51] La mujer pasó de largo[52] hacia la cocina.

—Espérese y le caliento el café.

—No, muchas gracias —dijo el médico. Escribió la dosis en una hoja del formulario—. Le niego rotundamente[53] la oportunidad de envenenarme.

Ella rió en la cocina. Cuando acabó de escribir, el médico leyó la fórmula en voz alta pues tenía conciencia de que nadie podía descifrar su escritura. El coronel trató de concentrar la atención. De regreso

---

[45] **su** . . . your clock keeps time with the buzzards'
[46] remained
[47] gave off
[48] Disclosures, news
[49] **Hágala** . . . Pass it on
[50] enamel
[51] **muestras** . . . free samples
[52] **pasó** . . . went by
[53] emphatically

de la cocina la mujer descubrió en su rostro los estragos de la noche anterior.

—Esta madrugada tuvo fiebre —dijo, refiriéndose a su marido—. Estuvo como dos horas diciendo disparates de la guerra civil.

El coronel se sobresaltó.

"No era fiebre", insistió, recobrando su compostura. "Además —dijo— el día que me sienta mal no me pongo en manos de nadie. Me boto yo mismo en el cajón de la basura".

Fue al cuarto a buscar los periódicos.

—Gracias por la flor[54] —dijo el médico.

Caminaron juntos hacia la plaza. El aire estaba seco. El betún de las calles empezaba a fundirse con el calor. Cuando el médico se despidió, el coronel le preguntó en voz baja, con los dientes apretados:

—Cuánto le debemos, doctor.

—Por ahora nada —dijo el médico, y le dio una palmadita en la espalda—. Ya le pasaré una cuenta gorda cuando gane el gallo.

El coronel se dirigió a la sastrería a llevar la carta clandestina a los compañeros de Agustín. Era su único refugio desde cuando sus copartidarios fueron muertos o expulsados del pueblo, y él quedó convertido en un hombre solo sin otra ocupación que esperar el correo todos los viernes.

El calor de la tarde estimuló el dinamismo de la mujer. Sentada entre las begonias del corredor junto a una caja de ropa inservible, hizo otra vez el eterno milagro de sacar prendas nuevas de la nada. Hizo cuellos de mangas y puños de tela de la espalda y remiendos cuadrados, perfectos, aun con retazos de diferente color. Una cigarra instaló su pito en el patio. El sol maduró.[55] Pero ella no lo vio agonizar sobre las begonias. Sólo levantó la cabeza al anochecer cuando el coronel volvió a la casa. Entonces se apretó el cuello con las dos manos, se desajustó las coyunturas;[56] dijo: "Tengo el cerebro tieso como un palo".

—Siempre lo has tenido así —dijo el coronel, pero luego observó el cuerpo de la mujer enteramente cubierto de retazos de colores—. Pareces un pájaro carpintero.[57]

—Hay que ser medio carpintero para vestirte —dijo ella. Extendió

---

[54] **Gracias** . . . Thanks for the compliment
[55] "The sun got warm"
[56] **se** . . . she stretched her joints
[57] woodpecker

una camisa fabricada con género[58] de tres colores diferentes, salvo el cuello y los puños que eran del mismo color—. En los carnavales te bastará con quitarte el saco.[59]

La interrumpieron las campanadas de las seis. "El ángel del Señor anunció a María", rezó en voz alta, dirigiéndose con la ropa al dormitorio. El coronel conversó con los niños que al salir de la escuela habían ido a contemplar el gallo. Luego recordó que no había maíz para el día siguiente y entró al dormitorio a pedir dinero a su mujer.

—Creo que ya no quedan sino cincuenta centavos[60] —dijo ella.

Guardaba el dinero bajo la estera de la cama, anudado en la punta de un pañuelo. Era el producto de la máquina de coser de Agustín. Durante nueve meses habían gastado ese dinero centavo a centavo, repartiéndolo entre sus propias necesidades y las necesidades del gallo. Ahora sólo había dos monedas de a veinte y una de a diez centavos.[61]

—Compras una libra de maíz —dijo la mujer—. Compras con los vueltos el café de mañana y cuatro onzas de queso.

—Y un elefante dorado para colgarlo en la puerta —prosiguió el coronel—. Sólo el maíz cuesta cuarenta y dos.

Pensaron un momento. "El gallo es un animal y por lo mismo puede esperar", dijo la mujer inicialmente. Pero la expresión de su marido la obligó a reflexionar. El coronel se sentó en la cama, los codos apoyados en las rodillas, haciendo sonar las monedas entre las manos. "No es por mí", dijo al cabo de un momento. "Si de mí dependiera haría esta misma noche un sancocho de gallo.[62] Debe ser muy buena una indigestión de cincuenta pesos". Hizo una pausa para destripar un zancudo en el cuello. Luego siguió a su mujer con la mirada alrededor del cuarto.

—Lo que me preocupa es que esos pobres muchachos están ahorrando.

Entonces ella empezó a pensar. Dio una vuelta completa con la bomba de insecticida. El coronel descubrió algo de irreal en su actitud, como si estuviera convocando para consultarlos a los espíritus de la casa. Por último puso la bomba sobre el altarcillo de litografías y fijó sus ojos color de almíbar en los ojos color de almíbar del coronel.

---

[58] material
[59] **En** . . . During the carnival all you'll have to do is take off your coat
[60] **no** . . . there are only fifty cents left
[61] **había** . . . there were two twenty-cent pieces and one ten-cent piece
[62] **sancocho** . . . rooster stew

—Compra el maíz —dijo—. Ya sabrá Dios cómo hacemos nosotros para arreglarnos.[63]

III

"Este es el milagro de la multiplicación de los panes", repitió el coronel cada vez que se sentaron a la mesa en el curso de la semana siguiente. Con su asombrosa habilidad para componer, zurcir y remendar, ella parecía haber descubierto la clave para sostener la economía doméstica en el vacío. Octubre prolongó la tregua. La humedad fue sustituida por el sopor. Reconfortada por el sol de cobre la mujer destinó tres tardes a su laborioso peinado. "Ahora empieza la misa cantada", dijo el coronel la tarde en que ella desenredó las largas hebras azules con un peine de dientes separados. La segunda tarde, sentada en el patio con una sábana blanca en el regazo, utilizó un peine más fino para sacar[1] los piojos que habían proliferado durante la crisis. Por último se lavó la cabeza con agua de alhucema, esperó a que secara, y se enrolló el cabello en la nuca en dos vueltas sostenidas con una peineta.[2] El coronel esperó. De noche, desvelado en la hamaca, sufrió muchas horas por la suerte del gallo.[3] Pero el miércoles lo pesaron y estaba en forma.

Esa misma tarde, cuando los compañeros de Agustín abandonaron la casa haciendo cuentas alegres[4] sobre la victoria del gallo, también el coronel se sintió en forma. La mujer le cortó el cabello. "Me has quitado veinte años de encima",[5] dijo él, examinándose la cabeza con las manos. La mujer pensó que su marido tenía razón.

—Cuando estoy bien soy capaz de resucitar un muerto —dijo.

Pero su convicción duró muy pocas horas. Ya no quedaba en la casa nada que vender, salvo el reloj y el cuadro. El jueves en la noche, en el último extremo de los recursos, la mujer manifestó su inquietud ante la situación.

---

[63] **Ya** . . . God will provide for us
[1] comb out
[2] **se** . . . she rolled up her hair, twisting it twice on the nape of her neck, and secured it with a comb

[3] **sufrió** . . . he worried for hours about the rooster's fate
[4] **haciendo** . . . happily figuring up proceeds
[5] **Me** . . . You've taken twenty years off me

—No te preocupes —la consoló el coronel—. Mañana viene el correo.

Al día siguiente esperó las lanchas frente al consultorio del médico.

—El avión es una cosa maravillosa —dijo el coronel, los ojos apoyados[6] en el saco del correo—. Dicen que puede llegar a Europa en una noche.

"Así es", dijo el médico, abanicándose con una revista ilustrada. El coronel descubrió al administrador postal en un grupo que esperaba el final de la maniobra para saltar a la lancha. Saltó el primero. Recibió del capitán un sobre lacrado.[7] Después subió al techo. El saco del correo estaba amarrado entre dos tambores de petróleo.

—Pero no deja de tener sus peligros —dijo el coronel. Perdió de vista al administrador, pero lo recobró entre los frascos de colores del carrito de refrescos—. La humanidad no progresa de balde.

—En la actualidad es más seguro que una lancha —dijo el médico—. A veinte mil pies de altura se vuela por encima de las tempestades.

—Veinte mil pies —repitió el coronel, perplejo, sin concebir la noción de la cifra.

El médico se interesó. Estiró la revista con las dos manos hasta lograr una inmovilidad absoluta.

—Hay una estabilidad perfecta —dijo.

Pero el coronel estaba pendiente del[8] administrador. Lo vio consumir un refresco de espuma rosada sosteniendo el vaso con la mano izquierda. Sostenía con la derecha el saco del correo.

—Además, en el mar hay barcos anclados en permanente contacto con los aviones nocturnos —siguió diciendo el médico—. Con tantas precauciones es más seguro que una lancha.

El coronel lo miró.

—Por supuesto —dijo—. Debe ser como las alfombras.[9]

El administrador se dirigió directamente hacia ellos. El coronel retrocedió impulsado por una ansiedad irresistible tratando de descifrar el nombre escrito en el sobre lacrado. El administrador abrió el saco. Entregó al médico el paquete de los periódicos. Luego desgarró el sobre de la correspondencia privada, verificó la exactitud de la remesa y leyó en las cartas los nombres de los destinatarios. El médico abrió los periódicos.

---

[6] fixed
[7] a sealed envelope
[8] **estaba** . . . kept his eyes on
[9] flying carpets

—Todavía el problema de Suez —dijo, leyendo los titulares destacados—. El occidente pierde terreno.

El coronel no leyó los titulares. Hizo un esfuerzo para reaccionar contra su estómago. "Desde que hay censura los periódicos no hablan sino de Europa", dijo. "Lo mejor será que los europeos se vengan para acá y que nosotros nos vayamos para Europa. Así sabrá todo el mundo lo que pasa en su respectivo país".

—Para los europeos América del Sur es un hombre de bigotes, con una guitarra y un revólver —dijo el médico, riendo sobre el periódico—. No entienden el problema.

El administrador le entregó la correspondencia. Metió el resto en el saco y lo volvió a cerrar. El médico se dispuso a leer dos cartas personales. Pero antes de romper los sobres miró al coronel. Luego miró al administrador.

—¿Nada para el coronel?

El coronel sintió el terror. El administrador se echó el saco al hombro, bajó el andén y respondió sin volver la cabeza:

—El coronel no tiene quien le escriba.

Contrariando su costumbre no se dirigió directamente a la casa. Tomó café en la sastrería mientras los compañeros de Agustín hojeaban los periódicos. Se sentía defraudado. Habría preferido permanecer allí hasta el viernes siguiente para no presentarse esa noche ante su mujer con las manos vacías. Pero cuando cerraron la sastrería tuvo que hacerle frente[10] a la realidad. La mujer lo esperaba.

—Nada —preguntó.

—Nada —respondió el coronel.

El viernes siguiente volvió a las lanchas. Y como todos los viernes regresó a su casa sin la carta esperada. "Ya hemos cumplido con esperar",[11] le dijo esa noche su mujer. "Se necesita tener[12] esa paciencia de buey que tú tienes para esperar una carta durante quince años". El coronel se metió en la hamaca a leer los periódicos.

—Hay que esperar el turno —dijo—. Nuestro número es el mil ochocientos veintitrés.

—Desde que estamos esperando, ese número ha salido dos veces en la lotería —replicó la mujer.

El coronel leyó, como siempre, desde la primera página hasta la

[10] **hacerle** . . . confront, face   [12] **Se** . . . One must have
[11] **Ya** . . . "We have waited long enough"

última, incluso los avisos. Pero esta vez no se concentró. Durante la lectura pensó en su pensión de veterano. Diecinueve años antes, cuando el congreso promulgó la ley, se inició un proceso de justificación que duró ocho años. Luego necesitó seis años más para hacerse incluir en el escalafón. Esa fue la última carta que recibió el coronel.

Terminó después del toque de queda. Cuando iba a apagar la lámpara cayó en la cuenta de que[13] su mujer estaba despierta.

—¿Tienes todavía aquel recorte?[14]

La mujer pensó.

—Sí. Debe estar con los otros papeles.

Salió del mosquitero y extrajo del armario un cofre de madera con un paquete de cartas ordenadas por las fechas y aseguradas con una cinta elástica. Localizó un anuncio de una agencia de abogados que se comprometía a una gestión activa[15] de las pensiones de guerra.

—Desde que estoy con el tema de que cambies de abogado ya hubiéramos tenido tiempo hasta de gastarnos la plata[16] —dijo la mujer, entregando a su marido el recorte de periódico—. Nada sacamos con que nos la metan en el cajón como a los indios.[17]

El coronel leyó el recorte fechado dos años antes. Lo guardó en el bolsillo de la camisa colgada detrás de la puerta.

—Lo malo es que para el cambio de abogado se necesitaría dinero.

—Nada de eso —decidió la mujer—. Se les escribe diciendo que descuenten lo que sea[18] de la misma pensión cuando la cobren. Es la única manera de que se interesen en el asunto.

Así que el sábado en la tarde el coronel fue a visitar a su abogado. Lo encontró tendido a la bartola[19] en una hamaca. Era un negro monumental sin nada más que los dos comillos[20] en la mandíbula superior. Metió los pies en unas pantuflas con suelas de madera y abrió la ventana del despacho sobre una polvorienta pianola con papeles embutidos en los espacios de los rollos:[21] recortes del "Diario Oficial" pegados con goma en viejos cuadernos de contabilidad y una colección salteada de los boletines de la contraloría. La pianola sin

[13] **cayó** . . . he realized that
[14] clipping
[15] **que** . . . that promised quick action
[16] **Desde** . . . During the time I've been after you to change lawyers, we could have spent the money already
[17] **Nada** . . . "What's the use of getting the money after we are dead" (reference

to the Indian custom of burying the dead with their precious possessions)
[18] **lo** . . . whatever it comes to
[19] **a** . . . in a carefree manner
[20] canine teeth
[21] **espacios** . . . where rolls of music used to go

teclas[22] servía al mismo tiempo de escritorio. El coronel expuso su inquietud antes de revelar el propósito de su visita.

"Yo le advertí que la cosa no era de un día para el otro",[23] dijo el abogado en una pausa del coronel. Estaba aplastado por el calor. Forzó hacia atrás los resortes de la silla y se abanicó con un cartón de propaganda.

—Mis agentes me escriben con frecuencia diciendo que no hay que[24] desesperarse.

—Es lo mismo desde hace quince años —replicó el coronel—. Esto empieza a parecerse al cuento del gallo capón.[25]

El abogado hizo una descripción muy gráfica de los vericuetos[26] administrativos. La silla era demasiado estrecha para sus nalgas otoñales.[27] "Hace quince años era más fácil", dijo. "Entonces existía la asociación municipal de veteranos compuesta por elementos de los dos partidos". Se llenó los pulmones de un aire abrasante y pronunció la sentencia como si acabara de inventarla:

—La unión hace la fuerza.[28]

—En este caso no la hizo —dijo el coronel, por primera vez dándose cuenta de su soledad—. Todos mis compañeros se murieron esperando el correo.

El abogado no se alteró.

—La ley fue promulgada demasiado tarde —dijo—. No todos tuvieron la suerte de usted que fue coronel a los veinte años. Además, no se incluyó una partida especial, de manera que el gobierno ha tenido que hacer remiendos en el presupuesto.

Siempre la misma historia. Cada vez que el coronel la escuchaba padecía un sordo resentimiento. "Esto no es una limosna", dijo. "No se trata de hacernos un favor. Nosotros nos rompimos el cuero para salvar la república". El abogado se abrió de brazos.[29]

—Así es, coronel —dijo—. La ingratitud humana no tiene límites.

También esa historia la conocía el coronel. Había empezado a escucharla al día siguiente del tratado de Neerlandia* cuando el gobierno prometió auxilios de viaje e indemnizaciones a doscientos

---

[22] keys
[23] de . . . overnight
[24] no . . . there is no need to
[25] cuento . . . story of the capon (a riddle with no solution—the "chicken or the egg" type—Ed.)
[26] "ins and outs"

[27] sagging
[28] La . . . There is strength in numbers
[29] se . . . threw up his hands
* Treaty of capitulation of Col. Aureliano Buendía's insurrectionist forces, in the author's *Cien años de soledad*.

oficiales de la revolución. Acampado en torno a la gigantesca ceiba[30] de Neerlandia un batallón revolucionario compuesto en gran parte por adolescentes fugados de la escuela, esperó durante tres meses. Luego regresaron a sus casas por sus propios medios y allí siguieron esperando. Casi sesenta años después todavía el coronel esperaba.

Excitado por los recuerdos asumió una actitud trascendental. Apoyó en el hueso del muslo la mano derecha —puros huesos cosidos con fibras nerviosas— y murmuró:

—Pues yo he decidido tomar una determinación.[31]

El abogado quedó en suspenso.

—¿Es decir?

—Cambio de abogado.

Una pata seguida por varios patitos amarillos entró al despacho. El abogado se incorporó para hacerla salir. "Como usted diga, coronel", dijo, espantando los animales. "Será como usted diga. Si yo pudiera hacer milagros no estaría viviendo en este corral". Puso una verja[32] de madera en la puerta del patio y regresó a la silla.

—Mi hijo trabajó toda su vida —dijo el coronel—. Mi casa está hipotecada.[33] La ley de jubilaciones ha sido una pensión vitalicia para los abogados.

—Para mí no —protestó el abogado—. Hasta el último centavo se ha gastado en diligencias.[34]

El coronel sufrió con la idea de haber sido injusto.

—Eso es lo que quise decir —corrigió. Se secó la frente con la manga de la camisa—. Con este calor se oxidan las tuercas de la cabeza.

Un momento después el abogado revolvió el despacho en busca del poder.[35] El sol avanzó hacia el centro de la escueta habitación construida con tablas sin cepillar. Después de buscar inútilmente por todas partes, el abogado se puso a gatas,[36] bufando, y cogió un rollo de papeles bajo la pianola.

—Aquí está.

Entregó al coronel una hoja de papel sellado. "Tengo que escribirles a mis agentes para que anulen las copias", concluyó. El coronel sacudió el polvo y se guardó la hoja en el bolsillo de la camisa.

---

[30] God tree, silk-cotton tree
[31] **tomar . . .** to take action
[32] gate
[33] mortgaged
[34] "negotiations"
[35] power of attorney
[36] **a . . .** on all fours

—Rómpala usted mismo —dijo el abogado.

"No", respondió el coronel. "Son veinte años de recuerdos". Y esperó a que el abogado siguiera buscando. Pero no lo hizo. Fue hasta la hamaca a secarse el sudor. Desde allí miró al coronel a través de una atmósfera reverberante.

—También necesito los documentos —dijo el coronel.

—Cuáles.

—La justificación.[37]

El abogado se abrió de brazos.

—Eso sí que será[38] imposible, coronel.

El coronel se alarmó. Como tesorero de la revolución en la circunscripción de Macondo había realizado un penoso viaje de seis días con los fondos de la guerra civil en dos baúles amarrados al lomo de una mula. Llegó al campamento de Neerlandia arrastrando la mula muerta de hambre media hora antes de que se firmara el tratado. El coronel Aureliano Buendía —intendente general de las fuerzas revolucionarias en el litoral Atlántico— extendió el recibo de los fondos e incluyó los dos baúles en el inventario de la rendición.

—Son documentos de un valor incalculable —dijo el coronel—. Hay un recibo escrito de su puño y letra[39] del coronel Aureliano Buendía.

—De acuerdo —dijo el abogado—. Pero esos documentos han pasado por miles y miles de manos en miles y miles de oficinas hasta llegar a quién sabe qué departamentos del ministerio de guerra.

—Unos documentos de esa índole no pueden pasar inadvertidos para ningún funcionario —dijo el coronel.

—Pero en los últimos quince años han cambiado muchas veces los funcionarios —precisó el abogado—. Piense usted que ha habido siete presidentes y que cada presidente cambió por lo menos diez veces su gabinete y que cada ministro cambió sus empleados por lo menos cien veces.

—Pero nadie pudo llevarse los documentos para su casa —dijo el coronel—. Cada nuevo funcionario debió encontrarlos en su sitio.

El abogado se desesperó.

—Además, si esos papeles salen ahora del ministerio tendrán que someterse a un nuevo turno para el escalafón.

[37] proof of claim
[38] Eso . . . That will certainly be
[39] **escrito** . . . written by the very hand

—No importa —dijo el coronel.

—Será cuestión de siglos.

—No importa. El que espera lo mucho espera lo poco.[40]

IV

Llevó a la mesita de la sala un bloc de papel rayado, la pluma, el tintero y una hoja de papel secante, y dejó abierta la puerta del cuarto por si[1] tenía que consultar algo con su mujer. Ella rezó el rosario.

—¿A cómo estamos hoy?[2]

—27 de octubre.

Escribió con una compostura aplicada,[3] puesta la mano con la pluma en la hoja de papel secante, recta la columna vertebral para favorecer[4] la respiración, como le enseñaron en la escuela. El calor se hizo insoportable en la sala cerrada. Una gota de sudor cayó en la carta. El coronel la recogió en el papel secante. Después trató de raspar las palabras disueltas, pero hizo un borrón. No se desesperó. Escribió una llamada[5] y anotó al margen: "derechos adquiridos".[6] Luego leyó todo el párrafo.

—¿Qué día me incluyeron en el escalafón?

La mujer no interrumpió la oración para pensar.

—12 de agosto de 1949.

Un momento después empezó a llover. El coronel llenó una hoja de garabatos[7] grandes, un poco infantiles, los mismos que le enseñaron en la escuela pública de Manaure. Luego una segunda hoja hasta la mitad, y firmó.

Leyó la carta a su mujer. Ella aprobó cada frase con la cabeza.[8] Cuando terminó la lectura el coronel cerró el sobre y apagó la lámpara.

—Puedes decirle a alguien que te la saque a máquina.[9]

—No —respondió el coronel—. Ya estoy cansado de andar pidiendo favores.

---

[40] **El** . . . If one can wait this much, he can wait a little bit more
[1] **por** . . . in case
[2] **A** . . . What's the date today?
[3] a deliberate composure
[4] facilitate
[5] asterisk
[6] acquired rights
[7] scrawls
[8] **con** . . . with a nod
[9] **que** . . . to type it for you

Durante media hora sintió la lluvia contra las palmas del techo. El pueblo se hundió en el diluvio. Después del toque de queda empezó la gota en algún lugar de la casa.

—Esto se ha debido hacer desde hace mucho tiempo[10] —dijo la mujer—. Siempre es mejor entenderse[11] directamente.

—Nunca es demasiado tarde —dijo el coronel, pendiente de la gotera[12]—. Pueda ser que todo esté resuelto cuando se cumpla la hipoteca de la casa.[13]

—Faltan dos años —dijo la mujer.

El encendió la lámpara para localizar la gotera en la sala. Puso debajo el tarro del gallo y regresó al dormitorio perseguido por el ruido metálico del agua en la lata vacía.

—Es posible que por el interés de ganarse la plata lo resuelvan antes de enero —dijo, y se convenció a sí mismo—. Para entonces Agustín habrá cumplido su año[14] y podemos ir al cine.

Ella rió en voz baja. "Ya ni siquiera me acuerdo de los monicongos",[15] dijo. El coronel trató de verla a través del mosquitero.

—¿Cuándo fuiste al cine por última vez?

—En 1931 —dijo ella—. Daban "La voluntad del muerto".

—¿Hubo puños?[16]

—No se supo nunca. El aguacero se desgajó cuando el fantasma trataba de robarle el collar a la muchacha.

Los durmió[17] el rumor de la lluvia. El coronel sintió un ligero malestar en los intestinos. Pero no se alarmó. Estaba a punto de sobrevivir a un nuevo octubre. Se envolvió en una manta de lana y por un momento percibió la pedregosa respiración de la mujer —remota— navegando en otro sueño. Entonces habló, perfectamente consciente.

La mujer despertó.

—¿Con quién hablas?

—Con nadie —dijo el coronel—. Estaba pensando que en la reunión de Macondo tuvimos razón cuando le dijimos al coronel

---

[10] **Esto . . .** This should have been done long ago
[11] to deal
[12] **pendiente . . .** awaiting the next drip-drop
[13] **Pueda . . .** By the time the mortgage on the house is due, maybe it'll all be resolved
[14] **Para . . .** By then the year-long mourning period for Agustín will be over
[15] cartoons
[16] **Hubo . . .** Was there a fist fight?
[17] **Los . . .** Put them to sleep

Aureliano Buendía que no se rindiera. Eso fue lo que echó a perder el mundo.[18]

Llovió toda la semana. El dos de noviembre —contra la voluntad del coronel— la mujer llevó flores a la tumba de Agustín. Volvió del cementerio con una nueva crisis. Fue una semana dura. Más dura que las cuatro semanas de octubre a las cuales el coronel no creyó sobrevivir. El médico estuvo a ver a la enferma y salió de la pieza gritando: "Con un asma como esa yo estaría preparado para enterrar a todo el pueblo". Pero habló a solas con el coronel y prescribió un régimen especial.

También el coronel sufrió una recaída. Agonizó muchas horas en el excusado, sudando hielo, sintiendo que se pudría y se caía a pedazos la flora de sus vísceras. "Es el invierno", se repitió sin desesperarse. "Todo será distinto cuando acabe de llover". Y lo creyó realmente, seguro de estar vivo en el momento en que llegara la carta.

A él le correspondió esta vez remendar la economía doméstica. Tuvo que apretar[19] los dientes muchas veces para solicitar crédito en las tiendas vecinas. "Es hasta la semana entrante", decía, sin estar seguro él mismo de que era cierto. "Es una platita que ha debido llegarme desde el viernes". Cuando surgió de la crisis la mujer lo reconoció con estupor.

—Estás en el hueso pelado[20] —dijo.

—Me estoy cuidando para venderme —dijo el coronel—. Ya estoy encargado por una fábrica de clarinetes.[21]

Pero en realidad estaba apenas sostenido por la esperanza de la carta. Agotado, los huesos molidos por la vigilia, no pudo ocuparse al mismo tiempo de sus necesidades y del gallo. En la segunda quincena[22] de noviembre creyó que el animal se moriría después de dos días sin maíz. Entonces se acordó de un puñado de habichuelas[23] que había colgado en julio sobre la hornilla. Abrió las vainas[24] y puso al gallo un tarro de semillas secas.

—Ven acá —dijo.

—Un momento —respondió el coronel, observando la reacción del gallo—. A buena hambre no hay mal pan.[25]

---

[18] **Eso** ... That was everyone's undoing
[19] clench
[20] **Estás** ... You are nothing but skin and bones
[21] **Ya** ... I'm already on order for a

clarinet factory
[22] half
[23] beans
[24] pods
[25] **A** ... "Beggars can't be choosers"

Encontró a su esposa tratando de incorporarse en la cama. El cuerpo estragado exhalaba un vaho de hierbas medicinales. Ella pronunció las palabras, una a una, con una precisión calculada:

—Sales inmediatamente de[26] ese gallo.

El coronel había previsto aquel momento. Lo esperaba desde la tarde en que acribillaron a su hijo y él decidió conservar el gallo. Había tenido tiempo de pensar.

—Ya no vale la pena —dijo—. Dentro de tres meses será la pelea y entonces podremos venderlo a mejor precio.

—No es cuestión de plata —dijo la mujer—. Cuando vengan los muchachos les dices que se lo lleven y hagan con él lo que les dé la gana.[27]

—Es por Agustín —dijo el coronel con un argumento previsto—. Imagínate la cara con que hubiera venido a comunicarnos la victoria del gallo.

La mujer pensó efectivamente en su hijo.

"Esos malditos gallos fueron su perdición", gritó. "Si el tres de enero se hubiera quedado en la casa no lo hubiera sorprendido la mala hora".[28] Dirigió hacia la puerta un índice escuálido y exclamó:

—Me parece que lo estuviera viendo cuando salió con el gallo debajo del brazo. Le advertí que no fuera a buscar una mala hora[29] en la gallera y él me mostró los dientes y me dijo: "Cállate, que esta tarde nos vamos a podrir de plata".[30]

Cayó extenuada. El coronel la empujó suavemente hacia la almohada. Sus ojos tropezaron[31] con otros ojos exactamente iguales a los suyos. "Trata de no moverte", dijo, sintiendo los silbidos dentro de sus propios pulmones. La mujer cayó en un sopor momentáneo. Cerró los ojos. Cuando volvió a abrirlos su respiración parecía más reposada.

—Es por la situación en que estamos —dijo—. Es pecado quitarnos el pan de la boca para echárselo a un gallo.

El coronel le secó la frente con la sábana.

—Nadie se muere en tres meses.

—Y mientras tanto qué comemos —preguntó la mujer.

---

[26] **Sales** . . . You immediately get rid of
[27] **lo que** . . . what they wish
[28] **no** . . . his destiny would not have caught up with him
[29] **mala** . . . fateful hour
[30] **nos** . . . we're going to be filthy rich
[31] met

—No sé —dijo el coronel—. Pero si nos fuéramos a morir de hambre ya nos hubiéramos muerto.

El gallo estaba perfectamente vivo frente al tarro vacío. Cuando vio al coronel emitió un monólogo gutural, casi humano, y echó la cabeza hacia atrás. El le hizo una sonrisa de complicidad:

—La vida es dura, camarada.

Salió a la calle. Vagó por el pueblo en siesta, sin pensar en nada, ni siquiera tratando de convencerse de que su problema no tenía solución. Anduvo por calles olvidadas hasta cuando se encontró agotado. Entonces volvió a casa. La mujer lo sintió entrar y lo llamó al cuarto.

—¿Qué?

Ella respondió sin mirarlo.

—Que podemos vender el reloj.

El coronel había pensado en eso. "Estoy segura de que Alvaro te da cuarenta pesos en seguida", dijo la mujer. "Fíjate la facilidad[32] con que compró la máquina de coser".

Se refería al sastre para quien trabajó Agustín.

—Se le puede hablar por la mañana —admitió el coronel.

—Nada de hablar por la mañana —precisó ella—. Le llevas ahora mismo el reloj, se lo pones en la mesa y le dices: "Alvaro, aquí le traigo este reloj para que me lo compre". El entenderá en seguida.

El coronel se sintió desgraciado.

—Es como andar cargando el santo sepulcro —protestó—. Si me ven por la calle con semejante escaparate me sacan[33] en una canción de Rafael Escalona.*

Pero también esta vez su mujer lo convenció. Ella misma descolgó el reloj, lo envolvió en periódicos y se lo puso entre las manos. "Aquí no vuelves sin los cuarenta pesos", dijo. El coronel se dirigió a la sastrería con el envoltorio bajo el brazo. Encontró a los compañeros de Agustín sentados a la puerta.

Uno de ellos le ofreció un asiento. Al coronel se le embrollaban las ideas. "Gracias", dijo. "Voy de paso".[34] Alvaro salió de la sastrería. En un alambre tendido entre dos horcones del corredor colgó una pieza de dril[35] mojada. Era un muchacho de formas duras, angulosas,

---

[32] **Fíjate** . . . Just look how readily
[33] they'll put me
* popular singer of the time

[34] **Voy** . . . I'm just passing through
[35] denim

y ojos alucinados. También él lo invitó a sentarse. El coronel se sintió reconfortado. Recostó el taburete contra el marco de la puerta y se sentó a esperar que Alvaro quedara solo para proponerle el negocio. De pronto se dio cuenta de que estaba rodeado de rostros herméticos.

—No interrumpo —dijo.

Ellos protestaron. Uno se inclinó hacia él. Dijo, con una voz apenas perceptible:

—Escribió Agustín.

El coronel observó la calle desierta.

—¿Qué dice?

—Lo mismo de siempre.

Le dieron la hoja clandestina. El coronel la guardó en el bolsillo del pantalón. Luego permaneció en silencio tamborileando sobre el envoltorio hasta cuando se dio cuenta de que alguien lo había advertido. Quedó en suspenso.

—¿Qué lleva ahí, coronel?

El coronel eludió los penetrantes ojos verdes de Germán.

—Nada —mintió—. Que le llevo el reloj al alemán para que me lo componga.

"No sea bobo, coronel", dijo Germán, tratando de apoderarse del envoltorio. "Espérese y lo examino".

El resistió. No dijo nada pero sus párpados se volvieron cárdenos. Los otros insistieron.

—Déjelo, coronel. El sabe de mecánica.

—Es que no quiero molestarlo.

—Qué molestarlo ni qué molestarlo[36] —discutió Germán. Cogió el reloj—. El alemán le arranca[37] diez pesos y se lo deja lo mismo.

Entró a la sastrería con el reloj. Alvaro cosía a máquina. En el fondo, bajo una guitarra colgada de un clavo, una muchacha pegaba botones. Había un letrero clavado sobre la guitarra: "Prohibido hablar de política". El coronel sintió que le sobraba el cuerpo.[38] Apoyó los pies en el travesaño del taburete.

—Mierda, coronel.

Se sobresaltó. "Sin malas palabras",[39] dijo.

Alfonso se ajustó los anteojos a la nariz para examinar mejor los botines del coronel.

---

[36] **Qué** . . . It's no bother at all

[37] takes you for

[38] **sintió** . . . felt his body was superfluous

[39] **Sin** . . . No need to swear

—Es por los zapatos —dijo—. Está usted estrenando unos zapatos del carajo.[40]

—Pero se puede decir sin malas palabras —dijo el coronel, y mostró las suelas de sus botines de charol—. Estos monstruos tienen cuarenta años y es la primera vez que oyen una mala palabra.

"Ya está",[41] gritó Germán adentro, al tiempo con la campana del reloj. En la casa vecina una mujer golpeó la pared divisoria; gritó:

—Dejen esa guitarra que todavía Agustín no tiene un año.

Estalló una carcajada.

—Es un reloj.

Germán salió con el envoltorio.

—No era nada —dijo—. Si quiere lo acompaño a la casa para ponerlo a nivel.[42]

El coronel rehusó el ofrecimiento.

—¿Cuánto te debo?

—No se preocupe, coronel —respondió Germán ocupando su sitio en el grupo—. En enero paga el gallo.

El coronel encontró entonces una ocasión perseguida.[43]

—Te propongo una cosa —dijo.

—¿Qué?

—Te regalo el gallo —examinó los rostros en contorno—. Les regalo el gallo a todos ustedes.

Germán lo miró perplejo.

"Ya yo estoy muy viejo para eso", siguió diciendo el coronel. Imprimió a su voz una severidad convincente. "Es demasiada responsabilidad para mí. Desde hace días tengo la impresión de que ese animal se está muriendo".

—No se preocupe, coronel —dijo Alfonso—. Lo que pasa es que en esta época el gallo está emplumando. Tiene fiebre en los cañones.

—El mes entrante estará bien —confirmó Germán.

—De todos modos no lo quiero —dijo el coronel.

Germán lo penetró con sus pupilas.

—Dése cuenta de las cosas, coronel —insistió—. Lo importante es que sea usted quien ponga en la gallera el gallo de Agustín.

---

[40] **unos . . .** some damned (*vulg.*) shoes
[41] **Ya . . .** All fixed
[42] **ponerlo . . .** level it

[43] **ocasión . . .** the chance he was looking for

El coronel lo pensó. "Me doy cuenta", dijo. "Por eso lo he tenido hasta ahora". Apretó los dientes y se sintió con fuerzas para avanzar:

—Lo malo es que todavía faltan tres meses.

Germán fue quien comprendió.

—Si no es nada más que por eso no hay problema —dijo.

Y propuso su fórmula. Los otros aceptaron. Al anochecer, cuando entró a la casa con el envoltorio bajo el brazo, su mujer sufrió una desilusión.[44]

—Nada —preguntó.

—Nada —respondió el coronel—. Pero ahora no importa. Los muchachos se encargarán de alimentar al gallo.

V

—Espérese y le presto un paraguas, compadre.

Don Sabas abrió un armario empotrado en el muro de la oficina. Descubrió un interior confuso, con botas de montar apelotonadas, estribos y correas y un cubo de aluminio lleno de espuelas[1] de caballero. Colgados en la parte superior, media docena de paraguas y una sombrilla de mujer. El coronel pensó en los destrozos de una catástrofe.

"Gracias, compadre", dijo acodado en la ventana. "Prefiero esperar a que escampe". Don Sabas no cerró el armario. Se instaló en el escritorio dentro de la órbita[2] del ventilador eléctrico. Luego extrajo de la gaveta una jeringuilla hipodérmica envuelta en algodones. El coronel contempló los almendros plomizos a través de la lluvia. Era una tarde desierta.

—La lluvia es distinta desde esta ventana —dijo—. Es como si estuviera lloviendo en otro pueblo.

—La lluvia es la lluvia desde cualquier parte —replicó don Sabas. Puso a hervir la jeringuilla sobre la cubierta de vidrio del escritorio—. Este es un pueblo de mierda.

El coronel se encogió de hombros.[3] Caminó hacia el interior de la oficina: un salón de baldosas verdes con muebles forrados en telas

---

[44] **su** . . . his wife was disappointed
[1] spurs

[2] **dentro** . . . within range
[3] **se** . . . shrugged his shoulders

de colores vivos. Al fondo, amontonados en desorden, sacos de sal, pellejos de miel y sillas de montar. Don Sabas lo siguió con una mirada completamente vacía.

—Yo en su lugar[4] no pensaría lo mismo —dijo el coronel.

Se sentó con las piernas cruzadas, fija la mirada tranquila en el hombre inclinado sobre el escritorio. Un hombre pequeño, voluminoso pero de carnes fláccidas, con una tristeza de sapo en los ojos.

—Hágase ver del médico, compadre —dijo don Sabas—. Usted está un poco fúnebre[5] desde el día del entierro.

El coronel levantó la cabeza.

—Estoy perfectamente bien —dijo.

Don Sabas esperó a que hirviera la jeringuilla. "Si yo pudiera decir lo mismo", se lamentó. "Dichoso usted que puede comerse un estribo de cobre".[6] Contempló el peludo envés de sus manos salpicadas de lunares[7] pardos. Usaba una sortija de piedra negra sobre el anillo de matrimonio.

—Así es —admitió el coronel.

Don Sabas llamó a su esposa a través de la puerta que comunicaba[8] la oficina con el resto de la casa. Luego inició una adolorida explicación de su régimen alimenticio.[9] Extrajo un frasquito del bolsillo de la camisa y puso sobre el escritorio una pastilla blanca del tamaño de un grano de habichuela.

—Es un martirio andar con esto por todas partes —dijo—. Es como cargar la muerte en el bolsillo.

El coronel se acercó al escritorio. Examinó la pastilla en la palma de la mano hasta cuando don Sabas lo invitó a saborearla.

—Es para endulzar el café —le explicó—. Es azúcar, pero sin azúcar.

—Por supuesto —dijo el coronel, la saliva impregnada de una dulzura triste—. Es algo así como repicar pero sin campanas.

Don Sabas se acodó[10] al escritorio con el rostro entre las manos después de que su mujer le aplicó la inyección. El coronel no supo qué hacer con su cuerpo. La mujer desconectó el ventilador eléctrico, lo puso sobre la caja blindada y luego se dirigió al armario.

---

[4] **Yo** . . . If I were you
[5] sad
[6] **Dichoso** . . . Lucky you to have an iron stomach
[7] freckles
[8] joined
[9] **régimen** . . . diet
[10] **se** . . . leaned his elbows

—El paraguas tiene algo que ver con la muerte —dijo.

El coronel no le puso atención.[11] Había salido de su casa a las cuatro con el propósito de esperar el correo, pero la lluvia lo obligó a refugiarse en la oficina de don Sabas. Aún llovía cuando pitaron las lanchas.

"Todo el mundo dice que la muerte es una mujer", siguió diciendo la mujer. Era corpulenta, más alta que su marido, y con una verruga[12] pilosa en el labio superior. Su manera de hablar recordaba el zumbido del ventilador eléctrico. "Pero a mí no me parece que sea una mujer", dijo. Cerró el armario y se volvió a consultar la mirada del coronel:

—Yo creo que es un animal con pezuñas.[13]

—Es posible —admitió el coronel—. A veces suceden cosas muy extrañas.

Pensó en el administrador de correos saltando a la lancha con un impermeable de hule. Había transcurrido un mes desde cuando cambió de abogado. Tenía derecho a esperar una respuesta. La mujer de don Sabas siguió hablando de la muerte hasta cuando advirtió[14] la expresión absorta del coronel.

—Compadre —dijo—. Usted debe tener una preocupación.

El coronel recuperó su cuerpo.[15]

—Así es, comadre —mintió—. Estoy pensando que ya son las cinco y no se le ha puesto[16] la inyección al gallo.

Ella quedó perpleja.

—Una inyección para un gallo como si fuera un ser humano —gritó—. Eso es un sacrilegio.

Don Sabas no soportó más.[17] Levantó el rostro congestionado.

—Cierra la boca un minuto —ordenó a su mujer. Ella se llevó efectivamente[18] las manos a la boca—. Tienes media hora de estar molestando[19] a mi compadre con tus tonterías.

—De ninguna manera —protestó el coronel.

La mujer dio un portazo.[20] Don Sabas se secó el cuello con un pañuelo impregnado de lavanda. El coronel se acercó a la ventana.

---

[11] **no** . . . paid no attention to her
[12] wart
[13] hoofs
[14] **hasta** . . . until she noticed
[15] **recuperó** . . . collected himself
[16] given

[17] **no** . . . couldn't take it anymore
[18] literally
[19] **Tienes** . . . For half an hour you've been bothering
[20] **dio** . . . slammed the door

Llovía implacablemente. Una gallina de largas patas amarillas atravesaba la plaza desierta.

—¿Es cierto que están inyectando al gallo?

—Es cierto —dijo el coronel—. Los entrenamientos empiezan la semana entrante.

—Es una temeridad —dijo don Sabas—. Usted no está para esas cosas.[21]

—De acuerdo —dijo el coronel—. Pero esa no es una razón para torcerle el pescuezo.[22]

"Es una temeridad idiota", dijo don Sabas dirigiéndose a la ventana. El coronel percibió una respiración de fuelle.[23] Los ojos de su compadre le producían piedad.

—Siga mi consejo, compadre —dijo don Sabas—. Venda ese gallo antes que sea demasiado tarde.

—Nunca es demasiado tarde para nada —dijo el coronel.

—No sea irrazonable —insistió don Sabas—. Es un negocio de dos filos. Por un lado se quita de encima[24] ese dolor de cabeza y por el otro se mete novecientos pesos en el bolsillo.

—Novecientos pesos —exclamó el coronel.

—Novecientos pesos.

El coronel concibió la cifra.

—¿Usted cree que darán ese dineral[25] por el gallo?

—No es que lo crea —respondió don Sabas—. Es que estoy absolutamente seguro.

Era la cifra más alta que el coronel había tenido en su cabeza después de que restituyó los fondos de la revolución. Cuando salió de la oficina de don Sabas sentía una fuerte torcedura en las tripas, pero tenía conciencia[26] de que esta vez no era a causa del tiempo. En la oficina de correos se dirigió directamente al administrador:

—Estoy esperando una carta urgente —dijo—. Es por avión.

El administrador buscó en las casillas clasificadas. Cuando acabó de leer repuso las cartas en la letra correspondiente pero no dijo nada. Se sacudió la palma de las manos y dirigió al coronel una mirada significativa.

—Tenía que llegarme hoy con seguridad[27] —dijo el coronel.

[21] **Usted . . .** You are not strong enough for such things

[22] **torcerle . . .** wring its neck

[23] bellows

[24] **Por . . .** On the one hand you get rid of

[25] **ese . . .** that kind of money

[26] **pero . . .** but he was aware

[27] **con . . .** for sure

El administrador se encogió de hombros.

—Lo único que llega con seguridad es la muerte, coronel.

Su esposa lo recibió con un plato de mazamorra[28] de maíz. El la comió en silencio con largas pausas para pensar entre cada cucharada. Sentada frente a él la mujer advirtió que algo había cambiado en la casa.

—Qué te pasa —preguntó.

—Estoy pensando en el empleado de quien depende la pensión —mintió el coronel—. Dentro de cincuenta años nosotros estaremos tranquilos bajo tierra mientras ese pobre hombre agonizará todos los viernes esperando su jubilación.

"Mal síntoma", dijo la mujer. "Eso quiere decir que ya empiezas a resignarte". Siguió con su mazamorra. Pero un momento después se dio cuenta de que su marido continuaba ausente.[29]

—Ahora lo que debes hacer es aprovechar la mazamorra.

—Está muy buena —dijo el coronel—. ¿De dónde salió?

—Del gallo —respondió la mujer—. Los muchachos le han traído tanto maíz, que decidió compartirlo con nosotros. Así es la vida.

—Así es —suspiró el coronel—. La vida es la cosa mejor que se ha inventado.

Miró al gallo amarrado en el soporte de la hornilla y esta vez le pareció un animal diferente. También la mujer lo miró.

—Esta tarde tuve que sacar[30] a los niños con un palo —dijo—. Trajeron una gallina vieja para enrazarla[31] con el gallo.

—No es la primera vez —dijo el coronel—. Es lo mismo que hacían en los pueblos con el coronel Aureliano Buendía. Le llevaban muchachitas para enrazar.

Ella celebró la ocurrencia. El gallo produjo un sonido gutural que llegó hasta el corredor como una sorda conversación humana. "A veces pienso que ese animal va a hablar", dijo la mujer. El coronel volvió a mirarlo.

—Es un gallo contante y sonante[32] —dijo. Hizo cálculos mientras sorbía una cucharada de mazamorra—. Nos dará para comer[33] tres años.

—La ilusión no se come —dijo la mujer.

---

[28] thick soup
[29] absent-minded
[30] chase out

[31] breed
[32] **contante** . . . as good as gold
[33] **Nos** . . . He'll feed us

—No se come, pero alimenta[34] —replicó el coronel—. Es algo así como las pastillas milagrosas de mi compadre Sabas.

Durmió mal esa noche tratando de borrar cifras en su cabeza. Al día siguiente al almuerzo la mujer sirvió dos platos de mazamorra y consumió el suyo con la cabeza baja, sin pronunciar una palabra. El coronel se sintió contagiado de un humor sombrío.

—Qué te pasa.

—Nada —dijo la mujer.

El tuvo la impresión de que esta vez le había correspondido a ella el turno de mentir. Trató de consolarla. Pero la mujer insistió.

—No es nada raro —dijo—. Estoy pensando que el muerto va a tener dos meses y todavía no he dado el pésame.

Así que fue a darlo esa noche. El coronel la acompañó a la casa del muerto y luego se dirigió al salón de cine atraído por la música de los altavoces. Sentado a la puerta de su despacho el padre Angel vigilaba el ingreso para saber quiénes asistían al espectáculo a pesar de sus doce advertencias. Los chorros de luz, la música estridente y los gritos de los niños oponían una resistencia física[35] en el sector. Uno de los niños amenazó al coronel con una escopeta de palo.

—Qué hay del gallo, coronel —dijo con voz autoritaria.

El coronel levantó las manos.

—Ahí está el gallo.

Un cartel a cuatro tintas ocupaba enteramente la fachada del salón: "Virgen de medianoche". Era una mujer en traje de baile con una pierna descubierta hasta el muslo. El coronel siguió vagando por los alrededores hasta cuando estallaron truenos y relámpagos remotos. Entonces volvió por su mujer.

No estaba en la casa del muerto. Tampoco en la suya. El coronel calculó que faltaba muy poco para el toque de queda, pero el reloj estaba parado. Esperó, sintiendo avanzar la tempestad hacia el pueblo. Se disponía[36] a salir de nuevo cuando su mujer entró a la casa.

Llevó el gallo al dormitorio. Ella se cambió la ropa y fue a tomar agua en la sala en el momento en que el coronel terminaba de dar cuerda al reloj y esperaba el toque de queda para poner la hora.[37]

—¿Dónde estabas? —preguntó el coronel.

---

[34] it's nourishing
[35] oponían . . . put up a physical barrier
[36] Se . . . He was about to
[37] poner . . . set the clock

"Por ahí", respondió la mujer. Puso el vaso en el tinajero sin mirar a su marido y volvió al dormitorio. "Nadie creía que fuera a llover tan temprano". El coronel no hizo ningún comentario. Cuando sonó el toque de queda puso el reloj en las once, cerró el vidrio y colocó la silla en su puesto. Encontró a su mujer rezando el rosario.

—No me has contestado una pregunta —dijo el coronel.

—Cuál.

—¿Dónde estabas?

—Me quedé hablando por ahí —dijo ella—. Hacía tanto tiempo que no salía a la calle.

El coronel colgó la hamaca. Cerró la casa y fumigó la habitación. Luego puso la lámpara en el suelo y se acostó.

—Te comprendo —dijo tristemente—. Lo peor de la mala situación es que lo obliga a uno a decir mentiras.

Ella exhaló un largo suspiro.

—Estaba donde el padre Angel —dijo—. Fui a solicitarle un préstamo sobre los anillos de matrimonio.

—¿Y qué te dijo?

—Que es pecado negociar con las cosas sagradas.

Siguió hablando desde el mosquitero. "Hace dos días traté de vender el reloj", dijo. "A nadie le interesa porque están vendiendo a plazos[38] unos relojes modernos con números luminosos. Se puede ver la hora en la oscuridad". El coronel comprobó que cuarenta años de vida común, de hambre común, de sufrimientos comunes, no le habían bastado para conocer a su esposa. Sintió que algo había envejecido también en el amor.

—Tampoco quieren el cuadro —dijo ella—. Casi todo el mundo tiene el mismo. Estuve hasta donde los turcos.

El coronel se encontró amargo.

—De manera que[39] ahora todo el mundo sabe que nos estamos muriendo de hambre.

—Estoy cansada —dijo la mujer.— Los hombres no se dan cuenta de los problemas de la casa. Varias veces he puesto a hervir piedras para que los vecinos no sepan que tenemos muchos días de no poner la olla.[40]

El coronel se sintió ofendido.

[38] **a** . . . on installments [40] **poner** . . . cook
[39] **De** . . . So that

—Eso es una verdadera humillación —dijo.

La mujer abandonó el mosquitero y se dirigió a la hamaca. "Estoy dispuesta a acabar con los remilgos[41] y las contemplaciones en esta casa", dijo. Su voz empezó a oscurecerse de cólera. "Estoy hasta la coronilla[42] de resignación y dignidad".

El coronel no movió un músculo.

—Veinte años esperando los pajaritos de colores que te prometieron después de cada elección y de todo eso nos queda un hijo muerto —prosiguió ella—. Nada más que un hijo muerto.

El coronel estaba acostumbrado a esa clase de recriminaciones.

—Cumplimos con nuestro deber[43] —dijo.

—Y ellos cumplieron con ganarse[44] mil pesos mensuales en el senado durante veinte años —replicó la mujer—. Ahí tienes a mi compadre Sabas con una casa de dos pisos que no le alcanza[45] para meter la plata, un hombre que llegó al pueblo vendiendo medicinas con una culebra enrollada en el pescuezo.

—Pero se está muriendo de diabetes —dijo el coronel.

—Y tú te estás muriendo de hambre —dijo la mujer—. Para que te convenzas que la dignidad no se come.

La interrumpió el relámpago. El trueno se despedazó en la calle, entró al dormitorio y pasó rodando por debajo de la cama como un tropel de piedras. La mujer saltó hacia el mosquitero en busca del rosario.

El coronel sonrió.

—Esto te pasa por no frenar la lengua[46] —dijo—. Siempre te he dicho que Dios es mi copartidario.[47]

Pero en realidad se sentía amargado. Un momento después apagó la lámpara y se hundió a pensar en una oscuridad cuarteada por los relámpagos. Se acordó de Macondo. El coronel esperó diez años a que se cumplieran las promesas de Neerlandia. En el sopor de la siesta vio llegar un tren amarillo y polvoriento con hombres y mujeres y animales asfixiándose de calor, amontonados hasta en el techo de los vagones. Era la fiebre del banano. En veinticuatro horas transformaron el pueblo. "Me voy", dijo entonces el coronel. "El olor del banano me descompone los intestinos". Y abandonó a Macondo en

---

[41] pretenses
[42] **Estoy** . . . I am all fed up
[43] **Cumplimos** . . . We did our duty
[44] **Y** . . . And they did theirs by earning

[45] **que** . . . that's too small
[46] **Esto** . . . That's what you get for not holding your tongue
[47] **Dios** . . . God is on my side

el tren de regreso, el miércoles veintisiete de junio de mil novecientos seis a las dos y dieciocho minutos de la tarde. Necesitó medio siglo para darse cuenta de que no había tenido un minuto de sosiego[48] después de la rendición de Neerlandia.

Abrió los ojos.

—Entonces no hay que pensarlo más —dijo.

—Qué.

—La cuestión del gallo —dijo el coronel—. Mañana mismo se lo vendo a mi compadre Sabas por novecientos pesos.

VI

A través de la ventana penetraron a la oficina los gemidos de los animales castrados revueltos con los gritos de don Sabas. "Si no viene dentro de diez minutos, me voy", se prometió el coronel, después de dos horas de espera. Pero esperó veinte minutos más. Se disponía a salir cuando don Sabas entró a la oficina seguido por un grupo de peones. Pasó varias veces frente al coronel sin mirarlo. Sólo lo descubrió cuando salieron los peones.

—¿Usted me está esperando, compadre?

—Sí, compadre —dijo el coronel—. Pero si está muy ocupado puedo venir más tarde.

Don Sabas no lo escuchó desde el otro lado de la puerta.

—Vuelvo en seguida —dijo.

Era un mediodía ardiente. La oficina resplandecía con la reverberación de la calle. Embotado por el calor, el coronel cerró los ojos involuntariamente y en seguida empezó a soñar con[1] su mujer. La esposa de don Sabas entró de puntillas.

—No despierte, compadre —dijo—. Voy a cerrar las persianas porque esta oficina es un infierno.

El coronel la persiguió con una mirada completamente inconsciente. Ella habló en la penumbra cuando cerró la ventana.

—¿Usted sueña con frecuencia?

—A veces —respondió el coronel, avergonzado de haber dormido—. Casi siempre sueño que me enredo en telarañas.

---

[48] peace   [1] dream of

—Yo tengo pesadillas todas las noches —dijo la mujer—. Ahora se me ha dado por saber[2] quién es esa gente desconocida que uno se encuentra en los sueños.

Conectó[3] el ventilador eléctrico. "La semana pasada se me apareció una mujer en la cabecera de la cama", dijo. "Tuve el valor de preguntarle quién era y ella me contestó: soy la mujer que murió hace doce años en este cuarto".

—La casa fue construida hace apenas dos años —dijo el coronel.

—Así es —dijo la mujer—. Eso quiere decir que hasta los muertos se equivocan.

El zumbido del ventilador eléctrico consolidó la penumbra. El coronel se sintió impaciente, atormentado por el sopor y por la bordoneante mujer que pasó directamente de los sueños al misterio de la reencarnación. Esperaba una pausa para despedirse cuando don Sabas entró a la oficina con su capataz.

—Te he calentado la sopa cuatro veces —dijo la mujer.

—Si quieres caliéntala diez veces —dijo don Sabas—. Pero ahora no me friegues la paciencia.

Abrió la caja de caudales[4] y entregó a su capataz un rollo de billetes junto con una serie de instrucciones. El capataz descorrió las persianas para contar el dinero. Don Sabas vio al coronel en el fondo de la oficina pero no reveló ninguna reacción. Siguió conversando con el capataz. El coronel se incorporó en el momento en que los dos hombres se disponían a abandonar de nuevo la oficina. Don Sabas se detuvo antes de abrir la puerta.

—¿Qué es lo que se le ofrece,[5] compadre?

El coronel comprobó que el capataz lo miraba.

—Nada, compadre —dijo—. Que quisiera hablar con usted.

—Lo que sea[6] dígamelo en seguida —dijo don Sabas—. No puedo perder un minuto.

Permaneció en suspenso con la mano apoyada en el pomo de la puerta. El coronel sintió pasar los cinco segundos más largos de su vida. Apretó los dientes.

—Es para la cuestión del gallo[7] —murmuró.

Entonces don Sabas acabó de abrir la puerta. "La cuestión del

---

[2] **Ahora** . . . Now I've got it into my head to find out
[3] Turned on
[4] **caja** . . . safe
[5] **Qué** . . . What can I do for you?
[6] **Lo** . . . Whatever it is
[7] **Es** . . . It's about the rooster

gallo", repitió sonriendo, y empujó al capataz hacia el corredor. "El mundo cayéndose y mi compadre pendiente de ese gallo".[8] Y luego, dirigiéndose al coronel:

—Muy bien, compadre. Vuelvo en seguida.

El coronel permaneció inmóvil en el centro de la oficina hasta cuando acabó de oír las pisadas de los dos hombres en el extremo del corredor. Después salió a caminar por el pueblo paralizado en la siesta dominical. No había nadie en la sastrería. El consultorio del médico estaba cerrado. Nadie vigilaba la mercancía expuesta en los almacenes de los sirios. El río era una lámina de acero. Un hombre dormía en el puerto sobre cuatro tambores de petróleo, el rostro protegido del sol por un sombrero. El coronel se dirigió a su casa con la certidumbre de ser la única cosa móvil en el pueblo.

La mujer lo esperaba con un almuerzo completo.

—Hice un fiado[9] con la promesa de pagar mañana temprano —explicó.

Durante el almuerzo el coronel le contó los incidentes de las tres últimas horas. Ella lo escuchó impaciente.

—Lo que pasa es que a ti te falta carácter —dijo luego—. Te presentas como si fueras a pedir una limosna cuando debías llegar con la cabeza levantada y llamar aparte a mi compadre y decirle: "Compadre, he decidido venderle el gallo".

—Así la vida es un soplo[10] —dijo el coronel.

Ella asumió una actitud enérgica. Esa mañana había puesto la casa en orden y estaba vestida de una manera insólita, con los viejos zapatos de su marido, un delantal de hule[11] y un trapo[12] amarrado en la cabeza con dos nudos en las orejas. "No tienes el menor sentido de los negocios", dijo. "Cuando se va a vender una cosa hay que poner la misma cara con que se va a comprar".

El coronel descubrió algo divertido en su figura.

—Quédate así como estás —la interrumpió sonriendo—. Eres idéntica al hombrecito de la avena[13] Quaker.

Ella se quitó el trapo de la cabeza.

—Te estoy hablando en serio —dijo—. Ahora mismo llevo el gallo

---

[8] **El** . . . The sky is falling in and my friend is worried about that rooster
[9] **Hice** . . . I bought on credit
[10] **Así** . . . That way life would be a breeze
[11] oilcloth
[12] rag
[13] oats

a mi compadre y te apuesto lo que quieras que regreso dentro de media hora con los novecientos pesos.

—Se te subieron los ceros a la cabeza[14] —dijo el coronel—. Ya empiezas a jugar[15] la plata del gallo.

Le costó trabajo disuadirla. Ella había dedicado la mañana a organizar mentalmente el programa[16] de tres años sin la agonía de los viernes. Preparó la casa para recibir los novecientos pesos. Hizo una lista de las cosas esenciales de que carecían, sin olvidar un par de zapatos nuevos para el coronel. Destinó en el dormitorio un sitio para el espejo. La momentánea frustración de sus proyectos le produjo una confusa sensación de vergüenza y resentimiento.

Hizo una corta siesta. Cuando se incorporó, el coronel estaba sentado en el patio.

—Y ahora qué haces —preguntó ella.

—Estoy pensando —dijo el coronel.

—Entonces está resuelto el problema. Ya se podrá contar con esa plata dentro de cincuenta años.[17]

Pero en realidad el coronel había decidido vender el gallo esa misma tarde. Pensó en don Sabas, solo en su oficina, preparándose frente al ventilador eléctrico para la inyección diaria. Tenía previstas sus respuestas.

—Lleva el gallo —le recomendó su mujer al salir—. La cara del santo hace el milagro.[18]

El coronel se opuso. Ella lo persiguió hasta la puerta de la calle con una desesperante ansiedad.

—No importa que esté la tropa en su oficina —dijo—. Lo agarras por el brazo y no lo dejas moverse hasta que no te dé los novecientos pesos.

—Van a creer que estamos preparando un asalto.

Ella no le hizo caso.

—Acuérdate que tú eres el dueño del gallo —insistió—. Acuérdate que eres tú quien va a hacerle el favor.

—Bueno.

Don Sabas estaba con el médico en el dormitorio. "Aprovéchelo

---

[14] **Se** . . . The numbers have gone to your head
[15] gamble
[16] budget
[17] **Ya** . . . We can count on the money fifty years from now
[18] **La** . . . Seeing him in the flesh will work a miracle

ahora, compadre", le dijo su esposa al coronel. "El doctor lo está preparando para viajar a la finca y no vuelve hasta el jueves". El coronel se debatió entre dos fuerzas contrarias: a pesar de su determinación de vender el gallo quiso haber llegado una hora más tarde para no encontrar a don Sabas.

—Puedo esperar —dijo.

Pero la mujer insistió. Lo condujo al dormitorio donde estaba su marido sentado en la cama tronal, en calzoncillos, fijos en el médico los ojos sin color.[19] El coronel esperó hasta cuando el médico calentó el tubo de vidrio con la orina del paciente, olfateó el vapor e hizo a don Sabas un signo aprobatorio.[20]

—Habrá que fusilarlo —dijo el médico dirigiéndose al coronel—. La diabetes es demasiado lenta para acabar con los ricos.

"Ya usted ha hecho lo posible con sus malditas inyecciones de insulina", dijo don Sabas, y dio un salto sobre sus nalgas fláccidas. "Pero yo soy un clavo duro de morder". Y luego, hacia el coronel:

—Adelante, compadre. Cuando salí a buscarlo esta tarde no encontré ni el sombrero.

—No lo uso para no tener que quitármelo delante de nadie.[21]

Don Sabas empezó a vestirse. El médico se metió en el bolsillo del saco un tubo de cristal con una muestra[22] de sangre. Luego puso orden en el maletín. El coronel pensó que se disponía a despedirse.

—Yo en su lugar le pasaría a mi compadre una cuenta de cien mil pesos, doctor —dijo—. Así no estará tan ocupado.

—Ya le he propuesto el negocio, pero con un millón —dijo el médico—. La pobreza es el mejor remedio contra la diabetes.

"Gracias por la receta", dijo don Sabas tratando de meter su vientre voluminoso en los pantalones de montar. "Pero no la acepto para evitarle a usted la calamidad de ser rico". El médico vio sus propios dientes reflejados en la cerradura niquelada del maletín. Miró su reloj sin manifestar impaciencia. En el momento de ponerse las botas don Sabas se dirigió al coronel intempestivamente.

—Bueno, compadre, qué es lo que pasa con el gallo.

El coronel se dio cuenta de que también el médico estaba pendiente[23] de su respuesta. Apretó los dientes.

[19] **fijos** . . . his colorless eyes fixed on the doctor
[20] **signo** . . . approving signal
[21] **No** . . . I don't wear one [hat] so I won't have to take it off to anyone
[22] sample
[23] **estaba** . . . was awaiting

—Nada, compadre —murmuró—. Que vengo a vendérselo.

Don Sabas acabó de ponerse las botas.

—Muy bien, compadre —dijo sin emoción—. Es la cosa más sensata que se le podía ocurrir.

—Ya yo estoy muy viejo para estos enredos —se justificó el coronel frente a la expresión impenetrable del médico—. Si tuviera veinte años menos sería diferente.

—Usted siempre tendrá veinte años menos —replicó el médico.

El coronel recuperó el aliento. Esperó a que don Sabas dijera algo más, pero no lo hizo. Se puso una chaqueta de cuero con cerradura de cremallera[24] y se preparó para salir del dormitorio.

—Si quiere hablamos la semana entrante, compadre —dijo el coronel.

—Eso le iba a decir —dijo don Sabas—. Tengo un cliente que quizá le dé cuatrocientos pesos. Pero tenemos que esperar hasta el jueves.

—¿Cuánto? —preguntó el médico.

—Cuatrocientos pesos.

—Había oído decir que valía mucho más —dijo el médico.

—Usted me había hablado de novecientos pesos —dijo el coronel, amparado en[25] la perplejidad del doctor—. Es el mejor gallo de todo el Departamento.

Don Sabas respondió al médico.

"En otro tiempo cualquiera[26] hubiera dado mil", explicó. "Pero ahora nadie se atreve a soltar[27] un buen gallo. Siempre hay el riesgo de salir muerto a tiros de la gallera". Se volvió hacia el coronel con una desolación aplicada:[28]

—Eso fue lo que quise decirle, compadre.

El coronel aprobó con la cabeza.

—Bueno —dijo—.

Los siguió por el corredor. El médico quedó en la sala requerido por la mujer de don Sabas que le pidió un remedio "para esas cosas que de pronto le dan a uno[29] y que no se sabe qué es". El coronel lo esperó en la oficina. Don Sabas abrió la caja fuerte, se metió dinero en todos los bolsillos y extendió cuatro billetes al coronel.

---

[24] **cerradura** . . . zipper
[25] **amparado** . . . backed up by
[26] anybody
[27] to pit
[28] **desolación** . . . studied disappointment
[29] **le** . . . that hit you

—Ahí tiene sesenta pesos, compadre —dijo—. Cuando se venda el gallo arreglaremos cuentas.[30]

El coronel acompañó al médico a través de los bazares del puerto que empezaban a revivir con el fresco de la tarde. Una barcaza cargada de caña de azúcar descendía por el hilo de la corriente.[31] El coronel encontró en el médico un hermetismo insólito.

—¿Y usted cómo está, doctor?

El médico se encogió de hombros.

—Regular —dijo—. Creo que estoy necesitando un médico.

—Es el invierno —dijo el coronel—. A mí me descompone los intestinos.

El médico lo examinó con una mirada absolutamente desprovista de interés profesional. Saludó sucesivamente a los sirios sentados a la puerta de sus almacenes. En la puerta del consultorio el coronel expuso su opinión sobre la venta del gallo.

—No podía hacer otra cosa —le explicó—. Ese animal se alimenta de carne humana.

—El único animal que se alimenta de carne humana es don Sabas —dijo el médico—. Estoy seguro de que revenderá el gallo por los novecientos pesos.

—¿Usted cree?

—Estoy seguro —dijo el médico—. Es un negocio tan redondo[32] como su famoso pacto patriótico con el alcalde.

El coronel se resistió a creerlo. "Mi compadre hizo ese pacto para salvar el pellejo", dijo. "Por eso pudo quedarse en el pueblo".

"Y por eso pudo comprar a mitad de precio los bienes de sus propios copartidarios que el alcalde expulsaba del pueblo", replicó el médico. Llamó a la puerta pues no encontró las llaves en los bolsillos. Luego se enfrentó a la incredulidad del coronel.

—No sea ingenuo[33] —dijo—. A don Sabas le interesa la plata mucho más que su propio pellejo.

La eposa del coronel salió de compras esa noche. El la acompañó hasta los almacenes de los sirios rumiando las revelaciones del médico.

—Busca en seguida a los muchachos y díles que el gallo está vendido —le dijo ella—. No hay que dejarlos con la ilusión.

---

[30] **arreglaremos** . . . we'll settle accounts
[31] **por** . . . downstream
[32] **Es** . . . It's as good a deal
[33] **No** . . . Don't be naive

—El gallo no estará vendido mientras no venga mi compadre Sabas —respondió el coronel.

Encontró a Alvaro jugando ruleta en el salón de billares. El establecimiento hervía en la noche del domingo. El calor parecía más intenso a causa de las vibraciones del radio a todo volumen.[34] El coronel se entretuvo con los números de vivos colores pintados en un largo tapiz de hule negro e iluminados por una linterna de petróleo puesta sobre un cajón en el centro de la mesa. Alvaro se obstinó en perder en el veintitrés. Siguiendo el juego por encima de su hombro el coronel observó que el once salió cuatro veces en nueve vueltas.

—Apuesta al once —murmuró al oído de Alvaro—. Es el que más sale.

Alvaro examinó el tapiz. No apostó en la vuelta siguiente. Sacó dinero del bolsillo del pantalón, y con el dinero una hoja de papel. Se la dio al coronel por debajo de la mesa.

—Es de Agustín —dijo.

El coronel guardó en el bolsillo la hoja clandestina. Alvaro apostó fuerte al once.

—Empieza por poco —dijo el coronel.

"Puede ser una buena corazonada",[35] replicó Alvaro. Un grupo de jugadores vecinos retiró las apuestas de otros números y apostaron al once cuando ya había empezado a girar la enorme rueda de colores. El coronel se sintió oprimido. Por primera vez experimentó la fascinación, el sobresalto y la amargura del azar.

Salió el cinco.

—Lo siento —dijo el coronel avergonzado, y siguió con un irresistible sentimiento de culpa el rastrillo[36] de madera que arrastró el dinero de Alvaro—. Esto me pasa por meterme en lo que no me importa.[37]

Alvaro sonrió sin mirarlo.

—No se preocupe, coronel. Pruebe en el amor.[38]

De pronto se interrumpieron las trompetas del mambo.[39] Los jugadores se dispersaron con las manos en alto. El coronel sintió a sus espaldas el crujido seco, articulado y frío de un fusil al ser mon-

---

[34] **a** . . . at full blast
[35] hunch
[36] rake
[37] **Esto** . . . That's what I get for not

minding my own business
[38] **Pruebe** . . . Try love
[39] *rhythmic Latin American dance*

tado.[40] Comprendió que había caído fatalmente en una batida[41] de la policía con la hoja clandestina en el bolsillo. Dio media vuelta sin levantar las manos. Y entonces vio de cerca, por la primera vez en su vida, al hombre que disparó contra su hijo. Estaba exactamente frente a él con el cañón del fusil apuntando contra su vientre. Era pequeño, aindiado,[42] de piel curtida, y exhalaba un tufo[43] infantil. El coronel apretó los dientes y apartó[44] suavemente con la punta de los dedos el cañón del fusil.

—Permiso —dijo.

Se enfrentó a unos pequeños y redondos ojos de murciélago.[45] En un instante se sintió tragado por esos ojos, triturado, digerido e inmediatamente expulsado.

—Pase usted, coronel.

VII

No necesitó abrir la ventana para identificar a diciembre. Lo descubrió en sus propios huesos cuando picaba en la cocina las frutas para el desayuno del gallo. Luego abrió la puerta y la visión del patio confirmó su intuición. Era un patio maravilloso, con la hierba y los árboles y el cuartito del excusado flotando en la claridad, a un milímetro sobre el nivel del suelo.

Su esposa permaneció en la cama hasta las nueve. Cuando apareció en la cocina ya el coronel había puesto orden en la casa y conversaba con los niños en torno al gallo. Ella tuvo que hacer un rodeo para llegar hasta la hornilla.

—Quítense del medio[1] —gritó. Dirigió al animal una mirada sombría—. No veo la hora de salir de este pájaro de mal agüero.[2]

El coronel examinó a través del gallo el humor[3] de su esposa. Nada en él merecía rencor. Estaba listo para los entrenamientos. El cuello y los muslos pelados y cárdenos, la cresta rebanada, el animal había adquirido una figura escueta, un aire indefenso.

---

[40] **al** . . . being cocked
[41] raid
[42] Indian-looking
[43] odor
[44] pushed aside

[45] bat
[1] **Quítense** . . . Get out of the way
[2] **No** . . . I can't wait to be rid of this bird of ill omen
[3] mood

—Asómate a la ventana y olvídate del gallo —dijo el coronel cuando se fueron los niños—. En una mañana así dan ganas de sacarse un retrato.[4]

Ella se asomó a la ventana pero su rostro no reveló ninguna emoción. "Me gustaría sembrar las rosas", dijo de regreso a la hornilla. El coronel colgó el espejo en el horcón para afeitarse.

—Si quieres sembrar las rosas, siémbralas —dijo.

Trató de acordar[5] sus movimientos a los de la imagen.[6]

—Se las comen los puercos —dijo ella.

—Mejor —dijo el coronel—. Deben ser muy buenos los puercos engordados con rosas.

Buscó a la mujer en el espejo y se dio cuenta de que continuaba con la misma expresión. Al resplandor del fuego su rostro parecía modelado en la materia de la hornilla. Sin advertirlo, fijos los ojos en ella, el coronel siguió afeitándose al tacto como lo había hecho durante muchos años. La mujer pensó, en un largo silencio.

—Es que no quiero sembrarlas —dijo.

—Bueno —dijo el coronel—. Entonces no las siembres.

Se sentía bien. Diciembre había marchitado la flora de sus vísceras. Sufrió una contrariedad esa mañana tratando de ponerse los zapatos nuevos. Pero después de intentarlo varias veces comprendió que era un esfuerzo inútil y se puso los botines de charol. Su esposa advirtió el cambio.

—Si no te pones los nuevos no acabarás de amansarlos nunca[7] —dijo.

—Son zapatos de paralítico —protestó el coronel—. El calzado[8] debían venderlo con un mes de uso.

Salió a la calle estimulado por el presentimiento de que esa tarde llegaría la carta. Como aún no era la hora de las lanchas esperó a don Sabas en su oficina. Pero le confirmaron que no llegaría sino el lunes.[9] No se desesperó a pesar de que no había previsto ese contratiempo. "Tarde o temprano tiene que venir", se dijo, y se dirigió al puerto, en un instante prodigioso, hecho de una claridad todavía sin usar.[10]

—Todo el año debía ser diciembre —murmuró, sentado en el

---

[4] **En . . .** On a morning like this one feels like having his picture taken
[5] match
[6] reflection
[7] **no acabarás . . .** you'll never get to break them in
[8] footwear
[9] **no . . .** he wouldn't be back till Monday
[10] **en un . . .** in a marvelous moment made of a brand-new luminosity

almacén del sirio Moisés—. Se siente uno como si fuera de vidrio.[11]
El sirio Moisés debió hacer un esfuerzo para traducir la idea a su
árabe casi olvidado. Era un oriental plácido forrado hasta el cráneo
en una piel lisa y estirada, con densos[12] movimientos de ahogado.
Parecía efectivamente salvado de las aguas.

—Así era antes —dijo—. Si ahora fuera lo mismo yo tendría
ochocientos noventa y siete años. ¿Y tú?

"Setenta y cinco", dijo el coronel, persiguiendo con la mirada al
administrador de correos. Sólo entonces descubrió el circo. Reconoció la carpa remendada en el techo de la lancha del correo entre
un montón de objetos de colores. Por un instante perdió al administrador para buscar las fieras entre las cajas apelotonadas sobre las
otras lanchas. No las encontró.

—Es un circo —dijo—. Es el primero que viene en diez años.

El sirio Moisés verificó la información. Habló a su mujer en una
mezcolanza de árabe y español. Ella respondió desde la trastienda.
El hizo un comentario para sí mismo y luego tradujo su preocupación
al coronel.

—Esconde el gato, coronel. Los muchachos se lo roban para
vendérselo al circo.

El coronel se dispuso a seguir al administrador.

—No es un circo de fieras —dijo.

—No importa —replicó el sirio—. Los maromeros[13] comen gatos
para no romperse los huesos.

Siguió al administrador a través de los bazares del puerto hasta
la plaza. Allí lo sorprendió el turbulento clamor de la gallera. Alguien,
al pasar, le dijo algo de su gallo. Sólo entonces recordó que era el día
fijado para iniciar los entrenamientos.

Pasó de largo por la oficina de correos. Un momento después
estaba sumergido en la turbulenta atmósfera de la gallera. Vio su
gallo en el centro de la pista, solo, indefenso, las espuelas envueltas
en trapos, con algo de miedo evidente en el temblor de las patas. El
adversario era un gallo triste y ceniciento.

El coronel no experimentó ninguna emoción. Fue una sucesión
de asaltos iguales. Una instantánea trabazón de plumas y patas y
pescuezos en el centro de una alborotada ovación. Despedido[14]

---

[11] **como** . . . as if he were made of glass
[12] heavy
[13] tightrope walkers
[14] Hurled

contra las tablas de la barrera el adversario daba una vuelta sobre sí mismo[15] y regresaba al asalto. Su gallo no atacó. Rechazó cada asalto y volvió a caer exactamente en el mismo sitio. Pero ahora sus patas no temblaban.

Germán saltó la barrera, lo levantó con las dos manos y lo mostró al público de las graderías. Hubo una frenética explosión de aplausos y gritos. El coronel notó la desproporción entre el entusiasmo de la ovación y la intensidad del espectáculo. Le pareció una farsa a la cual —voluntaria y conscientemente— se prestaban también los gallos.

Examinó la galería circular impulsado por una curiosidad un poco despreciativa. Una multitud exaltada se precipitó por las graderías hacia la pista. El coronel observó la confusión de rostros cálidos, ansiosos, terriblemente vivos. Era gente nueva. Toda la gente nueva del pueblo. Revivió —como en un presagio— un instante borrado en el horizonte de su memoria. Entonces saltó la barrera, se abrió paso a través de la multitud concentrada en el redondel y se enfrentó a los tranquilos ojos de Germán. Se miraron sin parpadear.

—Buenas tardes, coronel.

El coronel le quitó el gallo. "Buenas tardes", murmuró. Y no dijo nada más porque lo estremeció la caliente y profunda palpitación del animal.[16] Pensó que nunca había tenido una cosa tan viva entre las manos.

—Usted no estaba en la casa —dijo Germán, perplejo.

Lo interrumpió una nueva ovación. El coronel se sintió intimidado. Volvió a abrirse paso, sin mirar a nadie, aturdido por los aplausos y los gritos, y salió a la calle con el gallo bajo el brazo.

Todo el pueblo —la gente de abajo[17]— salió a verlo pasar seguido por los niños de la escuela. Un negro gigantesco trepado en una mesa y con una culebra enrollada en el cuello vendía medicinas sin licencia en una esquina de la plaza. De regreso del puerto un grupo numeroso se había detenido a escuchar su pregón.[18] Pero cuando pasó el coronel con el gallo la atención se desplazó hacia él. Nunca había sido tan largo el camino de su casa.

No se arrepintió. Desde hacía mucho tiempo el pueblo yacía en una especie de sopor,[19] estragado por diez años de historia. Esta

---

[15] **daba** . . . did a somersault
[16] **lo** . . . the warm, deep throbbing of the animal made him shudder
[17] **la** . . . the poor people
[18] spiel
[19] **yacía** . . . languished in a sort of stupor

tarde —otro viernes sin carta— la gente había despertado. El coronel se acordó de otra época. Se vio a sí mismo con su mujer y su hijo asistiendo bajo el paraguas a un espectáculo que no fue interrumpido a pesar de la lluvia. Se acordó de los dirigentes de su partido, escrupulosamente peinados, abanicándose en el patio de su casa al compás[20] de la música. Revivió casi la dolorosa resonancia del bombo en sus intestinos.

Cruzó por la calle paralela al río y también allí encontró la tumultuosa muchedumbre de los remotos domingos electorales. Observaban el descargue del circo. Desde el interior de una tienda una mujer gritó algo relacionado con el gallo. El siguió absorto hasta su casa, todavía oyendo voces dispersas, como si lo persiguieran los desperdicios de la ovación de la gallera.

En la puerta se dirigió a los niños.

—Todos para su casa[21] —dijo—. Al que entre lo saco a correazos.[22]

Puso la tranca[23] y se dirigió directamente a la cocina. Su mujer salió asfixiándose del dormitorio.

"Se lo llevaron a la fuerza", gritó. "Les dije que el gallo no saldría de esta casa mientras yo estuviera viva". El coronel amarró el gallo al soporte de la hornilla. Cambió el agua al tarro perseguido por la voz frenética de la mujer.

—Dijeron que se lo llevarían por encima de nuestros cadáveres[24] —dijo—. Dijeron que el gallo no era nuestro sino de todo el pueblo.

Sólo cuando terminó con el gallo el coronel se enfrentó al rostro trastornado de su mujer. Descubrió sin asombro que no le producía remordimiento ni compasión.

"Hicieron bien", dijo calmadamente. Y luego, registrándose los bolsillos, agregó con una especie de insondable dulzura:

—El gallo no se vende.

Ella lo siguió hasta el dormitorio. Lo sintió completamente humano, pero inasible, como si lo estuviera viendo en la pantalla de un cine. El coronel extrajo del ropero un rollo de billetes, lo juntó al que tenía en los bolsillos, contó el total y lo guardó en el ropero.

—Ahí hay veintinueve pesos para devolvérselos a mi compadre Sabas —dijo—. El resto se le paga cuando venga la pensión.

---

[20] rhythm
[21] **Todos** . . . Everyone go home
[22] **Al** . . . Whoever comes in I'll drive out

with a whipping
[23] **Puso** . . . He bolted the door
[24] **por** . . . over our dead bodies

—Y si no viene —preguntó la mujer.

—Vendrá.

—Pero si no viene.

—Pues entonces no se la paga.

Encontró los zapatos nuevos debajo de la cama. Volvió al armario por la caja de cartón, limpió la suela con un trapo y metió los zapatos en la caja, como los llevó su esposa el domingo en la noche. Ella no se movió.

—Los zapatos se devuelven —dijo el coronel—. Son trece pesos más para mi compadre.

—No los reciben —dijo ella.

—Tienen que recibirlos —replicó el coronel—. Sólo me los he puesto dos veces.

—Los turcos no entienden de esas cosas —dijo la mujer.

—Tienen que entender.

—Y si no entienden.

—Pues entonces que no entiendan.

Se acostaron sin comer. El coronel esperó a que su esposa terminara el rosario para apagar la lámpara. Pero no pudo dormir. Oyó las campanas de la censura cinematográfica, y casi en seguida —tres horas después— el toque de queda. La pedregosa respiración de la mujer se hizo angustiosa con el aire helado de la madrugada. El coronel tenía aún los ojos abiertos cuando ella habló con una voz reposada, conciliatoria.

—Estás despierto.

—Sí.

—Trata de entrar en razón[25] —dijo la mujer—. Habla mañana con mi compadre Sabas.

—No viene hasta el lunes.

—Mejor —dijo la mujer—. Así tendrás tres días para recapacitar.

—No hay nada que recapacitar —dijo el coronel.

El viscoso aire de octubre había sido sustituido por una frescura apacible. El coronel volvió a reconocer a diciembre en el horario de los alcaravanes. Cuando dieron las dos todavía no había podido dormir. Pero sabía que su mujer también estaba despierta. Trató de cambiar de posición en la hamaca.

[25] **Trata** . . . Try to be reasonable

—Estás desvelado —dijo la mujer.

—Sí.

Ella pensó un momento.

—No estamos en condiciones de hacer esto —dijo—. Ponte a pensar cuántos son cuatrocientos pesos juntos.

—Ya falta poco[26] para que venga la pensión —dijo el coronel.

—Estás diciendo lo mismo desde hace quince años.

—Por eso —dijo el coronel—. Ya no puede demorar mucho más.

Ella hizo un silencio.[27] Pero cuando volvió a hablar, al coronel le pareció que el tiempo no había transcurrido.

—Tengo la impresión de que esa plata no llegará nunca —dijo la mujer.

—Llegará.

—Y si no llega.

El no encontró la voz para responder. Al primer canto del gallo tropezó con la realidad pero volvió a hundirse en un sueño denso, seguro, sin remordimientos. Cuando despertó ya el sol estaba alto. Su mujer dormía. El coronel repitió metódicamente, con dos horas de retraso, sus movimientos matinales, y esperó a su esposa para desayunar.

Ella se levantó impenetrable.[28] Se dieron los buenos días[29] y se sentaron a desayunar en silencio. El coronel sorbió una taza de café negro acompañada con un pedazo de queso y un pan de dulce. Pasó toda la mañana en la sastrería. A la una volvió a la casa y encontró a su mujer remendando entre las begonias.

—Es hora de almuerzo —dijo.

—No hay almuerzo —dijo la mujer.

El se encogió de hombros. Trató de tapar los portillos de la cerca del patio para evitar que los niños entraran a la cocina. Cuando regresó al corredor la mesa estaba servida.

En el curso del almuerzo el coronel comprendió que su esposa se estaba forzando para no llorar. Esa certidumbre lo alarmó. Conocía el carácter de su mujer, naturalmente duro, y endurecido todavía más por cuarenta años de amargura. La muerte de su hijo no le arrancó una lágrima.[30]

---

[26] **Ya** . . . It won't be long now
[27] **Ella** . . . She was silent for a while
[28] uncommunicative
[29] **Se** . . . They greeted each other
[30] **no** . . . didn't wring a tear out of her

Fijó directamente en sus ojos una mirada de reprobación. Ella se mordió los labios, se secó los párpados con la manga y siguió almorzando.

—Eres un desconsiderado —dijo.

El coronel no habló.

"Eres caprichoso, terco y desconsiderado", repitió ella. Cruzó los cubiertos sobre el plato, pero en seguida rectificó supersticiosamente la posición. "Toda una vida comiendo tierra[31] para que ahora resulte que merezco menos consideración que un gallo".

—Es distinto —dijo el coronel.

—Es lo mismo —replicó la mujer—. Debías darte cuenta de que me estoy muriendo, que esto que tengo no es una enfermedad sino una agonía.

El coronel no habló hasta cuando no terminó de almorzar.

—Si el doctor me garantiza que vendiendo el gallo se te quita el asma, lo vendo en seguida —dijo—. Pero si no, no.

Esa tarde llevó el gallo a la gallera. De regreso encontró a su esposa al borde de la crisis. Se paseaba a lo largo del corredor, el cabello suelto a la espalda, los brazos abiertos, buscando el aire por encima del silbido de sus pulmones. Allí estuvo hasta la prima noche.[32] Luego se acostó sin dirigirse[33] a su marido.

Masticó[34] oraciones hasta un poco después del toque de queda. Entonces el coronel se dispuso a apagar la lámpara. Pero ella se opuso.

—No quiero morirme en tinieblas[35] —dijo.

El coronel dejó la lámpara en el suelo. Empezaba a sentirse agotado. Tenía deseos de olvidarse de todo, de dormir de un tirón[36] cuarenta y cuatro días y despertar el veinte de enero a las tres de la tarde, en la gallera y en el momento exacto de soltar el gallo. Pero se sabía amenazado por la vigilia de la mujer.

"Es la misma historia de siempre", comenzó ella un momento después. "Nosotros ponemos el hambre para que coman los otros.[37] Es la misma historia desde hace cuarenta años.

El coronel guardó silencio hasta cuando su esposa hizo una pausa

---

[31] **Toda** . . . Eating dirt a whole lifetime
[32] **prima** . . . early evening
[33] **sin** . . . without speaking
[34] She mumbled

[35] **en** . . . in the dark
[36] **de** . . . in one fell swoop
[37] **Nosotros** . . . We starve ourselves so that others may eat

para preguntarle si estaba despierto. El respondió que sí. La mujer continuó en un tono liso, fluyente, implacable.

—Todo el mundo ganará con el gallo, menos nosotros. Somos los únicos que no tenemos ni un centavo para apostar.

—El dueño del gallo tiene derecho a un veinte por ciento.

—También tenías derecho a que te dieran un puesto cuando te ponían a romperte el cuero en las elecciones —replicó la mujer—. También tenías derecho a tu pensión de veterano después de exponer el pellejo en la guerra civil. Ahora todo el mundo tiene su vida asegurada y tú estás muerto de hambre, completamente solo.

—No estoy solo —dijo el coronel.

Trató de explicar algo pero lo venció el sueño. Ella siguió hablando sordamente hasta cuando se dio cuenta de que su esposo dormía. Entonces salió del mosquitero y se paseó por la sala en tinieblas. Allí siguió hablando. El coronel la llamó en la madrugada.

Ella apareció en la puerta, espectral, iluminada desde abajo por la lámpara casi extinguida. La apagó antes de entrar al mosquitero. Pero siguió hablando.

—Vamos a hacer una cosa —la interrumpió el coronel.

—Lo único que se puede hacer es vender el gallo —dijo la mujer.

—También se puede vender el reloj.

—No lo compran.

—Mañana trataré de que Alvaro me dé los cuarenta pesos.

—No te los da.

—Entonces se vende el cuadro.

Cuando la mujer volvió a hablar estaba otra vez fuera del mosquitero. El coronel percibió su respiración impregnada de hierbas medicinales.

—No lo compran —dijo.

—Ya veremos[38] —dijo el coronel suavemente, sin un rastro de alteración en la voz—. Ahora duérmete. Si mañana no se puede vender nada, se pensará en otra cosa.

Trató de tener los ojos abiertos pero lo quebrantó el sueño. Cayó hasta el fondo de una substancia sin tiempo y sin espacio, donde las palabras de su mujer tenían un significado diferente. Pero un instante después se sintió sacudido por el hombro.

---

[38] **Ya** . . . We'll see

—Contéstame.

El coronel no supo si había oído esa palabra antes o después del sueño. Estaba amaneciendo. La ventana se recortaba en la claridad verde del domingo. Pensó que tenía fiebre. Le ardían los ojos y tuvo que hacer un gran esfuerzo para recobrar la lucidez.

—Qué se puede hacer si no se puede vender nada —repitió la mujer.

—Entonces ya será veinte de enero —dijo el coronel, perfectamente consciente—. El veinte por ciento lo pagan esa misma tarde.

—Si el gallo gana —dijo la mujer—. Pero si pierde. No se te ha ocurrido que el gallo puede perder.

—Es un gallo que no puede perder.

—Pero suponte que pierda.

—Todavía faltan cuarenta y cinco días para empezar a pensar en eso —dijo el coronel.

La mujer se desesperó.

"Y mientras tanto[39] qué comemos", preguntó, y agarró al coronel por el cuello de la franela. Lo sacudió con energía.

—Díme, qué comemos.

El coronel necesitó setenta y cinco años —los setenta y cinco años de su vida, minuto a minuto— para llegar a ese instante. Se sintió puro, explícito, invencible, en el momento de responder:

—Mierda.

Capítulo I

Cuestionario

1. ¿Cómo se siente el coronel?
2. ¿Qué ha hecho el coronel durante los últimos cincuenta y seis años?
3. ¿De qué sufre la esposa del coronel?
4. ¿Cuál es la apariencia física de la mujer?
5. ¿Qué clase de animal tiene el coronel en la casa?
6. ¿Cómo es la sala de la casa y qué clase de objetos se encuentran en ella?

[39] **Y** ... And meanwhile

7. ¿Qué es lo que el coronel da de comer al gallo?
8. ¿Por qué no se pone el coronel la ropa blanca para el entierro?
9. ¿Quién es Agustín?
10. ¿Dónde había conseguido el paraguas la esposa?
11. ¿Qué comentario hace ella acerca del paraguas y de ellos mismos?
12. ¿Cómo se afeita el coronel? ¿Por qué?
13. ¿Qué observa la mujer del coronel cuando lo ve vestido? ¿Por qué?
14. ¿En qué parte del pueblo vivían el coronel y su mujer?
15. ¿Por qué el coronel sigue en la llovizna sin aceptar el paraguas de sus amigos?
16. ¿Cómo encuentra el coronel a la madre del muerto?
17. ¿Qué le pasa al coronel en el velorio? ¿Por qué?
18. ¿Qué quiere saber don Sabas?
19. ¿Por qué el alcalde para la procesión fúnebre?
20. ¿Cómo se siente el coronel durante el entierro?
21. ¿Cómo es la casa de don Sabas?

Temas

1. Discutir el significado del mes de octubre en la vida del coronel.
2. El segundo párrafo de la obra presenta al coronel "en una actitud de confiada e inocente expectativa". Explicar el significado de esta descripción inicial y su posible relación con la trama de la obra.
3. Discutir la relación temática entre el muerto y la condición de decadencia y desintegración del mundo del coronel y el medioambiente de la novela.
4. ¿Cómo retrata el autor al alcalde del pueblo? ¿Qué actitud de parte del autor emerge hacia el gobierno y el mundo oficial?

Capítulo II

Cuestionario

1. ¿Qué hubiera preferido el coronel hacer el jueves?
2. ¿Qué piensa del gallo su esposa?
3. ¿Qué le pasó al hijo del coronel? ¿Por qué?
4. ¿Qué pasará en enero según el coronel?
5. ¿Qué pasa todos los viernes?
6. ¿Cómo son los zapatos del coronel?

7. ¿Cuántos años ha estado el coronel esperando el correo?
8. ¿Cómo se siente el coronel mientras el administrador distribuye el correo?
9. ¿Qué contesta el coronel cuando el administrador le dice que no hay nada para él?
10. ¿Cuál es la manera habitual de andar del coronel?
11. ¿Qué noticias internacionales contienen los periódicos que recibe el médico?
12. ¿Qué significa el doblar de campanas a las siete?
13. ¿Qué hace el coronel antes de acostarse?
14. ¿Por qué no puede dormir el coronel durante la noche?
15. ¿Con quién habla en su delirio?
16. ¿Cómo amanece el coronel?
17. ¿Cómo se siente su esposa esa mañana?
18. ¿Cuándo llega el médico a la casa?
19. ¿Qué es lo que le da al coronel en el sobre?
20. ¿Qué diagnóstico ofrece el médico de la condición de la mujer?
21. ¿Cuál es la actitud del coronel hacia los médicos?
22. ¿Dónde se dirige el coronel al dejar al médico?
23. ¿Por qué dice el coronel que su mujer parece un pájaro carpintero?
24. ¿Cuánto dinero le queda según la mujer?
25. ¿Cómo consiguieron el dinero para los últimos nueve meses?
26. ¿Qué deciden hacer por fin?

Temas

1. Discutir el sentido de humor del médico y del coronel.
2. Discutir la importancia de la esposa en la vida del coronel. ¿Qué contrastes existen entre los dos personajes?
3. ¿Qué se entiende acerca de la política del país a través de la actitud de los personajes?

Capítulo III

Cuestionario

1. A qué se refería el coronel cuando dijo "Este es el milagro de la multiplicación de los panes"?
2. ¿Por qué se inquieta la mujer el jueves por la noche?

3. ¿Qué le contesta el coronel?
4. ¿Qué piensa el coronel de los aviones?
5. ¿Qué método sugiere el coronel para que la gente pueda informarse de las noticias?
6. ¿Qué es América del Sur para los europeos, según dice el médico?
7. ¿Qué dice el administrador de correos cuando el médico le pregunta si hay algo para el coronel?
8. ¿Por qué no vuelve directamente a casa el coronel?
9. ¿Cuál es la reacción de su mujer el viernes siguiente?
10. ¿En qué pensó el coronel mientras leía los periódicos?
11. ¿Cuál es la actitud profesional del abogado?
12. ¿Cuántos años tenía el coronel cuando lo hicieron coronel?
13. ¿Qué pasó en el tratado de Neerlandia?
14. ¿Por qué se alarma el coronel cuando el abogado le dice que no es posible recuperar la justificación?
15. ¿Qué cargo desempeñaba el coronel en la revolución?
16. ¿Por qué es imposible recuperar los documentos según el abogado?

Temas

1. ¿Qué parte desempeña el sistema burocrático en la vida del coronel?
2. ¿Cómo caracteriza el autor al abogado y qué significará esta descripción?
3. A qué conclusiones se podría llegar con respecto a la rectitud y la credulidad del coronel, basándose en los hechos revelados en este capítulo?

Capítulo IV

Cuestionario

1. ¿En qué postura se pone el coronel para escribir? ¿Por qué?
2. ¿Qué pasa cuando cae una gota de sudor sobre la página?
3. ¿Cómo es la letra del coronel?
4. ¿Por qué no quiere el coronel pedir que le saquen la carta a máquina?
5. ¿Cuándo fue al cine por última vez la mujer? ¿Qué película vio?
6. ¿Qué va a hacer la mujer el dos de noviembre?

7. ¿Cómo explica el coronel el malestar que sufre?
8. ¿Cómo encuentra la mujer a su esposo cuando sale de su crisis de asma?
9. ¿Qué es la única cosa que sostiene al coronel?
10. ¿Qué quiere ella que haga su marido?
11. ¿Qué tiene que ver el gallo con el hijo muerto del coronel?
12. ¿Por qué dice el coronel que no se morirán de hambre en los próximos tres meses?
13. ¿Cómo se siente el coronel frente a la posibilidad de tener que llevar el reloj a vender?
14. ¿Qué dice el coronel cuando le preguntan por el reloj? ¿Es esto la verdad?
15. ¿Qué cosa propone el coronel a los muchachos?
16. ¿Qué comprendió Germán en la propuesta del coronel?
17. ¿Qué consiguió el coronel de su visita a la sastrería?

Temas

1. Discutir la parte que desempeña el orgullo en la vida del coronel.
2. ¿Qué importancia cobra el gallo después de la visita del coronel a la sastrería? ¿Por qué?

Capítulo V

Cuestionario

1. ¿Qué extrae don Sabas de la gaveta de su escritorio? ¿Por qué?
2. ¿Qué opina don Sabas sobre el pueblo?
3. ¿Qué indican los muebles de la oficina con respecto a la situación económica de don Sabas?
4. ¿Qué comenta la mujer de don Sabas sobre la muerte?
5. ¿En qué piensa el coronel mientras está hablando la mujer?
6. ¿Cuánto puede conseguir el coronel por el gallo, según dice don Sabas?
7. ¿Cuál es la actitud del coronel en la oficina de correos?
8. ¿En qué piensa el coronel mientras come?
9. ¿De dónde ha sacado la mujer el maíz para la comida?
10. ¿Qué hicieron los niños con el gallo esa tarde?
11. ¿Por qué el coronel no pudo dormir bien esa noche?

12. ¿Dónde va la mujer esa noche?
13. ¿Qué está vigilando el padre Angel?
14. ¿Qué le ha dicho el padre Angel a la mujer?
15. ¿Por qué nadie quiere comprar el reloj?
16. ¿Por qué ha puesto piedras a hervir varias veces la mujer?
17. ¿Cuando se marchó de Macondo el coronel?
18. ¿Qué resuelve hacer el día siguiente?

Temas

1. Contrastar el carácter de don Sabas con el del coronel.
2. ¿Qué opina el coronel de la riqueza de don Sabas?
3. La ilusión no se come, dice el coronel, pero alimenta. Discutir.

Capítulo VI

Cuestionario

1. ¿Cuánto tiempo ha estado esperando el coronel en la oficina de don Sabas?
2. ¿Qué hace el coronel mientras espera?
3. ¿Qué clase de sueños tiene la mujer de don Sabas?
4. ¿Cuál es la reacción de don Sabas cuando el coronel le revela su propósito?
5. ¿Qué encuentra el coronel al llegar a su casa?
6. ¿Cuál es la actitud de su esposa cuando le cuenta los sucesos de la mañana?
7. ¿En qué pensaba ella toda la mañana?
8. ¿Por qué el coronel no usa sombrero?
9. ¿Qué es el mejor remedio contra el diabetis, según dice el médico?
10. ¿Cuánto le dice don Sabas al coronel le ofrecerán por el gallo?
11. ¿Cuánto le da don Sabas al coronel? ¿Por qué?
12. ¿Qué es lo que don Sabas hará con el gallo, según opina el médico?
13. ¿Qué hizo la esposa del coronel con el dinero?
14. ¿Con quién se encuentra el coronel en el salón de billar?
15. ¿Qué es lo que Alvaro le pasa al coronel por debajo de la mesa?
16. ¿Quiénes entran en el salón de billar?

17. ¿Qué oye y comprende el coronel?
18. ¿A quién ve el coronel cuando da la vuelta?
19. ¿Qué hace el coronel y cómo reacciona el oficial que lo mira?

Temas

1. Discutir la opinión y revelaciones del médico sobre el carácter de don Sabas.
2. Discutir la importancia que cobra la presencia del coronel en el salón de billar.
3. ¿Qué significado cobra el juego de ruleta en vista de la batida de la policía?

Capítulo VII

Cuestionario

1. ¿Cómo sabe el coronel que ha llegado diciembre?
2. ¿Cómo les parece el gallo a la mujer y al coronel?
3. ¿De qué le dan ganas al coronel en una mañana como esa?
4. ¿Por qué no le gustan los zapatos nuevos al coronel?
5. ¿Qué presentimiento tiene el coronel esa mañana?
6. ¿Cuántos años tiene el coronel?
7. ¿Qué llega al pueblo por primera vez en diez años?
8. ¿Qué hacen con los gallos en la plaza?
9. ¿En qué forma se muestra el gallo del coronel?
10. ¿Qué decide el coronel sobre la venta del gallo al volver a su casa?
11. ¿Por qué recoge el dinero que les queda?
12. ¿Qué hace el coronel con los zapatos nuevos?
13. ¿Qué impresión tiene la mujer sobre lo que espera el coronel? ¿Qué opinan ustedes?
14. ¿Qué le dice su mujer cuando vuelve a la hora de almuerzo? ¿Es verdad?
15. ¿Qué hace el coronel con el gallo esa tarde?
16. ¿Cómo se siente la mujer y por qué?
17. ¿Por qué no deja la mujer que el coronel apague la lámpara?
18. ¿Qué desea el coronel?

19. ¿Qué propone el coronel que hagan por la mañana?
20. ¿Qué pasa el veinte de enero, según dice el coronel?
21. ¿Por qué está tan seguro el coronel de la victoria del gallo?
22. ¿Cuántos días faltan para el veinte de enero?
23. ¿Por qué le preocupa tanto este plazo a la mujer?
24. ¿Cómo resuelve el coronel las preocupaciones de su mujer?

Temas

1. ¿Qué transformación se nota en el coronel a través de la obra que llega a concretizarse al final?
2. Discutir lo que significa el gallo en la fe y la vida del coronel.
3. ¿Se puede decir que el coronel encarna la idea de que las ilusiones alimentan? Explicar.

Carlos Fuentes

MEXICO
1928

*C*arlos Fuentes' work can best be described as a ritual journey into the past, both individual and collective. The object of this itinerary is to search for those basic sociocultural structures which, through transformational processes of time and history, have shaped the present, the "why and how" of what is Mexican. In the process, the author and the reader encounter the unchanging human configurations that persist untouched by chronology and events and inevitably reclaim what is their own. In Fuentes' work we can often recognize one of his recurring themes: the individual present versus the collective past, which recognizes no time or historicity. Aura *is a clear embodiment of this dialectic.*

Fuentes, who was born in 1928, the same year as García Márquez, has had a varied career. He was raised and educated in many world capitals, ranging from Washington to Buenos Aires to Geneva. His father's diplomatic career explains this varied background. Descendant of a distinguished bourgeois family, Fuentes was expected to follow in his father's footsteps, and therefore he studied international law. To the chagrin of his family, however, he decided to become a writer.

In fact, Fuentes began writing at a very early age. His first short stories appeared in Chile when he was in his early teens. In 1954 his first book, a collection of short stories, appeared in Mexico: Los días enmascarados, *which, according to Fuentes, he put together in a month. The book is considered a germinal work by the author. The collection, however, is promising in another way. Its thematic preoccupations are an indicator of Fuentes' trajectory as a mature writer. After some half dozen novels and a number of short stories, his work's initial concerns remain constant, while the sophistication and literary mastery with which they are treated have attained international recognition for the author and his works. His technical finesse and literary facility have, in fact, frequently drawn critical disapproval. The author's first novel,* La región más transparente *(1959), as well as his second,* Las buenas conciencias *(1959), although for very different reasons, have been criticized for their structural stratagems: the first for diffuseness, the second for its too efficiently engineered austerity. With* La muerte de Artemio Cruz *(1962), Fuentes came closer to the more mature stage in which he wrote highly acclaimed works like* Cambio de piel *(1967).*

Aura (1962) was received with mixed feelings by critics. While some see it merely as an "unconvincing mystery novelette," others praise its unique Mexican Gothicism and technical achievements in narrative perspective. Like Michel Butor's Modification, *the novella is narrated in the second person singular form. While it has obvious affinities to Butor and to Henry James, its profound Mexican character cannot be questioned; nor can its consistency with Fuentes' literary and philosophical concerns. More than a mystery story and a question of identity,* Aura *achieves a synchronicity in time. It reaches toward the revelation of that magical moment when a mythical past and a profane present converge in a "sacred zone" of timelessness. In that instant which lies outside of history, the reader, along with the characters, attains a glimpse into what is fundamentally human and unchanging.*

Aura

I

Lees ese anuncio: una oferta de esa naturaleza no se hace todos los días.[1] Lees y relees el aviso.[2] Parece dirigido a ti, a nadie más. Distraído, dejas que la ceniza del cigarro caiga dentro de la taza de té que has estado bebiendo en este cafetín sucio y barato. Tú releerás. Se solicita historiador joven.[3] Ordenado. Escrupuloso. Conocedor de[4] la lengua francesa. Conocimiento perfecto, coloquial. Capaz de desempeñar labores de secretario. Juventud, conocimiento del francés, preferible si ha vivido en Francia algún tiempo. Tres mil pesos mensuales, comida y recámara cómoda, asoleada, apropiada estudio. Sólo falta tu nombre. Sólo falta que las letras más negras y llamativas[5] del aviso informen: Felipe Montero. Se solicita Felipe Montero, antiguo becario en la Sorbona,[6] historiador cargado de datos inútiles, acostumbrado a exhumar papeles amarillentos, profesor auxiliar en escuelas particulares, novecientos pesos mensuales.

---

[1] **Lees . . .** You read that ad: not every day an offer of that sort is made
[2] **notice**
[3] **Se . . .** Wanted: young historian
[4] **Conocedor . . .** Familiar with
[5] **bold**
[6] **antiguo . . .** former scholarship holder at the Sorbonne

Pero si leyeras eso, sospecharías, lo tomarías a broma.[7] Donceles 815. Acuda[8] en persona. No hay teléfono.

Recoges tu portafolio y dejas la propina. Piensas que otro historiador joven, en condiciones semejantes a las tuyas, ya ha leído ese mismo aviso, tomado la delantera,[9] ocupado el puesto. Tratas de olvidar mientras caminas a la esquina. Esperas el autobús, enciendes un cigarrillo, repites en silencio las fechas que debes memorizar para que esos niños amodorrados[10] te respeten. Tienes que prepararte. El autobús se acerca y tú estás observando las puntas de tus zapatos negros. Tienes que prepararte. Metes la mano en el bolsillo, juegas con las monedas de cobre, por fin[11] escoges treinta centavos, los aprietas con el puño y alargas el brazo para tomar firmemente el barrote de fierro del camión que nunca se detiene, saltar, abrirte paso,[12] pagar los treinta centavos, acomodarte difícilmente entre los pasajeros apretujados que viajan de pie, apoyar tu mano derecha en el pasamanos, apretar el portafolio contra el costado y colocar distraídamente la mano izquierda sobre la bolsa trasera[13] del pantalón, donde guardas los billetes.

Vivirás ese día, idéntico a los demás, y no volverás a recordarlo sino[14] al día siguiente, cuando te sientes de nuevo en la mesa del cafetín, pidas el desayuno y abras el periódico. Al llegar a la página de anuncios, allí estarán, otra vez, esas letras destacadas: _historiador joven_. Nadie acudió ayer. Leerás el anuncio. Te detendrás en el último renglón:[15] cuatro mil pesos.

Te sorprenderá imaginar que alguien vive en la calle de Donceles. Siempre has creído que en el viejo centro de la ciudad no vive nadie. Caminas con lentitud, tratando de distinguir el número 815 en este conglomerado de viejos palacios coloniales convertidos en talleres de reparación, relojerías, tiendas de zapatos y expendios de aguas frescas. Las nomenclaturas[16] han sido revisadas, superpuestas, confundidas. El 13 junto al 200, el antiguo azulejo numerado —47— encima de la nueva advertencia pintada con tiza: _ahora_ 924. Levantarás la mirada a los segundos pisos: allí nada cambia. Las sinfonolas no perturban, las luces de mercurio no iluminan, las

---

[7] lo ... you'd take it as a joke
[8] Call
[9] tomado ... jumped to a head start
[10] sleepy-eyed
[11] finally

[12] abrirte ... make your way
[13] bolsa ... back pocket
[14] until
[15] line
[16] number and name plates

baratijas expuestas[17] no adornan ese segundo rostro de los edificios Unidad del tezontlé,[18] los nichos con sus santos truncos[19] coronados de palomas, la piedra labrada de barroco mexicano, los balcones de celosía,[20] las troneras y los canales de lámina, las gárgolas de arenisca.[21] Las ventanas ensombrecidas por largas cortinas verdosas: esa ventana de la cual se retira alguien en cuanto[22] tú la miras, miras la portada de vides caprichosas, bajas la mirada al zaguán despintado y descubres 815, *antes* 69.

Tocas en vano con esa manija, esa cabeza de perro en cobre, gastada, sin relieves: semejante a la cabeza de un feto canino en los museos de ciencias naturales. Imaginas que el perro te sonríe y sueltas su contacto helado. La puerta cede[23] al empuje levísimo, de tus dedos, y antes de entrar miras por última vez sobre tu hombro, frunces el ceño[24] porque la larga fila detenida de camiones y autos gruñe, pita, suelta el humo insano de su prisa. Tratas, inútilmente de retener una sola imagen de ese mundo exterior indiferenciado.

Cierras el zaguán detrás de ti e intentas penetrar la oscuridad de ese callejón techado[25] —patio, porque puedes oler el musgo,[26] la humedad de las plantas, las raíces podridas, el perfume adormecedor y espeso—. Buscas en vano una luz que te guíe. Buscas la caja de fósforos en la bolsa de tu saco pero esa voz aguda y cascada[27] te advierte desde lejos:

—No. . . no es necesario. Le ruego.[28] Camine trece pasos hacia el frente y encontrará la escalera a su derecha. Suba, por favor. Son veintidós escalones. Cuéntelos.

Trece. Derecha. Veintidós.

El olor de la humedad, de las plantas podridas, te envolverá mientras marcas tus pasos, primero sobre las baldosas de piedra, en seguida sobre esa madera crujiente,[29] fofa[30] por la humedad y el encierro. Cuentas en voz baja hasta veintidós y te detienes, con la caja de fósforos entre las manos, el portafolio apretado contra las costillas. Tocas esa puerta que huele a pino viejo y húmedo; buscas

---

[17] **baratijas** . . . trinkets on display
[18] *Mex.*, red construction stone
[19] **santos** . . . mutilated saints
[20] shutters
[21] sandstone
[22] **en** . . . as soon as
[23] gives

[24] **frunces** . . . you knit your eyebrows
[25] **callejón** . . . covered passageway
[26] moss
[27] hollow
[28] **Le** . . . I beg of you
[29] creaking
[30] spongy

una manija; terminas por[31] empujar y sentir, ahora, un tapete bajo tus pies. Un tapete delgado, mal extendido, que te hará tropezar y darte cuenta de la nueva luz, grisácea y filtrada, que ilumina ciertos contornos.

—Señora —dices con una voz monótona, porque crees recordar una voz de mujer— Señora. . .

—Ahora a su izquierda. La primera puerta. Tenga la amabilidad.[32]

Empujas esa puerta —ya no esperas que alguna se cierre propiamente; ya sabes que todas son puertas de golpe[33]— y las luces dispersas se trenzan en tus pestañas, como si atravesaras una tenue red de seda. Sólo tienes ojos para esos muros de reflejos desiguales, donde parpadean docenas de luces. Consigues, al cabo,[34] definirlas como veladoras,[35] colocadas sobre repisas y entrepaños de ubicación asimétrica.[36] Levemente, iluminan otras luces que son corazones de plata, frascos de cristal, vidrios enmarcados, y sólo detrás de este brillo intermitente verás, al fondo, la cama y el signo de una mano que parece atraerte con su movimiento pausado.

Lograrás verla[37] cuando des la espalda[38] a ese firmamento de luces devotas. Tropiezas al pie de la cama; debes rodearla para acercarte a la cabecera. Allí, esa figura pequeña se pierde en la inmensidad de la cama; al extender la mano no tocas otra mano, sino la piel gruesa, afieltrada, las orejas de ese objeto que roe con un silencio tenaz y te ofrece sus ojos rojos: sonríes y acaricias al conejo que yace al lado de la mano que, por fin, toca la tuya con unos dedos sin temperatura[39] que se detienen largo tiempo sobre tu palma húmeda, la voltean y acercan tus dedos abiertos a la almohada de encajes[40] que tocas para alejar tu mano de la otra.

—Felipe Montero. Leí su anuncio.

—Sí, ya sé. Perdón no hay asiento.

—Estoy bien. No se preocupe.

—Está bien. Por favor, póngase de perfil.[41] No lo veo bien. Que le dé la luz.[42] Así. Claro.

—Leí su anuncio. . .

[31] **terminas** . . . you end up by
[32] **Tenga** . . . Would you be kind enough
[33] **puertas** . . . swinging doors
[34] **al** . . . at last
[35] **colocadas** . . . candle holders
[36] **colocadas** . . . placed on asymmetrically located pedestals and shelves
[37] **Lograrás** . . . You'll get to see her
[38] **des** . . . you turn your back
[39] **sin** . . . cold
[40] **almohada** . . . lacy pillow
[41] **póngase** . . . stand sideways
[42] **Que** . . . Let the light hit you

—Claro. Lo leyó. ¿Se siente calificado?— Avez vous fait des
études?[43]

—A Paris, madame.

—Ah, oui, ça me fait plaisir, toujours, toujours, d'entendre. . .
oui. . . vous savez. . . on était tellement habitué. . . et après. . .[44]

Te apartarás[45] para que la luz combinada de la plata, la cera y el
vidrio dibuje esa cofia de seda[46] que debe recoger[47] un pelo muy
blanco y enmarcar un rostro casi infantil de tan viejo.[48] Los apretados
botones del cuello blanco que sube hasta las orejas ocultas por la
cofia, las sábanas y los edredones[49] velan todo el cuerpo con excep-
ción de los brazos envueltos en un chal de estambre,[50] las manos
pálidas que descansan sobre el vientre: sólo puedes fijarte en el
rostro, hasta que un movimiento del conejo te permite desviar la
mirada y observar con disimulo esas migajas, esas costras de pan
regadas sobre los edredones de seda roja, raídos y sin lustre.

—Voy al grano.[51] No me quedan muchos años por delante, señor
Montero, y por ello he preferido violar la costumbre de toda una
vida y colocar ese anuncio en el periódico.

—Sí, por eso estoy aquí.

—Sí. Entonces acepta.

—Bueno, desearía saber algo más. . .

—Naturalmente. Es usted curioso.

Ella te sorprenderá observando la mesa de noche, los frascos de
distinto color, los vasos, las cucharas de aluminio, los cartuchos
alineados de píldoras y comprimidos, los demás vasos manchados
de líquidos blancuzcos que están dispuestos en el suelo, al alcance de
la mano de la mujer recostada sobre esta cama baja. Entonces te
darás cuenta de que es una cama apenas elevada sobre el ras[52] del
suelo, cuando el conejo salte y se pierda en la oscuridad.

—Le ofrezco cuatro mil pesos.

—Sí, eso dice el aviso de hoy.

—Ah, entonces ya salió.[53]

—Sí, ya salió.

---

[43] Have you studied?
[44] Ah, yes, I always, always like to hear . . .
yes . . . you know . . . we were so used
to . . . and then . . .
[45] **Te** . . . You'll step back
[46] **cofia** . . . silk headdress
[47] hold

[48] **casi** . . . almost infantile from being so
old
[49] eiderdown quilts
[50] worsted shawl
[51] **Voy** . . . I'll come to the point
[52] level
[53] appeared

—Se trata de[54] los papeles de mi marido, el general Llorente.
Deben ser ordenados antes de que muera. Deben ser publicados. Lo
he decidido hace poco.

—Y el propio general,[55] ¿no se encuentra capacitado para. . . ?

—Murió hace sesenta años, señor. Son sus memorias inconclusas.[56]
Deben ser completadas.[57] Antes de que yo muera.

—Pero. . .

—Yo le informaré de todo. Usted aprenderá a redactar[58] en el
estilo de mi esposo. Le bastará ordenar y leer los papeles para
sentirse fascinado por esa prosa, por esa transparencia, esa, esa. . .

—Sí, comprendo.

—Saga. Saga. ¿Dónde está? Ici, Saga. . .

—¿Quién?

—Mi compañía.

—¿El conejo?

—Sí, volverá.

Levantarás los ojos, que habías mantenido bajos, y ella ya habrá
cerrado los labios, pero esa palabra —volverá— vuelves a escucharla
como si la anciana la estuviese pronunciando en ese momento.
Permanecen inmóviles. Tú miras hacia atrás; te ciega el brillo de la
corona parpadeante de objetos religiosos. Cuando vuelves a mirar
a la señora, sientes que sus ojos se han abierto desmesuradamente y
que son claros, líquidos, inmensos, casi del color de la córnea
amarillenta que los rodea, de manera que sólo el punto negro de la
pupila rompe esa claridad perdida, minutos antes, en los pliegues
gruesos de los párpados caídos como para[59] proteger esa mirada
que ahora vuelve a esconderse —a retraerse, piensas— en el fondo
de su cueva seca.

—Entonces se quedará usted. Su cuarto está arriba. Allí sí entra
la luz.

—Quizás, señora, sería mejor que no la importunara. Yo puedo
seguir viviendo donde siempre[60] y revisar los papeles en mi propia
casa. . .

—Mis condiciones son que viva aquí. No queda mucho tiempo.

---

see p. 81

[54] **Se** . . . It's about
[55] **Y** . . . And the general himself
[56] **memorias** . . . unfinished memoirs
[57] **Deben** . . . They must be completed
[58] write
[59] **como** . . . as if
[60] **donde** . . . where I've always lived

—No sé. . .

—Aura. . .

La señora se moverá por la primera vez desde que tú entraste a su recámara; al extender otra vez su mano, tú sientes esa respiración agitada a tu lado y entre la mujer y tú se extiende otra mano que toca los dedos de la anciana. Miras a un lado y la muchacha está allí, esa muchacha que no alcanzas a ver de cuerpo entero porque está tan cerca de ti y su aparición fue imprevista, sin ningún ruido —ni *not even* siquiera los ruidos que no se escuchan pero que son reales porque se recuerdan inmediatamente, porque a pesar de todo son más fuertes que el silencio que los acompañó—.

—Le dije que regresaría. . . *would return* *Implies that she spoke, not Aura — p. 80*

—¿Quién?

—Aura. Mi compañera. Mi sobrina.

—Buenas tardes.

La joven inclinará la cabeza y la anciana, al mismo tiempo que ella, remedará[61] el gesto.

—Es el señor Montero. Va a vivir con nosotras.

Te moverás unos pasos para que la luz de las veladoras no te ciegue. La muchacha mantiene los ojos cerrados, las manos cruzadas sobre un muslo: no te mira. Abre los ojos poco a poco, como si temiera los fulgores[62] de la recámara. Al fin, podrás ver esos ojos de mar que fluyen, se hacen espuma, vuelven a[63] la calma verde, vuelven a inflamarse como una ola: tú los ves y te repites que no es cierto, que son unos hermosos ojos verdes idénticos a todos los hermosos ojos verdes que has conocido o podrás conocer. Sin embargo, no te engañas: esos ojos fluyen, se transforman, como si te ofrecieran un paisaje que sólo tú puedes adivinar y desear.

—Sí. Voy a vivir con ustedes.

II

La anciana sonreirá, incluso reirá con su timbre agudo y dirá que la agrada tu buena voluntad[1] y que la joven te mostrará tu recámara, mientras tú piensas en el sueldo de cuatro mil pesos, el

---

[61] will imitate
[62] brilliant light

[63] **vuelven . . .** go back
[1] **le . . .** your good will pleases her

trabajo que puede ser agradable porque a ti te gustan estas tareas meticulosas de investigación, que excluyen el esfuerzo físico, el traslado de un lugar a otro, los encuentros inevitables y molestos con otras personas. Piensas en todo esto al seguir los pasos de la joven —te das cuenta de que no la sigues con la vista, sino con el oído: sigues el susurro de la falda, el crujido de una tafeta— y estás ansiando,[2] ya, mirar nuevamente esos ojos. Asciendes detrás del ruido, en medio de la oscuridad, sin acostumbrarte aún a las tinieblas: recuerdas que deben ser cerca de las seis de la tarde y te sorprende la inundación de luz de tu recámara, cuando la mano de Aura empuje la puerta —otra puerta sin cerradura[3]— y en seguida se aparte de ella y te diga:

—Aquí es su cuarto. Lo esperamos a cenar dentro de una hora.

Y se alejará, con ese ruido de tafeta, sin que hayas podido ver otra vez su rostro.

Cierras —empujas— la puerta detrás de ti y al fin levantas los ojos hacia el tragaluz[4] inmenso que hace las veces de[5] techo. Sonríes al darte cuenta de que ha bastado la luz del crepúsculo para cegarte[6] y contrastar con la penumbra del resto de la casa. Pruebas, con alegría, la blandura del colchón en la cama de metal dorado y recorres con la mirada el cuarto: el tapete de lana roja, los muros empapelados, oro y oliva, el sillón de terciopelo rojo, la vieja mesa de trabajo, nogal y cuero verde, la lámpara antigua, de quinqué,[7] luz opaca de tus noches de investigación, el estante[8] clavado encima de la mesa, al alcance de tu mano, con los tomos encuadernados. Caminas hacia la otra puerta y al empujarla descubres un baño pasado de moda:[9] tina de cuatro patas, con florecillas pintadas sobre la porcelana, un aguamanil[10] azul, un retrete[11] incómodo. Te observas en el gran espejo ovalado del guardarropa, también de nogal, colocado en la sala de baño. Mueves tus cejas pobladas,[12] tu boca larga y gruesa que llena de vaho el espejo;[13] cierras tus ojos negros y, al abrirlos, el vaho habrá desaparecido. Dejas de contener[14] la respiración y te pasas una mano por el pelo oscuro y lacio; tocas con ella tu perfil

---

[2] longing
[3] lock
[4] skylight
[5] hace . . . acts as
[6] ha . . . the light of dusk has been enough to blind you
[7] kerosene lamp
[8] bookcase
[9] pasado . . . old-fashioned
[10] washstand
[11] toilet
[12] cejas . . . thick eyebrows
[13] que . . . that fogs the mirror
[14] Dejas . . . You stop holding

recto, tus mejillas delgadas. Cuando el vaho opaque otra vez el rostro, estarás repitiendo ese nombre, Aura.

Consultas el reloj, después de fumar dos cigarrillos, recostado en la cama. De pie, te pones el saco y te pasas el peine por el cabello. Empujas la puerta y tratas de recordar el camino que recorriste al subir. Quisieras dejar la puerta abierta, para que la luz del quinqué te guíe: es imposible, porque los resortes[15] la cierran. Podrías entretenerte columpiando[16] esa puerta. Podrías tomar el quinqué y descender con él. Renuncias porque ya sabes que esta casa siempre se encuentra a oscuras. Te obligarás a conocerla y reconocerla por el tacto.[17] Avanzas con cautela, como un ciego, con los brazos extendidos, rozando la pared, y es tu hombro lo que, inadvertidamente, aprieta el contacto[18] de la luz eléctrica. Te detienes, guiñando, en el centro iluminado de ese largo pasillo desnudo. Al fondo, el pasamanos y la escalera de caracol.[19]

Desciendes contando los peldaños: otra costumbre inmediata que te habrá impuesto la casa de la señora Llorente. Bajas contando y das un paso atrás cuando encuentres los ojos rosados del conejo que en seguida te da la espalda y sale saltando.

No tienes tiempo de detenerte en el vestíbulo porque Aura, desde una puerta entreabierta de cristales opacos, te estará esperando con el candelabro en la mano. Caminas, sonriendo, hacia ella; te detienes al escuchar los maullidos dolorosos de varios gatos —sí, te detienes a escuchar, ya cerca de la mano de Aura, para cerciorarte de que son varios gatos— y la sigues a la sala: Son los gatos —dirá Aura—. Hay tanto ratón[20] en esta parte de la ciudad.

Cruzan el salón: muebles forrados de seda mate,[21] vitrinas donde han sido colocados muñecos de porcelana, relojes musicales, condecoraciones y bolas de cristal; tapetes de diseño persa,[22] cuadros con escenas bucólicas, las cortinas de terciopelo verde corridas.[23] Aura viste de verde.

¿Se encuentra cómodo?[24]

—Sí. Pero necesito recoger mis cosas en la casa donde. . .

—No es necesario. El criado ya fue a buscarlas.

[15] springs
[16] swinging
[17] touch
[18] switch
[19] **escalera** . . . spiral staircase
[20] **Hay** . . . There are so many mice
[21] **seda** . . . raw silk
[22] Persian
[23] drawn
[24] **Se** . . . Are you comfortable?

—No se hubieran molestado.

Entras, siempre detrás de ella, al comedor. Ella colocará el candelabro en el centro de la mesa; tú sientes un frío húmedo. Todos los muros del salón están recubiertos de una madera oscura, labrada al estilo gótico, con ojivas y rosetones calados.[25] Los gatos han dejado de maullar. Al tomar asiento, notas que han sido dispuestos cuatro cubiertos[26] y que hay dos platones calientes bajo cacerolas de plata y una botella vieja y brillante por el limo verdoso[27] que la cubre.

Aura apartará[28] la cacerola. Tú aspiras el olor pungente de los riñones en salsa de cebolla que ella te sirve mientras tú tomas la botella vieja y llenas los vasos de cristal cortado con ese líquido rojo y espeso.[29] Tratas, por curiosidad, de leer la etiqueta[30] del vino, pero el limo lo impide. Del otro platón, Aura toma unos tomates enteros, asados.

—Perdón —dices, observando los dos cubiertos extra, las dos sillas desocupadas— ¿Esperamos a alguien más?

Aura continúa sirviendo los tomates:

—No. La señora Consuelo se siente débil esta noche. No nos acompañará.

—¿La señora Consuelo? ¿Su tía?

—Sí. Le ruega que pase a verla después de la cena.

Comen en silencio. Beben ese vino particularmente espeso, y tú desvías una y otra vez la mirada[31] para que Aura no te sorprenda en esa impudicia hipnótica que no puedes controlar. Quieres, aún entonces, fijar las facciones de la muchacha en tu mente. Cada vez que desvíes la mirada, las habrás olvidado ya y una urgencia impostergable te obligará a mirarla de nuevo. Ella mantiene, como siempre, la mirada baja y tú, al buscar el paquete de cigarrillos en la bolsa del saco, encuentras ese llavín, recuerdas, le dices a Aura:

—¡Ah! Olvidé que un cajón de mi mesa está cerrado con llave. Allí tengo mis documentos.

Y ella murmurará:

---

[25] **con** . . . with pointed arches and fretted large roses
[26] **han** . . . places for four have been set
[27] **limo** . . . greenish slime
[28] will open

[29] thick, heavy
[30] label
[31] **tú** . . . you avert your gaze again and again

—Entonces. . . ¿quiere usted salir?

Lo dice como un reproche. Tú te sientes confundido y alargas[32] la mano con el llavín colgado de un dedo, se lo ofreces.

—No urge.[33]

Pero ella se aparta del contacto de tus manos, mantiene las suyas sobre el regazo,[34] al fin levanta la mirada y tú vuelves a dudar de tus sentidos, atribuyes al vino el aturdimiento, el mareo que te producen esos ojos verdes, limpios, brillantes, y te pones de pie,[35] detrás de Aura, acariciando el respaldo de madera de la silla gótica, sin atreverte a tocar los hombros desnudos de la muchacha, la cabeza que se mantiene inmóvil. Haces un esfuerzo para contenerte, distraes tu atención escuchando el batir imperceptible de otra puerta, a tus espaldas, que debe conducir a la cocina, descompones los dos elementos plásticos del comedor: el círculo de luz compacta que arroja el candelabro y que ilumina la mesa y un extremo del muro labrado, el círculo mayor, de sombra, que rodea al primero. Tienes, al fin, el valor de acercarte a ella, tomar su mano, abrirla y colocar el llavero, la prenda, sobre esa palma lisa.

La verás apretar el puño, buscar tu mirada, murmurar:

—Gracias. . . —, levantarse, abandonar de prisa el comedor.

Tú tomas el lugar de Aura, estiras las piernas, enciendes un cigarrillo, invadido por un placer que jamás has conocido, que sabías parte de ti,[36] pero que sólo ahora experimentas[37] plenamente, liberándolo, arrojándolo fuera porque sabes que esta vez encontrará respuesta. . . Y la señora Consuelo te espera: ella te lo advirtió:[38] te espera después de la cena. . .

Has aprendido el camino. Tomas el candelabro y cruzas la sala y el vestíbulo. La primera puerta, frente a ti, es la de la anciana. Tocas con los nudillos, sin obtener respuesta. Tocas otra vez. Empujas la puerta: ella te espera. Entras con cautela, murmurando:

—Señora. . . Señora. . .

Ella no te habrá escuchado, porque la descubres hincada[39] ante ese muro de las devociones, con la cabeza apoyada contra los puños cerrados. La ves de lejos: hincada, cubierta por ese camisón de lana

---

[32] stretch out
[33] No . . . It's not urgent
[34] sobre . . . in her lap
[35] te . . . you stand up

[36] que . . . that you knew to be a part of you
[37] experience
[38] informed
[39] kneeling

burda,[40] con la cabeza hundida en los hombros delgados: delgada como una escultura medieval, emaciada: las piernas se asoman[41] como dos hebras debajo del camisón, flacas, cubiertas por una erisipela inflamada; piensas en el roce[42] continuo de la tosca lana sobre la piel, hasta que ella levanta los puños y pega al aire sin fuerzas, como si librara[43] una batalla contra las imágenes que, al acercarte, empiezas a distinguir: Cristo, María, San Sebastián, Santa Lucía, el Arcángel Miguel, los demonios sonrientes, los únicos sonrientes en esta iconografía del dolor y la cólera: sonrientes porque, en el viejo grabado iluminado por las veladoras, ensartan los tridentes en la piel de los condenados, les vacían calderones de agua hirviente, violan a las mujeres, se embriagan, gozan de la libertad vedada a los santos. Te acercas a esa imagen central, rodeada por las lágrimas de la Dolorosa, la sangre del Crucificado, el gozo de Luzbel,[44] la cólera del Arcángel, las vísceras conservadas en frascos de alcohol, los corazones de plata: la señora Consuelo, de rodillas, amenaza con los puños, balbucea las palabras que, ya cerca de ella, puedes escuchar:

—Llega, Ciudad de Dios; suena, trompeta de Gabriel; ¡Ay, pero cómo tarda en morir el mundo!

Se golpeará el pecho hasta derrumbarse, frente a las imágenes y las veladoras, con un acceso de tos. Tú la tomas de los codos, la conduces dulcemente hacia la cama, te sorprendes del tamaño de la mujer: casi una niña, doblada, corcovada, con la espina dorsal vencida: sabes que, de no ser por tu apoyo,[45] tendría que regresar a gatas[46] a la cama. La recuestas en el gran lecho de migajas y edredones viejos, la cubres, esperas a que su respiración se regularice, mientras las lágrimas involuntarias le corren por las mejillas transparentes.

—Perdón . . . Perdón, señor Montero . . . A las viejas sólo nos queda. . . el placer de la devoción. . . Páseme el pañuelo, por favor.

—La señorita Aura me dijo. . .

—Sí, exactamente. No quiero que perdamos tiempo . . . Debe . . . debe empezar a trabajar cuanto antes[47]. . . Gracias . . .

—Trate usted de descansar.

[40] coarse
[41] se . . . stick out
[42] rubbing
[43] she were fighting
[44] Lucifer
[45] de . . . if it weren't for your support
[46] a . . . on hands and knees
[47] cuanto . . . as soon as possible

—Gracias . . . Tome . . .

La vieja se llevará las manos al cuello, lo desabotonará, bajará la cabeza para quitarse ese listón morado, luido,[48] que ahora te entrega: pesado, porque una llave de cobre cuelga de la cinta.

—En aquel rincón . . . Abra ese baúl y traiga los papeles que están a la derecha, encima de los demás . . . amarrados con un cordón amarillo . . .

—No veo muy bien . . .

—Ah, sí . . . Es que yo estoy tan acostumbrada a las tinieblas. A mi derecha . . . Camine y tropezará con el arcón . . . Es que nos amurallaron,[49] señor Montero. Han construido alrededor de nosotras, nos han quitado la luz. Han querido obligarme a vender. Muertas, antes.[50] Esta casa está llena de recuerdos para nosotras. Sólo muerta me sacarán de aquí . . . Eso es. Gracias. Puede usted empezar a leer esta parte. Ya le iré entregando las demás. Buenas noches, señor Montero. Gracias. Mire: su candelabro se ha apagado. Enciéndalo afuera, por favor. No, no, quédese con la llave.[51] Acéptela. Confío en usted.

—Señora . . . Hay un nido de ratones en aquel rincón . . .

—¿Ratones? Es que yo nunca voy hasta allá . . .

—Debería usted traer a los gatos aquí.

—¿Gatos? ¿Cuáles gatos? Buenas noches. Voy a dormir. Estoy fatigada.

—Buenas noches.

III

Lees esa misma noche los papeles amarillos, escritos con una tinta color mostaza;[1] a veces, horadados[2] por el descuido de una ceniza de tabaco, manchados por moscas. El francés del general Llorente no goza de las excelencias que[3] su mujer le habrá atribuido. Te dices que tú puedes mejorar considerablemente el estilo, apretar esa narración difusa de los hechos pasados: la infancia en una

---

[48] **listón** . . . worn, violet ribbon
[49] **Es** . . . It's just that they walled us in
[50] **Muertas** . . . We'd rather die [than sell]
[51] **quédese** . . . keep the key

[1] **tinta** . . . mustard-colored ink
[2] holey
[3] **no** . . . is not as exquisite as

hacienda oaxaqueña del siglo XIX, los estudios militares en Francia, la amistad con el Duque de Morny,* con el círculo íntimo de Napoleón III, el regreso a México en el estado mayor de Maximiliano, las ceremonias y veladas del Imperio, las batallas, el derrumbe, el Cerro de las Campanas,† el exilio en París. Nada que no hayan contado otros. Te desnudas pensando en el capricho deformado de la anciana, en el falso valor que atribuye a estas memorias. Te acuestas sonriendo, pensando en tus cuatro mil pesos.

Duermes, sin soñar, hasta que el chorro de luz[4] te despierta, a las seis de la mañana, porque ese techo de vidrios no posee cortinas. Te cubres los ojos con la almohada y tratas de volver a dormir. A los diez minutos,[5] olvidas tu propósito y caminas al baño, donde encuentras todas tus cosas dispuestas[6] en una mesa, tus escasos trajes colgados en el ropero. Has terminado de afeitarte cuando ese maullido implorante y doloroso destruye el silencio de la mañana.

Llega a tus oídos con una vibración atroz, rasgante, de imploración.[7] Intentas ubicar[8] su origen: abres la puerta que da[9] al corredor y allí no lo escuchas: esos maullidos se cuelan desde lo alto,[10] desde el tragaluz. Trepas velozmente a la silla, de la silla a la mesa de trabajo, y apoyándote en el librero puedes alcanzar el tragaluz, abrir uno de sus vidrios, elevarte con esfuerzo y clavar la mirada en ese jardín lateral, ese cubo de tejos y zarzas enmarañados donde cinco, seis, siete gatos—no puedes contarlos: no puedes sostenerte allí más de un segundo— encadenados unos con otros, se revuelcan envueltos en fuego, desprenden[11] un humo opaco, un olor de pelambre incendiada. Dudas, al caer sobre la butaca, si en realidad has visto eso; quizás sólo uniste esa imagen a los maullidos espantosos que persisten, disminuyen, al cabo terminan.

Te pones la camisa, pasas[12] un papel sobre las puntas de tus zapatos negros y escuchas, esta vez, el aviso de la campana que

---

* French politician and army official (1811–1865). Negotiator for France in the agreements that led to the French invasion and placed Maximilian at the head of the Mexican government as Emperor of Mexico from 1864 to 1867.
† Mountain north of Querétaro, Mexico. On June 19, 1867, the Emperor Maximilian was executed there along with his generals.

[4] **chorro** . . . stream of light
[5] **A** . . . After ten minutes
[6] arranged
[7] **rasgante** . . . piercing, imploring
[8] locate
[9] opens on
[10] **se** . . . are coming in from above
[11] give off
[12] you wipe

parece recorrer los pasillos de la casa y acercarse a tu puerta. Te asomas al corredor; Aura camina con esa campana en la mano, inclina la cabeza al verte, te dice que el desayuno está listo. Tratas de detenerla; Aura ya descenderá por la escalera de caracol, tocando la campana pintada de negro, como si se tratara de levantar a todo un hospicio,[13] a todo un internado.[14]

La sigues, en mangas de camisa, pero al llegar al vestíbulo ya no la encuentras. La puerta de la recámara de la anciana se abre a tus espaldas: alcanzas a ver la mano que asoma detrás de la puerta apenas abierta, coloca esa porcelana en el vestíbulo y se retira, cerrando de nuevo.[15]

En el comedor, encuentras tu desayuno servido: esta vez, sólo un cubierto. Comes rápidamente, regresas al vestíbulo, tocas a la puerta de la señora Consuelo. Esa voz débil y aguda te pide que entres. Nada habrá cambiado. La oscuridad permanente. El fulgor de las veladoras y los milagros de plata.

—Buenos días, señor Montero. ¿Durmió bien?

—Sí. Leí hasta tarde.

La dama agitará[16] una mano, como si deseara alejarte.[17]

—No, no, no. No me adelante su opinión.[18] Trabaje sobre esos papeles y cuando termine le pasaré los demás.

—Está bien, señora. ¿Podría visitar el jardín?

—¿Cuál jardín, señor Montero?

—El que está detrás de mi cuarto.

—En esta casa no hay jardín. Perdimos el jardín cuando construyeron alrededor de la casa.

—Pensé que podría trabajar mejor al aire libre.

—En esta casa sólo hay ese patio oscuro por donde entró usted. Allí mi sobrina cultiva algunas plantas de sombra. Pero eso es todo.

—Está bien, señora.

—Deseo descansar todo el día. Pase a verme esta noche.

—Está bien, señora.

Revisas[19] todo el día los papeles, pasando en limpio[20] los párrafos que piensas retener, redactando de nuevo los que te parecen débiles, fumando cigarrillo tras cigarrillo y reflexionando que debes espaciar[21] tu trabajo para que la canonjía[22] se prolongue lo más posible. Si lograras ahorrar por lo menos doce mil pesos, podrías pasar cerca de un año dedicado a tu propia obra, aplazada, casi olvidada. Tu gran obra de conjunto sobre los descubrimientos y conquistas españolas en América. Una obra que resuma todas las crónicas dispersas, las haga inteligibles, encuentre las correspondencias entre todas las empresas y aventuras del siglo de oro, entre los prototipos humanos y el hecho mayor del Renacimiento. En realidad, terminas por[23] abandonar los tediosos papeles del militar del Imperio para empezar la redacción de fichas y resúmenes de tu propia obra. El tiempo corre y sólo al escuchar de nuevo la campana consultas tu reloj, te pones el saco y bajas al comedor.

Aura ya estará sentada; esta vez la cabecera[24] la ocupará la señora Llorente, envuelta en su chal y su camisón, tocada[25] con su cofia, agachada sobre el plato. Pero el cuarto cubierto también está puesto.[26] Lo notas de pasada;[27] ya no te preocupa. Si el precio de tu futura libertad creadora es aceptar todas las manías de esta anciana, puedes pagarlo sin dificultad. Tratas, mientras la ves sorber la sopa, de calcular su edad. Hay un momento en el cual ya no es posible distinguir el paso de los años: la señora Consuelo, desde hace tiempo, pasó esa frontera. El general no la menciona en lo que llevas leído[28] de las memorias. Pero si el general tenía cuarenta y dos años en el momento de la invasión francesa y murió en 1901, cuarenta años más tarde, habría muerto de ochenta y dos años. Se habría casado con la señora Consuelo después de la derrota de Querétaro* y el exilio, pero ella habría sido una niña entonces . . .

Las fechas se te confundirán, porque ya la señora está hablando, con ese murmullo agudo, leve, ese chirreo de pájaro; le está hablando a Aura y tú escuchas, atento a la comida, esa enumeración plana de quejas, dolores, sospechas de enfermedades, más quejas sobre el precio de las medicinas, la humedad de la casa. Quisieras intervenir en la conversación doméstica preguntando por el criado que recogió ayer tus cosas pero al que nunca has visto, el que nunca sirve la

---

[21] pace
[22] soft job
[23] **terminas** . . . you end up by
[24] head of the table
[25] her head covered

[26] **el** . . . the fourth place is also set
[27] **de** . . . casually
[28] **en** . . . in what you have already read
* Reference to the end of Maximilian's reign in Mexico, 1867.

mesa: lo preguntarías si, de repente,[29] no te sorprendiera que Aura, hasta ese momento, no hubiese abierto la boca y comiese con esa fatalidad mecáncia, como si esperara un impulso ajeno a ella[30] para tomar la cuchara, el cuchillo, partir[31] los riñones —sientes en la boca, otra vez, esa dieta de riñones, por lo visto[32] la preferida de la casa— y llevárselos a la boca. Miras rápidamente de la tía a la sobrina y de la sobrina a la tía, pero la señora Consuelo, en ese instante, detiene todo movimiento y, al mismo tiempo, Aura deja el cuchillo sobre el plato y permanece inmóvil y tú recuerdas que, una fracción de segundo antes, la señora Consuelo hizo lo mismo.

Permanecen varios minutos en silencio: tú terminando de comer, ellas inmóviles como estatuas, mirándote comer. Al cabo la señora dice:

—Me he fatigado. No debería comer en la mesa. Ven, Aura, acompáñame a la recámara.

La señora tratará de retener tu atención: te mirará de frente[33] para que tú la mires, aunque sus palabras vayan dirigidas a la sobrina. Tú debes hacer un esfuerzo para desprenderte de esa mirada —otra vez abierta, clara, amarilla, despojada de los velos y arrugas que normalmente la cubren— y fijar la tuya en Aura, que a su vez mira fijamente hacia un punto perdido y mueve en silencio los labios, se levanta con actitudes similares[34] a las que tú asocias con el sueño, toma de los brazos a la anciana jorobada[35] y la conduce lentamente fuera del comedor.

Solo, te sirves el café que también ha estado allí desde el principio del almuerzo, el café frío que bebes a sorbos[36] mientras frunces el ceño y te preguntas si la señora no poseerá una fuerza secreta sobre la muchacha, si la muchacha, tu hermosa Aura vestida de verde, no estará encerrada contra su voluntad en esta casa vieja, sombría. Le sería, sin embargo, tan fácil[37] escapar mientras la anciana dormita[38] en su cuarto oscuro. Y no pasas por alto[39] el camino que se abre en tu imaginación: quizás Aura espera que tú la salves de las

[29] de . . . suddenly
[30] como . . . as if she were waiting for some external energy
[31] cut
[32] por . . . apparently
[33] te . . . she will face you
[34] con . . . with similar motions
[35] hunchbacked
[36] sipping
[37] Le . . . It would, nevertheless, be so easy for her
[38] dozes
[39] Y . . . And you don't overlook

cadenas que, por alguna razón oculta, le ha impuesto esta vieja caprichosa y desequilibrada. Recuerdas a Aura minutos antes, inanimada, embrutecida por el terror: incapaz de hablar enfrente de la tirana, moviendo los labios en silencio, como si en silencio te implorara su libertad, prisionera al grado de[40] imitar todos los movimientos de la señora Consuelo, como si sólo lo que hiciera la vieja le fuese permitido a la joven.

La imagen de esta enajenación[41] total te rebela: caminas, esta vez hacia la otra puerta, la que da sobre el vestíbulo al pie de la escalera, la que está al lado de la recámara de la anciana: allí debe vivir Aura; no hay otra pieza en la casa. Empujas la puerta y entras a esa recámara, también oscura, de paredes enjalbegadas,[42] donde el único adorno es un Cristo negro. A la izquierda, ves esa puerta que debe conducir a la recámara de la viuda. Caminando de puntas,[43] te acercas a ella, colocas la mano sobre la madera, desistes de tu empeño:[44] debes hablar con Aura a solas.

Y si Aura quiere que la ayudes, ella vendrá a tu cuarto. Permaneces allí, olvidado de[45] los papeles amarillos, de tus propias cuartillas anotadas, pensando sólo en la belleza inasible de tu Aura —mientras más pienses en ella más tuya la harás, no sólo porque piensas en su belleza y la deseas, sino porque ahora la deseas para liberarla: habrás encontrado una razón moral para tu deseo; te sentirás inocente y satisfecho— y cuando vuelves a escuchar la precaución de la campana, no bajas a cenar porque no soportarías[46] otra escena como la del mediodía. Quizás Aura se dará cuenta y, después de la cena, subirá a buscarte.

Realizas[47] un esfuerzo para seguir revisando los papeles. Cansado, te desvistes lentamente, caes en el lecho, te duermes pronto y por primera vez en muchos años sueñas, sueñas una sola cosa, sueñas esa mano descarnada[48] que avanza hacia ti con la campana en la mano, gritando que te alejes, que se alejen todos, y cuando el rostro de ojos vaciados[49] se acerca al tuyo, despiertas con un grito mudo, sudando, y sientes esas manos que acarician tu rostro y tu pelo, esos labios que murmuran con la voz más baja, te consuelan, te piden calma y

---

[40] **al** . . . to the point of
[41] alienation, madness
[42] whitewashed
[43] **de** . . . on tiptoe
[44] **desistes** . . . you change your mind
[45] **olvidado** . . . oblivious of
[46] **no** . . . you would not stand
[47] You make
[48] emaciated
[49] empty

cariño. Alargas tus propias manos para encontrar el otro cuerpo, desnudo, que entonces agitará levemente el llavín que tú reconoces, y con él a la mujer que se recuesta encima de ti, te besa, te recorre el cuerpo entero con besos. No puedes verla en la oscuridad de la noche sin estrellas, pero hueles en su pelo el perfume de las plantas del patio, sientes en sus brazos la piel más suave y ansiosa, tocas en sus senos la flor entrelazada de las venas sensibles, vuelves a besarla y no le pides palabras.

Al separarte, agotado, de su abrazo, escuchas su primer murmullo: "Eres mi esposo". Tú asientes:[50] ella te dirá que amanece; se despedirá diciendo que te espera esa noche en su recámara. Tú vuelves a asentir,[51] antes de caer dormido, aliviado, ligero, vaciado de placer, reteniendo en las yemas de los dedos el cuerpo de Aura, su temblor, su entrega: la niña Aura.

Te cuesta trabajo[52] despertar. Los nudillos tocan varias veces y te levantas de la cama pesadamente, gruñendo: Aura, del otro lado de la puerta, te dirá que no abras: la señora Consuelo quiere hablar contigo; te espera en su recámara.

Entras diez minutos después al santuario de la viuda. Arropada, parapetada[53] contra los almohadones de encaje: te acercas a la figura inmóvil, a sus ojos cerrados detrás de los párpados colgantes, arrugados, blanquecinos: ves esas arrugas abolsadas de los pómulos, ese cansancio total de la piel.

Sin abrir los ojos, te dirá:

—¿Trae usted la llave?[54]

—Sí. . . Creo que sí. Sí, aquí está.

—Puede leer el segundo folio. En el mismo lugar, con la cinta azul.

Caminas, esta vez con asco, hacia ese arcón[55] alrededor del cual pululan las ratas, asoman sus ojillos brillantes entre las tablas podridas del piso, corretean hacia los hoyos abiertos en el muro escarapelado. Abres el arcón y retiras[56] la segunda colección de papeles. Regresas al pie de la cama; la señora Consuelo acaricia a su conejo blanco.

De la garganta abotonada de la anciana surgirá ese cacareo sordo:[57]

[50] agree
[51] **Tú . . .** You agree again
[52] **Te . . .** You find it difficult
[53] propped
[54] **Trae . . .** Do you have the key?
[55] chest
[56] you pull out
[57] dull cackle

—¿No le gustan los animales?

—No. No particularmente. Quizás porque nunca he tenido uno.

—Son buenos amigos, buenos compañeros. Sobre todo cuando llegan la vejez y la soledad.

—Sí. Así debe ser.

—Son seres naturales, señor Montero. Seres sin tentaciones.

—¿Cómo dijo que se llamaba?

—¿La coneja? Saga. Sabia. Sigue sus instintos. Es natural y libre.

—Creí que era conejo.

—Ah, usted no sabe distinguir todavía.

—Bueno, lo importante es que no se sienta usted sola.

—Quieren que estemos solas,[58] señor Montero, porque dicen que la soledad es necesaria para alcanzar la santidad. Se han olvidado de que en la soledad la tentación es más grande.

—No la entiendo, señora.

—Ah, mejor, mejor. Puede usted seguir trabajando.

Le das la espalda. Caminas hacia la puerta. Sales de la recámara. En el vestíbulo, aprietas los dientes. ¿Por qué no tienes el valor de decirle que amas a la joven? ¿Por qué no entras y le dices, de una vez, que piensas llevarte a Aura contigo cuando termines el trabajo? Avanzas de nuevo hacia la puerta; la empujas, dudando aún, y por el resquicio[59] ves a la señora Consuelo de pie, erguida, transformada, con esa túnica entre los brazos: esa túnica azul con botones de oro, charreteras rojas, brillantes insignias de águila coronada, esa túnica que la anciana mordisquea ferozmente, besa con ternura, se coloca sobre los hombros para girar en un paso de danza tambaleante. Cierras la puerta.

Sí: *tenía quince años cuando la conocí* —lees en el segundo folio de las memorias—: *elle avait quinze ans lorsque je l'ai connue et, si j'ose le dire, ce sont ses yeux verts qui ont fait ma perdition:*[60] los ojos verdes de Consuelo, que tenía quince años en 1867, cuando el general Llorente casó con ella y la llevó a vivir a París, al exilio. *Ma jeune poupée*, escribió el general en sus momentos de inspiración, *ma jeune poupée aux yeux verts; je t'ai comblée d'amour:*[61] describió la casa en la que vivieron, los paseos, los bailes, los carruajes, el

---

[58] **Quieren** ... They want us to be alone

[59] **crack**

[60] **elle** ... she was fifteen when I met her and, I confess, it was her green eyes that caused my downfall

[61] **Ma** ... My little doll ... my little doll with the green eyes; I gave you all my love

mundo del Segundo Imperio; sin gran relieve, ciertamente. *J'ai même supporté ta haine des chats, moi qui aimais tellement les jolies bêtes . . .*[62] Un día la encontró, abierta de piernas, con la crinolina levantada por delante, martirizando[63] a un gato y no supo llamarle la atención porque le pareció que *tu faisais ça d'une façon si innocente, par pur enfantillage*[64] e incluso lo excitó el hecho, de manera que esa noche la amó, si le das crédito a tu lectura, con una pasión hiperbólica, *parce que tu m'avais dit que torturer les chats était ta manière à toi de rendre notre amour favorable, par un sacrifice symbolique. . .*[65] Habrás calculado:[66] la señora Consuelo tendrá hoy ciento nueve años. . . cierras el folio. Cuarenta y nueve al morir su esposo. *Tu sais si bien t'habiller, ma douce Consuelo, toujours drappée dans des velours verts, verts comme tes yeux. Je pense que tu seras toujours belle, même dans cent ans . . .*[67] Siempre vestida de verde. Siempre hermosa, incluso dentro de cien años. *Tu es si fière de ta beauté; que ne ferais-tu pas pour rester toujours jeune?*[68]

IV

Sabes, al cerrar de nuevo el folio, que por eso vive Aura en esta casa: para perpetuar la ilusión de juventud y belleza de la pobre anciana enloquecida. Aura, encerrada como un espejo, como un ícono más[1] de ese muro religioso, cuajado de milagros, corazones preservados, demonios y santos imaginados.

Arrojas los papeles a un lado y desciendes, sospechando el único lugar donde Aura podrá estar en las mañanas: el lugar que le habrá asignado esta vieja avara.

La encuentras en la cocina, sí, en el momento en que degüella un macho cabrío:[2] el vapor que surge del cuello abierto, el olor de

---

[62] **J'ai . . .** I even put up with your hatred of cats, even though I loved the pretty creatures so much

[63] torturing

[64] **tu . . .** you did that in such an innocent way, through pure childishness

[65] **parce que . . .** because you had told me that torturing cats was your own way of bringing favor to our love with a symbolic sacrifice

[66] **Habrás . . .** You must have thought

[67] **Tu . . .** You know how to dress so well, my sweet Consuelo, always draped in green velvets, green as your eyes. I think you will always be beautiful, even in a hundred years.

[68] **Tu . . .** You are so proud of your beauty; what would you not do to remain always young?

[1] **como . . .** like just another icon

[2] **en . . .** at the moment when she is slashing the throat of a billy goat

sangre derramada, los ojos duros y abiertos del animal te dan náuseas: detrás de esa imagen, se pierde la de una Aura mal vestida, con el pelo revuelto, manchada de sangre, que te mira sin reconocerte, que continúa su labor de carnicero.

Le das la espalda: esta vez, hablarás con la anciana, le echarás en cara su codicia,[3] su tiranía abominable. Abres de un empujón[4] la puerta y la ves, detrás del velo de luces, de pie, cumpliendo su oficio de aire: la ves con las manos en movimiento, extendidas en el aire: una mano extendida y apretada, como si realizara un esfuerzo[5] para detener algo, la otra apretada en torno a un objeto de aire, clavada una y otra vez en el mismo lugar. En seguida, la vieja se restregará las manos contra el pecho, suspirará, volverá a cortar en el aire, como si —sí, lo verás claramente: como si despellejara una bestia. . .[6]—

Corres al vestíbulo, la sala, el comedor, la cocina donde Aura despelleja al chivo lentamente, absorta en su trabajo, sin escuchar tu entrada ni tus palabras, mirándote como si fueras de aire.

Subes lentamente a tu recámara, entras, te arrojas contra la puerta como si temieras que alguien te siguiera: jadeante, sudoroso, preso de la impotencia de tu espina helada, de tu certeza: si algo o alguien entrara, no podrías resistir, te alejarías de la puerta, lo dejarías hacer. Tomas febrilmente la butaca, la colocas contra esa puerta sin cerradura, empujas la cama hacia la puerta, hasta atrancarla, y te arrojas exhausto sobre ella, exhausto y abúlico, con los ojos cerrados y los brazos apretados alrededor de tu almohada: tu almohada que no es tuya; nada es tuyo. . .

Caes en ese sopor, caes hasta el fondo de ese sueño que es tu única salida,[7] tu única negativa[8] a la locura. "Está loca, está loca", te repites para adormecerte, repitiendo con las palabras la imagen de la anciana que en el aire despellejaba al cabrío de aire con su cuchillo de aire: ". . . está loca. . .",

en el fondo del abismo oscuro, en tu sueño silencioso, de bocas abiertas, en silencio, la verás avanzar hacia ti, desde el fondo negro del abismo, la verás avanzar a gatas.[9]

---

[3] **le** . . . you will throw her greed in her face
[4] shove
[5] **como** . . . as if she were making an effort
[6] **como** . . . as if she were skinning an

animal
[7] way out
[8] refusal
[9] **a** . . . on all fours

En silencio,

moviendo su mano descarnada, avanzando hacia ti hasta que su rostro se pegue[10] al tuyo y veas esas encías sangrantes[11] de la vieja, esas encías sin dientes y grites y ella vuelva a alejarse, moviendo su mano, sembrando a lo largo del abismo los dientes amarillos que va sacando del delantal manchado de sangre:

tu grito es el eco del grito de Aura, delante de ti en el sueño, Aura que grita porque unas manos han rasgado por la mitad[12] su falda de tafeta verde, y

esa cabeza tonsurada,

con los pliegues rotos de la falda entre las manos, se voltea hacia ti y ríe en silencio, con los dientes de la vieja superpuestos a los suyos, mientras las piernas de Aura, sus piernas desnudas, caen rotas y vuelan hacia el abismo. . .

Escuchas el golpe sobre la puerta, la campana detrás del golpe, la campana de la cena. El dolor de cabeza te impide leer los números, la posición de las manecillas del reloj; sabes que es tarde: frente a tu cabeza recostada, pasan las nubes de la noche detrás del tragaluz. Te incorporas penosamente,[13] aturdido, hambriento. Colocas el garrafón de vidrio bajo el grifo de la tina, esperas a que el agua corra, llene el garrafón que tú retiras y vacías en el aguamanil donde te lavas la cara, los dientes con tu brocha vieja embarrada de pasta verdosa, te rocías el pelo —sin advertir[14] que debías haber hecho todo esto a la inversa—, te peinas cuidadosamente frente al espejo ovalado del armario de nogal, anudas la corbata, te pones el saco y desciendes a un comedor vacío, donde sólo ha sido colocado un cubierto: el tuyo.

Y al lado de tu plato, debajo de la servilleta, ese objeto que rozas[15] con los dedos, esa muñequita endeble,[16] de trapo, rellena de una harina que se escapa por el hombro mal cosido: el rostro pintado con tinta china, el cuerpo desnudo, detallado con escasos pincelazos. Comes tu cena fría —riñones, tomates, vino— con la mano derecha: detienes[17] la muñeca entre los dedos de la izquierda.

Comes mecánicamente, con la muñeca en la mano izquierda y el tenedor en la otra, sin darte cuenta, al principio, de tu propia actitud

---

[10] **se** . . . comes very close
[11] **encías** . . . bleeding gums
[12] **han** . . . have torn in half
[13] **Te** . . . You sit up with difficulty
[14] **sin** . . . without becoming aware
[15] you touch
[16] flimsy
[17] you hold

hipnótica, entreviendo, después, una razón en tu siesta opresiva, en tu pesadilla, identificando, al fin, tus movimientos de sonámbulo con los de Aura, con los de la anciana: mirando con asco esa muñequita horrorosa que tus dedos acarician, en la que empiezas a sospechar una enfermedad secreta, un contagio. La dejas caer al suelo. Te limpias los labios con la servilleta. Consultas tu reloj y recuerdas que Aura te ha citado[18] en su recámara.

Te acercas cautelosamente a la puerta de doña Consuelo y no escuchas un solo ruido. Consultas de nuevo tu reloj: apenas son las nueve. Decides bajar, a tientas,[19] a ese patio techado, sin luz, que no has vuelto a visitar desde que lo cruzaste, sin verlo, el día de tu llegada a esta casa.

Tocas las paredes húmedas, lamosas; aspiras el aire perfumado y quieres descomponer los elementos de tu olfato, reconocer los aromas pesados, suntuosos, que te rodean. El fósforo encendido ilumina, parpadeando,[20] ese patio estrecho y húmedo, embaldosado, en el cual crecen, de cada lado, las plantas sembradas sobre los márgenes de tierra rojiza y suelta. Distingues las formas altas, ramosas, que proyectan sus sombras a la luz del cerillo que se consume, te quema los dedos, te obliga a encender uno nuevo para terminar de reconocer las flores, los frutos, los tallos que recuerdas mencionados en crónicas viejas: las hierbas olvidadas que crecen olorosas, adormiladas: las hojas anchas, largas, hendidas, vellosas del beleño:[21] el tallo sarmentado de flores amarillas por fuera, rojas por dentro; las hojas acorazonadas y agudas de la dulcamara;[22] la pelusa cenicienta del gordolobo,[23] sus flores espigadas; el arbusto ramoso del evónimo[24] y las flores blanquecinas; la belladona. Cobran vida[25] a la luz de tu fósforo, se mecen con sus sombras mientras tú recreas los usos de este herbario que dilata las pupilas, adormece el dolor, alivia los partos, consuela, fatiga la voluntad, consuela con una calma voluptuosa.

Te quedas solo con los perfumes cuando el tercer fósforo se apaga. Subes con pasos lentos al vestíbulo, vuelves a pegar el oído a la puerta de la señora Consuelo, sigues, sobre las puntas de los pies,

---

[18] **te** . . . is expecting you
[19] **a** . . . groping in the dark
[20] flickering
[21] henbane
[22] bittersweet
[23] great mullein
[24] prickwood (tree)
[25] **Cobran** . . . They come to life

a la de Aura: la empujas, sin dar aviso,[26] y entras a esa recámara desnuda, donde un círculo de luz ilumina la cama, el gran crucifijo mexicano, la mujer que avanzará hacia ti cuando la puerta se cierre.

Aura vestida de verde, con esa bata[27] de tafeta por donde asoman, al avanzar hacia ti la mujer, los muslos[28] color de luna: la mujer, repetirás al tenerla cerca, la mujer, no la muchacha de ayer: la muchacha de ayer —cuando toques sus dedos, su talle— no podía tener más de veinte años; la mujer de hoy —y acaricies su pelo negro, suelto, su mejilla pálida— parece de cuarenta: algo se ha endurecido, entre ayer y hoy, alrededor de los ojos verdes; el rojo de los labios se ha oscurecido fuera de su forma antigua, como si quisiera fijarse en una mueca alegre, en una sonrisa turbia: como si alternara, a semejanza de esa planta del patio, el sabor de la miel y el de la amargura. No tienes tiempo de pensar más:

—Siéntate en la cama, Felipe.

—Sí.

—Vamos a jugar. Tú no hagas nada. Déjame hacerlo todo a mí.

Sentado en la cama, tratas de distinguir el origen de esa luz difusa, opalina, que apenas te permite separar los objetos, la presencia de Aura, de la atmósfera dorada que los envuelve. Ella te habrá visto mirando hacia arriba, buscando ese origen. Por la voz, sabes que está arrodillada frente a ti:

—El cielo no es alto ni bajo. Está encima y debajo de nosotros al mismo tiempo.

Te quitará los zapatos, los calcetines, y acariciará tus pies desnudos.

Tú sientes el agua tibia que baña tus plantas,[29] las alivia, mientras ella te lava con una tela gruesa, dirige miradas furtivas[30] al Cristo de madera negra, se aparta por fin de tus pies, te toma de la mano, se prende unos capullos[31] de violeta al pelo suelto, te toma entre los brazos y canturrea esa melodía, ese vals que tú bailas con ella, prendido al susurro de su voz, girando al ritmo lentísimo, solemne, que ella te impone, ajeno a los movimientos ligeros de sus manos, que te desabotonan la camisa, te acarician el pecho, buscan tu espalda, se clavan en ella. También tú murmuras esa canción sin

---

[26] **sin** . . . without giving a warning
[27] dressing gown
[28] thighs

[29] soles (of your feet)
[30] **dirige** . . . she looks furtively
[31] flower buds

letra, esa melodía que surge naturalmente de tu garganta: giran los
dos, cada vez más cerca del lecho; tú sofocas la canción murmurada
con tus besos hambrientos sobre la boca de Aura, arrestas la danza
con tus besos apresurados sobre los hombros, los pechos de Aura.

Tienes la bata vacía entre las manos. Aura, de cuclillas[32] sobre
la cama, coloca ese objeto contra los muslos cerrados, lo acaricia,
te llama con la mano. Acaricia ese trozo de harina delgada, lo
quiebra sobre sus muslos, indiferentes a las migajas que ruedan por
sus caderas:[33] te ofrece la mitad de la oblea[34] que tú tomas, llevas
a la boca al mismo tiempo que ella, deglutes[35] con dificultad: caes
sobre el cuerpo desnudo de Aura, sobre sus brazos abiertos, extendidos de un extremo al otro de la cama, igual que el Cristo negro que
cuelga del muro con su faldón de seda escarlata, sus rodillas abiertas,
su costado herido, su corona de brezos montada sobre la peluca
negra, enmarañada, entreverada con lentejuela de plata. Aura se
abrirá como un altar.

Murmuras el nombre de Aura al oído de Aura. Sientes los brazos
llenos de la mujer contra tu espalda. Escuchas su voz tibia en tu
oreja:

—¿Me querrás siempre?

—Siempre, Aura, te amaré para siempre.

—¿Siempre? ¿Me lo juras?[36]

—Te lo juro.

—¿Aunque envejezca?[37] ¿Aunque pierda mi belleza? ¿Aunque
tenga el pelo blanco?

—Siempre, mi amor, siempre.

—¿Aunque muera, Felipe? ¿Me amarás siempre, aunque muera?

—Siempre, siempre. Te lo juro. Nada puede separarme de ti.

—Ven, Felipe, ven. . .

Buscas, al despertar,[38] la espalda de Aura y sólo tocas esa
almohada, caliente aún, y las sábanas blancas que te envuelven.

Murmuras de nuevo su nombre.

Abres los ojos: la ves sonriendo, de pie, al pie de la cama, pero sin
mirarte a ti. La ves caminar lentamente hacia ese rincón de la
recámara, sentarse en el suelo, colocar los brazos sobre las rodillas

---

[32] **de** . . . crouching   [36] **Me** . . . Will you swear?
[33] hips   [37] **Aunque** . . . Even if I grow old?
[34] wafer   [38] **al** . . . when you awaken
[35] swallow

negras que emergen de la oscuridad que tú tratas de penetrar, acariciar la mano arrugada que se adelanta del fondo de la oscuridad cada vez más clara: a los pies de la anciana señora Consuelo, que está sentada en ese sillón que tú notas por primera vez: la señora Consuelo que te sonríe, cabeceando, que te sonríe junto con Aura que mueve la cabeza al mismo tiempo que la vieja: las dos te sonríen, te agradecen. Recostado, sin voluntad, piensas que la vieja ha estado todo el tiempo en la recámara;

recuerdas sus movimientos, su voz, su danza,

por más que te digas[39] que no ha estado allí.

Las dos se levantarán a un tiempo,[40] Consuelo de la silla, Aura del piso. Las dos te darán la espalda, caminarán pausadamente hacia la puerta que comunica con la recámara de la anciana, pasarán juntas al cuarto donde tiemblan las luces colocadas frente a las imágenes, cerrarán la puerta detrás de ellas, te dejarán dormir en la cama de Aura.

V

Duermes cansado, insatisfecho. Ya en el sueño sentiste esa vaga melancolía, esa opresión en el diafragma, esa tristeza que no se deja apresar por tu imaginación.[1] Dueño de la recámara de Aura, duermes en la soledad, lejos del cuerpo que creerás haber poseído.

Al despertar, buscas otra presencia en el cuarto y sabes que no es la de Aura la que te inquieta,[2] sino la doble presencia de algo que fue engendrado la noche pasada. Te llevas las manos a las sienes,[3] tratando de calmar tus sentidos en desarreglo: esa tristeza vencida te insinúa, en voz baja, en el recuerdo inasible de la premonición, que buscas tu otra mitad, que la concepción estéril de la noche pasada engendró tu propio doble.

Y ya no piensas,[4] porque existen cosas más fuertes que la imaginación: la costumbre que te obliga a levantarte, buscar un baño anexo[5] a esa recámara, no encontrarlo, salir restregándote los

---

[39] **por** . . . regardless how many times you tell yourself
[40] **a** . . . simultaneously
[1] **que** . . . that escapes your imagination
[2] **la** . . . that which makes you uneasy
[3] temples
[4] **Y** . . . And you no longer think
[5] adjoining

dominarse
controlarse

párpados, subir al segundo piso saboreando la acidez pastosa de la lengua, entrar a tu recámara acariciándote las mejillas de cerdas[6] revueltas, dejar correr las llaves[7] de la tina e introducirte[8] en el agua tibia, dejarte ir, no pensar más.

Y cuando te estés secando, recordarás a la vieja y a la joven que te sonrieron, abrazadas, antes de salir juntas, abrazadas: te repites que siempre, cuando están juntas, hacen exactamente lo mismo: se abrazan, sonríen, comen, hablan, entran, salen, al mismo tiempo, como si una imitara a la otra, como si de la voluntad de una dependiese la existencia de la otra.[9] Te cortas ligeramente la mejilla, pensando estas cosas mientras te afeitas; haces un esfuerzo para dominarte.[10] Terminas tu aseo[11] contando los objetos del botiquín, los frascos y tubos que trajo de la casa de huéspedes el criado al que nunca has visto: murmuras los nombres de esos objetos, los tocas, lees las indicaciones de uso y contenido, pronuncias la marca de fábrica, prendido a esos objetos para olvidar lo otro, lo otro sin nombre, sin marca, sin consistencia racional. ¿Qué espera de ti Aura? acabas por preguntarte, cerrando de un golpe el botiquín. ¿Qué quiere?

Te contesta el ritmo sordo de esa campana que se pasea a lo largo del corredor, advirtiéndote que el desayuno está listo. Caminas, con el pecho desnudo, a la puerta: al abrirla, encuentras a Aura: será Aura, porque viste la tafeta verde de siempre, aunque un velo verdoso oculte sus facciones.[12] Tomas con la mano la muñeca[13] de la mujer, esa muñeca delgada, que tiembla. . .

—El desayuno está listo. . . —te dirá con la voz más baja que has escuchado. . . —

—Aura. Basta ya de engaños.[14]

—¿Engaños?

—Dime si la señora Consuelo te impide salir, hacer tu vida; ¿por qué ha de estar [15] presente cuando tú y yo. . .?; dime que te irás conmigo en cuanto. . .[16]

—¿Irnos? ¿A dónde?

---

[6] bristles
[7] **dejar** . . . open the faucets
[8] get into
[9] **como** . . . as if the existence of one depended on the will of the other
[10] control yourself
[11] washing up
[12] **un** . . . a greenish veil covers her features
[13] wrist
[14] **Basta** . . . That's enough deception
[15] **por qué** . . . why should she be
[16] **en** . . . as soon as

—Afuera, al mundo. A vivir juntos. No puedes sentirte encadenada para siempre a tu tía. . . ¿Por qué esa devoción? ¿Tanto la quieres?

—Quererla. . .

—Sí; ¿por qué te has de sacrificar así?

—¿Quererla? Ella me quiere a mí. Ella se sacrifica por mí.

—Pero es una mujer vieja, casi un cadáver; tú no puedes. . .

—Ella tiene más vida que yo. Sí, es vieja, es repulsiva. . . Felipe, no quiero volver. . . no quiero ser como ella. . . otra. . .

—Trata de enterrarte en vida.[17] Tienes que renacer, Aura. . .

—Hay que morir antes de renacer. . . No. No entiendes. Olvida, Felipe; ténme confianza.[18]

—Si me explicaras. . .

—Ténme confianza. Ella va a salir hoy todo el día. . .

—¿Ella?

—Sí, la otra.

—¿Va a salir? Pero si nunca. . .

—Sí, a veces sale. Hace un gran esfuerzo y sale. Hoy va a salir. Todo el día. . . Tú y yo podemos. . .

—¿Irnos?

—Si quieres. . .

—No, quizás todavía no. Estoy contratado para un trabajo. . . Cuando termine el trabajo, entonces sí. . .

—Ah, sí. Ella va a salir todo el día. Podemos hacer algo. . .

—¿Qué?

—Te espero esta noche en la recámara de mi tía. Te espero como siempre.

Te dará la espalda, se irá tocando esa campana, como los leprosos que con ella pregonan su cercanía, advierten a los incautos: "Aléjate, aléjate". Tú te pones la camisa y el saco, sigues el ruido espaciado de la campana que se dirige, enfrente de ti, hacia el comedor; dejas de escucharlo al entrar a la sala: viene hacia ti, jorobada, sostenida por un báculo nudoso,[19] la viuda de Llorente, que sale del comedor, pequeña, arrugada, vestida con ese traje blanco, ese velo de gasa teñida, rasgada, pasa a tu lado sin mirarte, sonándose[20] con un pañuelo, sonándose y escupiendo continuamente, murmurando:

---

[17] **enterrarte . . .** bury you alive
[18] **ténme . . .** trust me
[19] **báculo . . .** knotty walking stick
[20] blowing her nose

—Hoy no estaré en la casa, señor Montero. Confío en su trabajo. Adelante usted. Las memorias de mi esposo deben ser publicadas.

Se alejará, pisando los tapetes con sus pequeños pies de muñeca antigua, apoyada en ese bastón, escupiendo, estornudando como si quisiera expulsar algo de sus vías respiratorias,[21] de sus pulmones congestionados. Tú tienes la voluntad de no seguirla con la mirada; dominas la curiosidad que sientes ante ese traje de novia[22] amarillento, extraído del fondo del viejo baúl que está en la recámara. . .

Apenas pruebas el café negro y frío que te espera en el comedor. Permaneces una hora sentado en la vieja y alta silla ojival, fumando, esperando los ruidos que nunca llegan, hasta tener la seguridad[23] de que la anciana ha salido de la casa y no podrá sorprenderte. Porque en el puño, apretada, tienes desde hace una hora la llave del arcón y ahora te diriges, sin hacer ruido, a la sala, al vestíbulo donde esperas quince minutos más —tu reloj te lo dirá— con el oído pegado a la puerta de doña Consuelo, la puerta que en seguida empujas levemente, hasta distinguir, detrás de la red de araña[24] de esas luces devotas, la cama vacía, revuelta, sobre la que la coneja roe[25] sus zanahorias crudas:[26] la cama siempre rociada de migajas que ahora tocas, como si creyeras que la pequeñísima anciana pudiese estar escondida entre los pliegues de las sábanas.

Caminas hasta el baúl colocado en el rincón; pisas[27] la cola de una de esas ratas que chilla,[28] se escapa de la opresión de tu suela, corre a dar aviso a las demás ratas cuando tu mano acerca la llave de cobre a la chapa pesada, enmohecida, que rechina cuando introduces[29] la llave, apartas el candado, levantas la tapa y escuchas el ruido de los goznes[30] enmohecidos. Sustraes[31] el tercer folio —cinta roja— de las memorias y al levantarlo encuentras esas fotografías viejas, duras, comidas de los bordes, que también tomas, sin verlas, apretando todo el tesoro contra tu pecho, huyendo sigilosamente, sin cerrar siquiera el baúl, olvidando el hambre de las

---

[21] **vías** . . . nasal passages
[22] **traje** . . . bridal gown
[23] **hasta** . . . until you can be sure
[24] **red** . . . spider web
[25] gnaws
[26] **zanhorias** . . . raw carrots
[27] you step on
[28] squeals
[29] you insert
[30] hinges
[31] You remove

ratas, para traspasar el umbral, cerrar la puerta, recargarte contra la pared del vestíbulo, respirar normalmente, subir a tu cuarto.

Allí leerás los nuevos papeles, la continuación, las fechas de un siglo en agonía. El general Llorente habla con su lenguaje más florido de la personalidad de Eugenia de Montijo, vierte todo su respeto hacia la figura de Napoleón el Pequeño, exhuma su retórica más marcial para anunciar la guerra franco-prusiana, llena páginas de dolor ante la derrota, arenga a los hombres de honor contra el monstruo republicano, ve en el general Boulanger un rayo de esperanza, suspira por México, siente que en el caso Dreyfus el honor —siempre el honor— del ejército ha vuelto a imponerse. . . Las hojas amarillas se quiebran bajo tu tacto; ya no las respetas, ya sólo buscas la nueva aparición de la mujer de ojos verdes: "Sé por qué lloras a veces, Consuelo. No te he podido dar hijos, a ti, que irradias la vida. . ." Y después: "Consuelo, no tientes[32] a Dios. Debemos conformarnos.[33] ¿No te basta mi cariño?[34] Yo sé que me amas; lo siento. No te pido conformidad, porque ello sería ofenderte. Te pido, tan sólo, que veas en ese gran amor que dices tenerme algo suficiente, algo que pueda llenarnos a los dos sin necesidad de recurrir a la imaginación enfermiza. . ." Y en otra página: "Le advertí a Consuelo que esos brebajes[35] no sirven para nada. Ella insiste en cultivar sus propias plantas en el jardín. Dice que no se engaña. Las hierbas no la fertilizarán en el cuerpo, pero sí en el alma. . ." Más tarde: "La encontré delirante, abrazada a la almohada. Gritaba: 'Sí, sí, sí, he podido: la he encarnado; puedo convocarla, puedo darle vida con mi vida'. Tuve que llamar al médico. Me dijo que no podría calmarla, precisamente porque ella estaba bajo el efecto de narcóticos, no de excitantes. . ." Y al fin: "Hoy la descubrí, en la madrugada, caminando sola y descalza a lo largo de los pasillos. Quise detenerla. Pasó sin mirarme, pero sus palabras iban dirigidas a mí. 'No me detengas —dijo—; voy hacia mi juventud, mi juventud viene hacia mí. Entra ya, está en el jardín, ya llega' . . . Consuelo, pobre Consuelo. . . Consuelo, también el demonio fue un ángel, antes. . ."

---

[32] **no** . . . do not challenge
[33] **Debemos** . . . We have to resign ourselves
[34] **¿No** . . . Isn't my love enough for you?
[35] potions

No habrá más. Allí terminan las memorias del general Llorente:
"*Consuelo, le démon aussi était un ange, avant. . .*"[36]

Y detrás de la última hoja, los retratos. El retrato de ese caballero
anciano, vestido de militar: la vieja fotografía con las letras en una
esquina: *Moulin, Photographe, 35 Boulevard Haussmann* y la fecha
1894. Y la fotografía de Aura: de Aura con sus ojos verdes, su pelo
negro recogido en bucles, reclinada sobre esa columna dórica, con
el paisaje pintado al fondo: el paisaje de Lorelei en el Rin, el traje
abotonado hasta el cuello, el pañuelo en una mano, el polisón:[37]
Aura y la fecha 1876, escrita con tinta blanca y detrás, sobre el
cartón doblado del daguerrotipo, esa letra de araña: *Fait pour notre
dixième anniversaire de mariage*[38] y la firma, con la misma letra,
Consuelo Llorente. Verás, en la tercera foto, a Aura en compañía del
viejo, ahora vestido de paisano, sentados ambos en una banca, en un
jardín. La foto se ha borrado un poco: Aura no se verá tan joven
como en la primera fotografía, pero es ella, es él, es. . . eres tú.

Pegas esas fotografías a tus ojos, las levantas hacia el tragaluz:
tapas[39] con una mano la barba blanca del general Llorente, lo
imaginas con el pelo negro y siempre te encuentras[40] borrado,
perdido, olvidado, pero tú, tú, tú.

La cabeza te da vueltas, inundada por el ritmo de ese vals lejano
que suple[41] la vista, el tacto, el olor de plantas húmedas y perfuma-
das: caes agotado sobre la cama, te tocas los pómulos, los ojos, la
nariz, como si temieras que una mano invisible te hubiese arrancado
la máscara que has llevado durante veintisiete años: esas facciones
de goma y cartón que durante un cuarto de siglo han cubierto tu
verdadera faz,[42] tu rostro antiguo, el que tuviste antes y habías
olvidado. Escondes la cara en la almohada, tratando de impedir que
el aire te arranque las facciones que son tuyas, que quieres para ti.
Permaneces con la cara hundida en la almohada, con los ojos abiertos detrás de la almohada, esperando lo que ha de venir, lo que no
podrás impedir. No volverás a mirar tu reloj, ese objeto inservible
que mide falsamente un tiempo acordado a la vanidad humana, esas
manecillas que marcan tediosamente las largas horas inventadas

---

[36] **le . . .** the devil also was an angel,
  before . . .
[37] bustle (of a dress)
[38] **Fait . . .** Taken on our tenth wedding
  anniversary

[39] you cover
[40] **y . . .** and you always see yourself
[41] replaces
[42] face

para engañar el verdadero tiempo, el tiempo que corre con la velocidad insultante, mortal, que ningún reloj puede medir. Una vida, un siglo, cincuenta años: ya no te será posible imaginar esas medidas mentirosas, ya no te será posible tomar entre las manos ese polvo sin cuerpo.

Cuando te separes de la almohada, encontrarás una oscuridad mayor alrededor de ti. Habrá caído la noche.

Habrá caído la noche. Correrán, detrás de los vidrios altos, las nubes negras, veloces, que rasgan la luz opaca que se empeña en evaporarlas y asomar su redondez pálida y sonriente. Se asomará la luna, antes de que el vapor oscuro vuelva a empañarla.

Tú ya no esperarás. Ya no consultarás tu reloj. Descenderás rápidamente los peldaños que te alejan de esa celda donde habrán quedado regados los viejos papeles, los daguerrotipos desteñidos; descenderás al pasillo, te detendrás frente a la puerta de la señora Consuelo, escucharás tu propia voz, sorda, transformada después de tantas horas de silencio:

—Aura. . .

Repetirás: —Aura. . .

Entrarás a la recámara. Las luces de las veladoras se habrán extinguido. Recordarás que la vieja ha estado ausente todo el día y que la cera se habrá consumida, sin la atención de esa mujer devota. Avanzarás en la oscuridad, hacia la cama. Repetirás:

—Aura. . .

Y escucharás el leve crujido de la tafeta sobre los edredones, la segunda respiración que acompaña la tuya: alargarás la mano para tocar la bata verde de Aura; escucharás la voz de Aura:

—No. . . no me toques. . . Acuéstate a mi lado. . .

Tocarás el filo[43] de la cama, levantarás las piernas y permanecerás inmóvil, recostado. No podrás evitar un temblor:

—Ella puede regresar en cualquier momento. . .

—Ella ya no regresará.

—¿Nunca?

—Estoy agotada. Ella ya se agotó.[44] Nunca he podido mantenerla a mi lado más de tres días.

---

[43] edge

[44] **Estoy** . . . I'm exhausted. She has already exhausted herself

—Aura. . .

Querrás acercar tu mano a los senos de Aura. Ella te dará la espalda: lo sabrás por la nueva distancia de su voz.

—No. . . No me toques. . .

—Aura. . . te amo.

—Sí, me amas. Me amarás siempre, dijiste ayer. . .

—Te amaré siempre. No puedo vivir sin tus besos, sin tu cuerpo. . .

—Bésame el rostro; sólo el rostro.

Acercarás tus labios a la cabeza reclinada junto a la tuya, acariciarás otra vez el pelo largo de Aura: tomarás violentamente a la mujer endeble por los hombros, sin escuchar su queja aguda; le arrancarás la bata de tafeta, la abrazarás, la sentirás desnuda, pequeña y perdida en tu abrazo, sin fuerzas, no harás caso de[45] su resistencia gemida, de su llanto impotente, besarás la piel del rostro sin pensar, sin distinguir: tocarás esos senos fláccidos cuando la luz penetre suavemente y te sorprenda, te obligue a apartar[46] la cara, buscar la rendija del muro por donde comienza a entrar la luz de la luna, ese resquicio abierto por los ratones, ese ojo de la pared que deja filtrar la luz plateada[47] que cae sobre el pelo blanco de Aura, sobre el rostro desgajado, compuesto de capas[48] de cebolla, pálido, seco y arrugado[49] como una ciruela cocida:[50] apartarás tus labios de los labios sin carne que has estado besando, de las encías sin dientes que se abren ante ti: verás bajo la luz de la luna el cuerpo desnudo de la vieja, de la señora Consuelo, flojo, rasgado, pequeño y antiguo, temblando ligeramente porque tú lo tocas, tú lo amas, tú has regresado también. . .

Hundirás tu cabeza, tus ojos abiertos, en el pelo plateado de Consuelo, la mujer que volverá a abrazarte cuando la luna pase, tea tapada por las nubes,[51] los oculte a ambos, se lleve en el aire, por algún tiempo, la memoria de la juventud, la memoria encarnada.

—Volverá, Felipe, la traeremos juntos. Deja que recupere fuerzas[52] y la haré regresar. . .

---

[45] no . . . you will not heed
[46] turn away
[47] silvery
[48] layers

[49] wrinkled
[50] stewed prune
[51] tea . . . cloud-covered torch
[52] Deja . . . Let me regain my strength

Presentar x a alguien (handwritten)

hacer esfuerzo para (handwritten)

Capítulo I

Cuestionario

1. ¿Cuales son los requisitos para el puesto que se ofrece?
2. ¿Qué compensación ofrece el cargo anunciado?
3. ¿Cuál es la profesión del protagonista?
4. ¿Por qué coloca la mano sobre la bolsa trasera del pantalón?
5. ¿Cómo se abre la puerta de Donceles 815?
6. ¿Qué hace el protagonista antes de entrar?
7. ¿Qué sensación experimenta Montero al entrar?
8. ¿Quién le hace de guía?
9. ¿Qué concluye el protagonista con respecto a las puertas de la casa?
10. ¿Qué contiene el cuarto en que entra Montero?
11. ¿Qué le pide que haga una voz de mujer?
12. ¿Dónde se encuentra la anciana mientras habla?
13. ¿En qué dice la señora que consiste la responsabilidad del puesto?
14. ¿Cuántos años lleva de viuda la anciana?
15. ¿Dónde quiere la anciana que viva Montero mientras esté haciendo su trabajo?
16. ¿Qué método utiliza la anciana para convencer a Montero de que se quede en la casa?
17. ¿Qué cosa le impresiona más a Montero de la muchacha?

Temas

1. Parece que la anciana anticipó la llegada de Felipe Montero. El hecho de que nadie más haya respondido a la oferta sorprende a Montero pero no a la anciana. Discutir.
2. ¿Cómo afecta la narración en segunda persona familiar al lector y a la historia? ¿Cuál es el efecto del uso del futuro?

Capítulo II

Cuestionario

1. ¿Qué le gusta más a Montero del presente trabajo?
2. ¿Cómo sigue a la muchacha Felipe Montero?
3. ¿En qué difiere la recámara de Montero del resto de la casa?

4. ¿Qué piensa de su cuarto de baño?
5. ¿Cómo se orienta Montero para bajar al comedor?
6. ¿Para qué sirven los gatos que oye Montero, según dice Aura?
7. ¿De qué color está vestida Aura?
8. ¿Cuántos cubiertos han sido dispuestos en la mesa del comedor?
9. ¿De qué consiste la cena?
10. ¿Cómo se siente Montero después?
11. ¿Cómo encuentra Montero a la anciana al entrar en su cuarto?
12. ¿Qué está haciendo la Sra. Consuelo?
13. ¿Qué le entrega la anciana a Montero?
14. ¿Cómo explica la Sra. Consuelo la falta de luz en la casa?
15. ¿Qué encuentra Montero en un rincón del cuarto?
16. ¿Qué es lo que le sugiere que haga con los gatos Montero a la anciana?
17. ¿Cuál es la reacción de ella frente a tal sugerencia?

Temas

1. Discutir el efecto del ambiente físico sobre el protagonista y la narración.
2. ¿Cuál será el simbolismo del llavín que Montero entrega a Aura y de la llave de cobre que la anciana entrega a Montero?

Capítulo III

Cuestionario

1. ¿En qué condiciones se encuentran los papeles que Montero se pone a leer?
2. ¿Qué piensa Montero del estilo del general Llorente?
3. ¿Qué detalles emergen sobre la vida del general Llorente en esta lectura inicial?
4. ¿Con qué se encuentra Montero al despertar?
5. ¿Qué oye desde el baño de su cuarto?
6. ¿Qué escucha Montero en los pasillos de la casa?
7. ¿Cómo pasa el día Montero?
8. ¿Qué clase de obra está preparando Montero?
9. ¿Cuántos cubiertos están puestos en la mesa a la hora de almuerzo?

10. ¿Qué observa Montero en los movimientos de Aura y los de la anciana?
11. ¿Por qué no baja a cenar cuando escucha la campana?
12. ¿Qué hace Montero por primera vez en muchos años al dormirse? ¿Con quién?
13. ¿Con qué se encuentra Montero al despertar?
14. ¿Cuál es su reacción?
15. ¿Qué escucha Montero al separarse de Aura?
16. ¿Qué le dice Aura al despedirse?
17. ¿Qué opina la señora sobre los animales?
18. ¿Qué es los que dice de la soledad?
19. ¿Qué cosas descubre Montero en el segundo folio de las memorias del general?
20. ¿Cuántos años debe de tener la anciana según los cálculos de Montero?

Temas

1. Discutir el significado del color verde en este capítulo.
2. Discutir la relación entre sueño y realidad en los acontecimientos que presencia y experimenta Montero.

Capítulo IV

Cuestionario

1. ¿Por qué está viviendo Aura en la casa de la señora, según Montero?
2. ¿Qué está haciendo Aura en la cocina cuando entra Montero?
3. ¿Qué efecto tiene sobre él la escena que Montero presencia?
4. ¿A dónde se dirige Montero al abandonar la cocina?
5. ¿Qué presencia entonces?
6. ¿Qué está haciendo Aura en la cocina al mismo tiempo?
7. ¿Qué suscita todo esto en Montero?
8. ¿Con qué sueña Montero al quedarse dormido?
9. ¿Quién lo acompaña en el comedor?
10. ¿Qué encuentra debajo de la servilleta?
11. ¿De qué se entera Montero con respecto a sus acciones mientras come?
12. ¿Qué sensación experimenta al salir?
13. ¿Qué objetos encuentra en la recámara de Aura?
14. ¿Cómo ha cambiado Aura desde ayer?

15. ¿Qué clase de luz ilumina el cuarto de Aura?
16. ¿Qué hace Aura cuando Felipe Montero queda descalzo?
17. ¿Qué hace Aura al caer sobre la cama?
18. ¿Qué asociación hace Montero con la figura de Cristo?
19. ¿Qué quiere Aura que Montero le jure?
20. ¿Qué descubre Montero al despertarse?
21. ¿Quién más está en el cuarto de Aura?
22. ¿Qué hace Montero después que salen?

Temas

1. Discutir la relación que emerge entre Aura y la anciana en esta parte de la obra.
2. ¿Cuál será el significado del chivo que despelleja Aura?
3. Discutir el simbolismo religioso de las acciones de Aura cuando baña los pies de Montero.

Capítulo V

Cuestionario

1. ¿Qué premoniciones entretiene Montero cuando se despierta con respecto a Aura?
2. ¿Qué recuerda mientras se seca después de bañarse?
3. ¿Qué clase de preguntas se hace Montero a sí mismo?
4. ¿Qué es lo que Montero quiere saber acerca de Aura?
5. ¿Qué le propone Montero a la muchacha?
6. ¿Por qué Montero no quiere irse de la casa todavía?
7. ¿Dónde le dice Aura que lo va esperar esa noche?
8. ¿De qué lo advierte la anciana en el comedor?
9. ¿Qué encuentra Montero en el tercer folio de las memorias del general?
10. ¿De qué clase de cosas habla el general Llorente en el tercer folio de sus memorias?
11. ¿Cuál fue la obsesión de la señora según lo que escribe el general en sus memorias?
12. ¿Qué clase de comportamiento de parte de Consuelo retratan las memorias del general?

13. ¿Qué era lo que la mujer intentaba lograr con su conducta y sus brebajes? ¿Tuvo éxito?
14. ¿Cuál es la fecha de la fotografía del general?
15. ¿Qué hay de raro en las fotografías que examina Montero?
16. ¿Cuál es la reacción de Montero frente a su descubrimiento?
17. ¿Cómo ve Montero el tiempo y su reloj bajo estas circunstancias?
18. ¿A dónde se dirige Montero al anochecer?
19. ¿Con quién se encuentra Montero en la recámara de la anciana?
20. ¿Qué descubre Montero al abrazarla?
21. ¿Qué es lo que ella le promete al final?
22. ¿De quién habla cuando dice que volverá?

Temas

1. Discutir el concepto de identidad individual tomando en cuenta a Aura y a Montero.
2. Discutir el concepto del tiempo y de la historia y su transformación en esta obra.
3. A lo largo de la obra el lector se enfrenta con una serie de animales: gatos, ratas, conejos, un chivo. ¿Cuál será el significado de estos animales como símbolos o metáforas en el contexto de la obra?

Juan Carlos Onetti

URUGUAY
1909

*O*f the three writers presented in this collection, Juan Carlos Onetti is the least well known to American readers. In many ways, however, the Uruguayan novelist is one of the most significant to Spanish American prose in this century.

In 1939, when García Márquez and Carlos Fuentes were both only eleven years old, Onetti published his first novel, El pozo; this work was to mark a new trajectory in the course of Spanish American literature. Better known, younger writers like Julio Cortázar, from Argentina, and Mario Vargas Llosa, from Perú, have acknowledged their debt to Onetti. In 1968, writing in the "Times Literary Supplement" of the London Times, Vargas Llosa pointed to 1939 and Onetti's novel as the beginning of a new era in the history of the novel in Spanish America. Others—critics and literary historians as well as novelists—have concurred with this enthusiastic affirmation.

Like that of García Márquez, the literature of Onetti is cosmic. The two Spanish Americans have a common bond in their debt to and affinity with Faulkner, whose Yoknapatowpha County in Mississippi has its counterpart in García Márquez' Macondo and Onetti's Santa María. Unlike the creations of the other two, however, Onetti's mythical

Santa María is an emanation of purely imaginative forces. Its basis tends to be the generative, mythopoetic faculties of creation rather than the historical realities combined with fable and legend that engender the fictitious worlds of Faulkner and García Márquez. The mythical world of Onetti's fiction emerges from a necessity to reconstruct the cosmos into an artistic creation in which the creator and the created can share their absurd human condition. The full implementation of the human creative impulse is the only salvation possible for the existential trap of the Onettian world. Whether these impulses of creativity are placed in the service of myth, farce, or the acceptance of death is immaterial. This process reaches its culmination in El astillero *(1961) and* Juntacadáveres *(1964).*

Onetti is the author of some half dozen major novels, a number of important short novels, and many short stories. Santa María, an escapist fantasy of one of his major characters, becomes the axis of the greater part of his work. This magical world came into being with his fourth novel, La vida breve *(1950). While the works published prior to this date are not geographically linked to Santa María, they prepare for its realization; the philosphical stance of the earlier works makes this legendary geography an inevitability.*

Onetti has lived for many years both in Buenos Aires and in Montevideo. Thus the world of his fiction has general characteristics of the Río de la Plata region, particularly of the two capitals on either side of the estuary. His style has no specific regional or local color, however. Its focus is the human condition of the urban, twentieth-century human being in the face of the existential circumstance and its absurdities. Onetti is therefore considered one of the founders of the urban novel in Latin America.

Los adioses, *which first appeared in 1954, brings to mind an American novelist earlier than Faulkner: the work's technical peculiarity evokes Henry James. The unpredictable turn of events (really the same events, only seen in a new light when certain information, withheld from the reader until the end, is finally divulged), the intentional ambiguity, and the manipulation of point of view reveal a truly Jamesian mastery of narration. Once the true circumstances of the story are disclosed, the reader is left with the embarrassment of having been, unknowingly, in complicity with the perverse imaginings of a seemingly objective narrator.*

Los adioses *does not occur in Santa María; the setting is a resort in the hills of Córdoba in midwestern Argentina. The exasperating indifference with which the protagonist views his inevitable end, however, is very much reminiscent of Onetti's other heroes. The pernicious skepticism of the narrator and his pathological obsession with the sordid details of the hypothetical lives he conjures up for others are unmistakable Onettian trademarks.*

Los adioses

I

Quisiera no haber visto del hombre, la primera vez que entró en el almacén, nada más que las manos; lentas, intimidadas y torpes, moviéndose sin fe, largas y todavía sin tostar,[1] disculpándose por su actuación[2] desinteresada. Hizo algunas preguntas y tomó una botella de cerveza, de pie en el extremo más sombrío del mostrador, vuelta la cara —sobre un fondo de alpargatas,[3] el almanaque, embutidos[4] blanqueados por los años— hacia afuera, hacia el sol del atardecer y la altura violeta de la sierra, mientras esperaba el ómnibus que lo llevaría a los portones del hotel viejo.

Quisiera no haberle visto más que las manos, me hubiera bastado verlas cuando le di el cambio de los cien pesos y los dedos apretaron los billetes, trataron de acomodarlos y, en seguida, resolviéndose, hicieron una pelota achatada[5] y la escondieron con pudor en un bolsillo del saco; me hubieran bastado aquellos movimientos sobre la madera llena de tajos rellenados con grasa y mugre[6] para saber que

[1] **sin** . . . without a tan
[2] behavior
[3] **sobre** . . . against a background of espadrilles (hemp sandals)
[4] sausages
[5] flattened
[6] filth

121

no iba a curarse, que no conocía nada de donde sacar voluntad para curarse.

En general, me basta verlos y no recuerdo haberme equivocado; siempre hice mis profecías antes de enterarme de la opinión de Castro o de Gunz, los médicos que viven en el pueblo, sin otro dato, sin necesitar nada más que verlos llegar al almacén con sus valijas, con sus porciones diversas[7] de vergüenza y de esperanza, de disimulo y de reto.[8]

El enfermero sabe que no me equivoco; cuando viene a comer o a jugar a los naipes[9] me hace siempre preguntas sobre las caras nuevas, se burla conmigo de Castro y de Gunz. Tal vez sólo me adule, tal vez me respete porque hace quince años que vivo aquí y doce que me arreglo[10] con tres cuartos de pulmón; no puedo decir por qué acierto,[11] pero sé que no es por eso. Los miro, nada más, a veces los escucho; el enfermero no lo entendería, quizás yo tampoco lo entienda del todo: adivino qué importancia tiene lo que dejaron, qué importancia tiene lo que vinieron a buscar, y comparo una con otra.

Cuando éste llegó en el ómnibus de la ciudad, el enfermero estaba comiendo en una mesa junto a la reja de la ventana; sentí que me buscaba con los ojos para descubrir mi diagnóstico. El hombre entró con una valija y un impermeable; alto, los hombros anchos y encogidos, saludando sin sonreír porque su sonrisa no iba a ser creída y se había hecho inútil o contraproducente desde mucho tiempo atrás, desde años antes de estar enfermo. Lo volví a mirar mientras tomaba la cerveza, vuelto hacia el camino y la sierra; y observé sus manos cuando manejó los billetes en el mostrador, debajo de mi cara. Pero no pagó al irse, sino que se interrumpió y vino desde el rincón, lento, enemigo sin orgullo de la piedad, incrédulo, para pagarme y guardar sus billetes con aquellos dedos jóvenes envarados por la imposibilidad de sujetar las cosas. Volvió a la cerveza y a la calculada posición dirigida hacia el camino, para no ver nada, no queriendo otra cosa que no estar con nosotros, como si los dos hombres en mangas de camisa, casi inmóviles en la penumbra del declinante día de primavera, constituyéramos un símbolo más claro, menos eludible que la sierra que empezaba a mezclarse con el color del cielo.

[7] con . . . with their varying degrees
[8] challenge
[9] cards
[10] que . . . that I get by
[11] I hit the mark

—Incrédulo —le hubiera dicho al enfermero si el enfermero fuera capaz de comprender—. Incrédulo —me estuve repitiendo aquella noche, a solas.[12] Esto es; exactamente incrédulo de una incredulidad que ha ido segregando[13] él mismo, por la atroz resolución de no mentirse. Y dentro de la incredulidad, una desesperación contenida sin esfuerzo, limitada, espontáneamente, con pureza, a la causa que la hizo nacer y la alimenta, una desesperación a la que está ya acostumbrado, que conoce de memoria. No es que crea imposible curarse,[14] sino que no cree en el valor, en la trascendencia de curarse.

Tendría cerca de cuarenta años, y sus gestos, algunos abandonos que delataban[15] la inmadurez. Cuando salió para tomar el ómnibus, el enfermero dejó de mirarme, alzó el vaso de vino y se volvió hacia la ventana.

—¿Y éste? ¿Se vuelve caminando o con las patas para adelante?[16] Si está enfermo y va al hotel, lo atenderá Gunz. Tengo que preguntarle.

Lo decía en broma o tal vez pensara asegurarse[17] las posibles inyecciones. Me hubiera gustado sentarme a tomar vino con él y decirle algo de lo que había visto y adivinado. Tenía tiempo; el ómnibus no había traído ningún pasajero y era la hora en que comenzaban a proyectar[18] las comidas en las casitas de la sierra. Deseaba conversar y el enfermero me estaba invitando, sonriendo sobre el vaso y el plato. Pero no salí de atrás del mostrador; me puse a quitar polvo de[19] unas latas y apenas hablé.

—Sí, está picado,[20] no hay duda. Pero no es muy grave, no está perdido. Y, sin embargo, no se va a curar.

—¿Por qué no se va a curar si puede? ¿Porque Gunz lo va a matar?

Yo también me reí; hubiera sido sencillo decirle que no se iba a curar porque no le importaba curarse; el enfermero y yo habíamos conocido mucha gente así.

Alcé[21] los hombros y continué con las latas.

—Digo[22] —dije.

Después empecé a verlo desde el hotel en ómnibus y esperar frente

[12] **a . . .** to myself
[13] **ha . . .** he has elaborated
[14] **No . . .** It's not that he believes being cured to be impossible
[15] gave away
[16] **Se . . .** Is he going back walking or feet first [dead]?
[17] to secure the business of
[18] plan
[19] **quitar . . .** dust off
[20] **está . . .** he has tuberculosis
[21] I shrugged
[22] That's what I say

al almacén el otro, el que iba hasta la ciudad; casi nunca entraba, seguía vestido con las ropas que se trajo, siempre con corbata y sombrero, distinto, inconfundible, sin bombachas,[23] sin alpargatas, sin las camisas y los pañuelos de colores que usaban los demás. Llegaba después del almuerzo, con el traje que usaba[24] en la capital, empecinado,[25] manteniendo su aire de soledad, ignorando los remolinos[26] de tierra, el calor y el frío, despreocupado del bienestar de su cuerpo: defendiéndose con las ropas, el sombrero y los polvorientos zapatos de la aceptación de estar enfermo y separado.

Supe por el enfermero que iba a la ciudad para despachar dos cartas los días que había tren para la capital, y del correo iba a sentarse en la ventana de un café, frente a la catedral, y allí tomaba su cerveza. Yo lo imaginaba, solitario y perezoso, mirando la iglesia como miraba la sierra desde el almacén, sin aceptarles[27] un significado, casi para eliminarlos, empeñado en deformar piedras y columnas, la escalinata oscurecida. Aplicado[28] con una dulce y vieja tenacidad a persuadir y sobornar lo que estaba mirando, para que todo interpretara el sentido de la leve desesperación que me había mostrado en el almacén, el desconsuelo que exhibía sin saberlo o sin posibilidad de disimulo en caso de harberlo sabido.

Hacía el viaje de cerca de una hora a la ciudad para no despachar sus cartas en el almacén, que también es estafeta de correos; y lo hacía por culpa o mérito de la misma yerta,[29] obsesionada voluntad de no admitir, por fidelidad al juego candoroso de no estar aquí sino allá, el juego cuyas reglas establecen que los efectos son infinitamente más importantes que las causas y que éstas pueden ser sustituídas, perfeccionadas, olvidadas.

No estaba en el hotel, no vivía en el pueblo. Gunz no le había aconsejado irse al sanatorio; todo esto podía borrarse[30] siempre que no entrara[31] en el almacén para despachar sus cartas, siempre que las deslizara contra la plancha de goma de la ventanilla del correo de la ciudad. La interrupción quedaba anulada si en lugar de entregarme sus cartas como todos los que vivían en el pueblo, pre-

[23] loose trousers
[24] that he wore
[25] stubborn
[26] whirlwinds
[27] **sin** . . . without attributing to them

[28] Determined
[29] inert, rigid
[30] be erased
[31] **siempre** . . . as long as he didn't enter

senciaba[32] la caída sobre ellas del sello fechador,[33] manejado por una mano monótona y anónima que se disolvía en la bocamanga abotonada de un guardapolvo, una mano variable que no correspondía a ninguna cara, a ningún par de ojos que insinuaran hacerse cargo y deducir. El presente podía eludirse si veía el sello golpeando los sobres, imprimiendo en ellos, junto a las dos o tres palabras de un nombre, las siete letras de este otro nombre, el de una capital de provincia, el de una ciudad que puede visitarse por negocios.

Pero, algunas veces, al regresar de la ciudad entraba en el almacén para tomar otra cerveza. Esto sucedía las tardes de fracaso, cuando el nombre de mujer que él había dibujado en el sobre se hacía incomprensible, de pronto, en el segundo definitivo en que el sello se alzaba y caía con su ruido de blandura y resorte. Entonces el nombre no designaba ya a nadie y lo enfrentaba, arrevesado y maligno desde la plancha de goma, para insinuarle que tal vez fueran verdad la separación y las líneas de fiebre.

Lo veía llenar el vaso y vaciarlo en silencio, dándome el perfil,[34] acodado en el mostrador, combatiendo la idea de que ni siquiera los pasados pueden conservarse inmutables, que las orejas más torpes tienen que escuchar el rumor de la arenilla que los pasados escarban para descender, alejarse, cambiar, seguir vivos. Se marchaba antes de emborracharse y caminaba hacia el hotel.

Pero las cartas que le mandaban desde la capital las recibía yo en el almacén y se las enviaba con el muchacho de los Levy, que hacía de cartero aunque no cobraba sueldo[35] del correo sino algunos pesos que le pagábamos el hotel, el sanatorio y yo. Tal vez el hombre me creyera lo bastante interesado en personas y situaciones como para despegar los sobres y curiosear en las maneras diversas que tiene la gente para no acertar al decir las mismas cosas. Tal vez también por esto iba a despachar sus cartas en la ciudad, y tal vez no fuera sólo por impaciencia que a las pocas semanas empezó a venir al almacén, alrededor del mediodía, poco después del momento en que el chófer del ómnibus me tiraba la bolsa, flaca y arrugada, de la correspondencia.

Tuvo que presentarse, prefirió salir del rincón de los salames y el almanaque y obligarme a conversar, sin intentar convencerme, sin

[32] witnessed
[33] sello . . . postmark
[34] dándome . . . turning sideways
[35] no . . . didn't collect a salary

esconder su desinterés por las variantes ortográficas de los apellidos patricios, mostrando cortésmente que lo único que buscaba era hacerme recordar su nombre para evitar preguntarme, cada vez, si había llegado carta para él.

Recibía, al principio, cuatro o cinco por semana; pero pude, muy pronto, eliminar los sobres que traían cartas de amistad o de negocios e interesarme sólo por los que llegaban regularmente, escritos por las mismas manos. Eran dos tipos de sobres, unos con tinta azul, otros a máquina; él trataba de individualizarlos con un vistazo[36] estricto y veloz, antes de guardarlos en el bolsillo, antes de volver al rincón en penumbra, recuperar el perfil contra la lámina[37] folklórica, borrosa de moscas y humo del almanaque, y seguir tragando su cerveza exactamente con la misma calma de los días en que no le daba cartas.

El doctor Gunz le había prohibido las caminatas; pero solamente usaba el ómnibus para volver al hotel cuando llevaba en el bolsillo uno de los sobres escritos a máquina. Y no por la urgencia de leer la carta, sino por la necesidad de encerrarse en su habitación, tirado en la cama con los ojos enceguecidos en el techo, o yendo y viniendo de la ventana a la puerta, a solas con su vehemencia, con su obsesión, con su miedo concreto y el intermitente miedo a la esperanza, con la carta aún en el bolsillo o con la carta apretada con otra mano o con la carta sobre el secante verde de la mesa, junto a los tres libros y al botellón de agua nunca usado.

Eran dos los tipos de sobres que le importaban. Uno venía escrito con letras[38] de mujer, azul, ancha, redonda, con la mayúscula semejante a un signo musical, las zetas gemelas como números tres. Los sobres, los que lo hacían obedecer a Gunz y trepar al ómnibus, eran también, visiblemente, de mujer, alargados y de color madera, casi siempre con un marcado doblez en la mitad, escritos con una máquina vieja de tipos[39] sucios y desnivelados.

Estábamos a mitad de primavera, desconcertados por un sol furtivo y sin violencia, por noches frescas, por lluvias inútiles. El enfermero subía diariamente al hotel, con su perfeccionada sonrisa animosa, sus bromas y el maletín cargado de ampollas; las

[36] glance
[37] print
[38] handwriting
[39] (type) characters

mucamas[40] bajaban con frecuencia al almacén para encargar provisiones para la despensa del hotel o para comprarme cintas o perfumes, cualquier cosa que no podía demorarse hasta el paseo semanal a la ciudad. Hablaban del hombre porque durante muchas semanas, aunque llegaron otros pasajeros, continuó siendo "el nuevo"; también hablaba el enfermero, porque necesitaba adularme y había comprendido que el hombre me interesaba. Vivía en el garaje del almacén, no hacía otra cosa que repartir inyecciones y guardar dinero en un banco de la ciudad; estaba solo, y cuando la soledad nos importa somos capaces de cumplir todas las vilezas adecuadas para asegurarnos compañía, oídos y ojos que nos atiendan. Hablo de ellos, los demás, no de mí.

Venían y charlaban; y poco a poco empecé a verlo, alto, encogido, con la anchura sorprendente de su esqueleto, en los hombros, lento pero sin cautela,[41] equilibrándose entre formas especiales de la timidez y el orgullo, comiendo aislado en el salón del hotel, siempre junto a una ventana, siempre torciendo la cabeza hacia la indiferencia de la sierra y de las horas, huyendo de su condición, de caras y conversaciones recordatorias.[42]

Empecé a verlo en el hall con mesitas encarpetadas[43] del bar, mirando un libro o un diario, aburrido y paciente, admitiendo, supersticioso, que bastaba exhibirse vacío y sin memoria, dos o cuatro horas por día a los pasajeros del hotel, para quedar exento, desvinculado de ellos y de la causa que los emparentaba.[44] Así, indolente en el sillón de paja, con las piernas estiradas, forzando los labios a mantener un principio[45] de sonrisa amable y nostálgica, se desinteresaba de las anormales velocidades o longitudes de los pasos de los demás, de sus voces adulteradas, de los perfumes agresivos en que parecían bañarse, convencidos de que el frenesí de los olores era capaz de conservar, para cada uno, el secreto que los unía a todos, que los agrupaba como a una tribu.

Entre ellos y aparte, dos o cuatro horas por día, fingiendo creer, él, que había transformado la incredulidad en costumbre y en aliada equívoca,[46] y a quien una escrupulosa comedia de abandono

---

[40] maids
[41] caution
[42] that were reminders
[43] upholstered

[44] los . . . united them
[45] beginning
[46] aliada . . . ambiguous ally

bastaba pare conservarlo adherido a todo lo que existiera antes de la fecha de un diagnóstico.

Nunca supe si llegué a tenerle cariño;[47] a veces, jugando, me dejaba atraer[48] por el pensamiento de que nunca me sería posible entenderlo. Allí estaba, desconocido, en el bar del hotel, de espaldas a la balanza púdicamente arrinconada contra la escalera, seguro de que no habría de usarla nunca, indiferente a los rumores de metales y comentarios que hacían los otros cuando se trepaban para consultar la aguja. Allí estaba, en los alrededores del hotel antes y después del almuerzo —inmediatamente antes y después de llegarse hasta el almacén y pedirme sin palabras la carta que esperaba— caminando hasta llegar al río, hasta acercarse a las redondeadas piedras blancas del lecho[49] y la miserable cinta de agua que se arrugaba entre ellas, luminosa, tiesa; mirando y recortando las cinco pilastras del puente; descendiendo sobre matorrales y tierras rojizas para pisar el vaciadero de basuras del hotel, revolver con los zapatos envases de cartulina, frascos,[50] restos de verduras, algodones, papeles amarillos.

Continuaba viéndolo entrar cada mediodía al almacén, con su traje gris de ciudad, el sombrero hacia la nuca, haciéndome una corta, sorda ficción de saludo. Y cuando se arrinconaba para beber la cerveza, con o sin cartas en el bolsillo, yo insistía en examinarle los ojos, en estimar la calidad y la potencia del rencor que podía descubrírsele en el fondo: un rencor domesticado, hecho a la paciencia, definitivamente añadido. Él torcía la cabeza para suprimirme, miraba los rastrojos[51] y los senderos de la sierra, la blancura culminante de las casitas bajo el sol vertical.

II

A principios de noviembre el enfermero llegó una noche al almacén y se sentó a desafiarme con la sonrisa. Le serví el vino y los platos de queso y salame; maté moscas dormidas, dándole la espalda y silbando.

---

[47] **Nunca ...** I never knew if I ever got to like him
[48] **me ...** I allowed myself to be led
[49] river bed

[50] **revolver ...** to stir up, with his shoes, cartons, bottles
[51] stubble

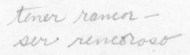

—¿A que no sabe? —empezó por fin el enfermero—. Es de no creer. Se acuerda del tipo,[1] ¿no? Parece que se va del hotel, parece que se fatigó de tanto conversar o ya no le queda más por decir[2] porque una tarde se cruzó[3] en la terraza con las rubias de Gomeza y tuvo que saludarlas, equivocándose, claro, porque tiene buen cuidado de no acertar nunca y colocar tardes por día o noches por tardes. Para que todos se enteren que está distraído, sin corregirse tampoco, porque lo hace por gusto, para que se sepa que no piensa en los que saluda ni sabe en qué momento vive.

A veces se interrumpía para mascar la visible mezcla de salame y queso, a ratos mascaba hablando; se me ocurrió que el odio del enfermero, apenas tibio, empecinado, no podía haber nacido de la negativa[4] del otro a las inyecciones propuestas por Gunz; que había en su origen una incomprensible humillación, una ofensa secreta.

—Se va del hotel. Se le debe haber acabado[5] la saliva porque una vez habló de la lluvia con el mozo del comedor o le preguntó a la mucama hasta qué horas hay agua caliente. Todavía no se despidió, no juntó fuerzas para pedir la cuenta o dar explicaciones, si es que a alguien le interesara oírlas. Y ya nadie le habla, o si le hablan es por broma, por adivinar si va a decir que sí o que no con la cabeza, con esa cara de quebracho, los ojos de pescado dormido.

Me reí un poco, para contentarlo, para demostrar que lo estaba escuchando, seguí golpeando con la palmeta, no hice preguntas.

—Lo de[6] ojos de pescado dormido lo dijo la Reina, la mucama alta —admitió el enfermero—. Todavía no se despidió. Pero una siesta, en vez de ir a inspeccionar la basura, subió la sierra para hablar con Andrade y alquiló el chalet de las portuguesas. No debe saber nada de lo que pasó en el chalet. Si no habla con nadie, ¿quién le habría de avisar?

—No tiene importancia —dije—. Si ya está enfermo.

—No necesita decírmelo. No lo digo por el contagio. Pero, de todas maneras, una casa donde se murieron tres hermanas y con la prima cuatro... Todas a los veinticinco años. Es curioso.

—No era prima de las Ferreyra —dije bostezando—. Además, él ya no volverá a cumplir los veinticinco.

---

[1] guy
[2] **ya** . . . he has nothing left to say
[3] **se** . . . met
[4] refusal
[5] **Se** . . . He must have run out of
[6] **Lo** . . . That thing about

El enfermero se puso a reír como si yo me hubiera burlado de alguien. Mientras iba colocando[7] las persianas, imaginé al hombre subiendo la sierra para interrumpir la siesta de Andrade, metiendo su cuerpo largo y perezoso —como un contrasentido, casi como una profanación— en la sombra del negocio de remates y comisiones, interesándose en oportunidades, precios y detalles de construcción con su voz baja e inflexible, dejándose engañar,[8] arrastrando sus ojos por el gran plano[9] caprichoso de la sierra colgado de una pared, y al que atravesaban, en una intentona[10] absurda de poner orden, gruesas líneas blancas correspondientes a calles y avenidas que nunca fueron abiertas, sinuosas, entreveradas rayas azules y rojas que profetizaban los recorridos de ómnibus que nunca habrían de gastar sus gomas trepando y descendiendo la nomenclatura fantástica. El hombre miraba las cabezas de colores de los alfileres con que Andrade marcaba en el plano la ubicación[11] aproximada de las casas que le habían encargado alquilar o vender, tratando de descubrir un destello de aviso, de promesa, filtrado a través del polvo que las empañaba.

Y Andrade, sudoroso, sonriente, ofreciéndole, con cautela al principio, entusiasta y casi apremiante después, las cuatro habitaciones de la casita de las portuguesas, con sus muebles envueltos en cretonas claras, sus toques de gracia marchita,[12] concebidos por muchachas para hacerse compañía, trabajados por los alternativos pares de manos.

Era extraño que el hombre se hubiera decidido por[13] la casa de las Ferreyra y lo raro[14] no estaba sólo en que le sobraran tres habitaciones ni en que desde la galería estuviera obligado a contemplar casi el mismo paisaje que recorría por las tardes: el puente sobre las piedras del río seco, el depósito de basuras del hotel.

—¿Usted hubiera dicho que el tipo tenía plata como para[15] alquilar esa casa? —preguntó el enfermero antes de irse a dormir—. Sin contar con que[16] Andrade debe haberse aprovechado.[17]

Pero pronto nos convenció de que podía gastar todavía más dinero;

---

[7] drawing
[8] **dejándose** . . . letting himself be cheated
[9] map
[10] attempt
[11] location
[12] **sus** . . . its withered, gracious touches

[13] **se** . . . opted for
[14] **lo** . . . the strange thing
[15] **plata** . . . money enough for
[16] **Sin** . . . Not to mention that
[17] **haberse** . . . have taken advantage

porque pasaron las semanas y siguió en el hotel, yendo cada tarde, desde el almuerzo hasta la noche, a encerrarse en la casita de la sierra o a descansar en la galería, la cabeza apuntando hacia el paraje cortado casi rectamente por el río, y que limitaban el puente y la falda.

—¿Quién le dice que no estuvo enamorado de alguna de las portuguesas? —comentaba el enfermero—. A lo mejor[18] de la segunda, que era tan conversadora coma él. El otro día compró como media docena de botellas en el hotel y se las hizo llevar al chalet. Ahora sabemos para qué se encierra. Además, podía habérselas comprado a usted.[19]

III

Hasta que un mediodía llegó al almacén antes que el ómnibus que repartía el correo y no se acercó al almanaque ni pidió cerveza. Se recostó en el árbol, afuera, con las manos en los bolsillos del pantalón, piernabierto, por primera vez sin corbata ni sombrero.

La mujer bajó del ómnibus, de espaldas, lenta, ancha sin llegar a la gordura, alargando una pierna fuerte y calmosa hasta tocar el suelo; se abrazaron y él se apartó para ayudar al guarda que removía valijas en el techo del coche. Se sonrieron y volvieron a besarse; entraron en el almacén y como ella no quiso sentarse, pidieron refrescos en la parte clara del mostrador, buscándose los ojos.[1] El hombre conversaba con vertiginosa constancia, acariciando en las cortas pausas el antebrazo de la mujer, alzando párrafos entre ellos, creyendo que los montones de palabras modificaban la visión de su cara enflaquecida, que algo importante podía ser salvado mientras ella no hiciera las preguntas previsibles.

Bajo los anteojos de sol, la boca de la mujer se abría con facilidad, casi a[2] cada frase del hombre, repitiendo siempre la misma forma de alegría. Me sonrió dos veces mientras los atendí, agradeciéndome favores inexistentes, exagerando el valor de mi amistad o mi simpatía.

---

[18] **A** . . . Most likely
[19] **podía** . . . he could've bought them from you

[1] **buscándose** . . . exchanging glances
[2] **casi** . . . with

—No —dijo él—, no es necesario, no hay ventajas en eso. No es por el dinero, aunque prefiero no usar ese dinero. En el hotel tengo también médico, todo lo necesario.

Ella insistió un rato, cuchicheando sin convicción; debía estar segura de poder desarmar cualquier proyecto del hombre, y de que le era imposible vencer sus negativas distantes, su desapego. Él se apartó del mostrador y fue hasta la sombra del árbol para convencer a Leiva de que los llevara en su coche al hotel; Leiva estaba esperando el ómnibus del sanatorio para recoger a dos mujeres que iban a la ciudad. Terminó por decir que sí; tal vez el hombre le ofreció más dinero que el que valía el viaje, tal vez haya pensado que las mujeres estaban obligadas a no moverse del almacén hasta que él volviera.

La mujer de los anteojos oscuros me dirigió entonces sus cortas, exactas sonrisas.

—¿Cómo lo encuentra? —preguntó; pensé que él le había hablado de mí en sus cartas, debió haber mentido sobre conversaciones y amistad.

Tuvo tiempo para decirme, con una voz nueva y jubilosa, como si el informe mejorara algo:

—Debe haber visto el nombre en los diarios, tal vez se acuerde. Era el mejor jugador de básquetbol, todos dicen, internacional. Jugó contra los americanos, fue a Chile con el seleccionado,[3] el último año.

El último año debió haber sido aquel en que se dieron cuenta de que la cosa había empezado. Sin alegría, pero excitado, pude explicarme la anchura de los hombros y el exceso de humillación con que ahora los doblaba, aquel amansado rencor que llevaba en los ojos y que había nacido, no sólo de la pérdida de la salud, de un tipo de vida, de una mujer, sino, sobre todo, de la pérdida de una convicción, del derecho a un orgullo. Había vivido apoyado[4] en su cuerpo, había sido, en cierta manera, su cuerpo.

Acepté una nueva forma de la lástima, lo supuse[5] más débil, más despojado, más joven. Comencé a verlo en alargadas fotos de *El Gráfico*, con pantalones cortos y una camiseta blanca inicialada, rodeado por otros hombres vestidos como él, sonriente o desviando los ojos con, a la vez, el hastío[6] y la modestia que conviene a los

---

[3] all-star team
[4] dependent

[5] lo . . . I envisioned him
[6] boredom

divos[7] y los héroes. Joven entre jóvenes, la cabeza brillante y recién peinada, mostrando, aun en la grosera retícula de las sextas ediciones, el brillo saludable de la piel, el resplandor suavemente grasoso de la energía, varonil, inagotable. Lo veía acuclillado, con la cabeza desviada para ofrecer tres cuartos de perfil al relámpago del magnesio,[8] los cinco dedos de una mano simulando apoyarse en una pelota o protegerla; y también en una habitación sombría, examinando a solas, sin comprender, la lámina flexible de la primera radiografía, rodeado por trofeos y recuerdos, copas, banderines, fotografías de cabeceras de banquetes. Podía verlo correr, saltar y agacharse, sudoroso, crédulo y feliz, en canchas blanqueadas por focos[9] violentos, seguro de ser aquel cuerpo largo y semidesnudo, convencido de la eternidad de cada tiempo de veinte minutos y de que el nombre que gritaba la multitud con agradecimiento y exigencia servía para expresarlo, mencionaba algo real y perdurable.

Mientras estuvo la mujer de los anteojos de sol no llegaron los sobres escritos a mano ni los de papel madera. Vivían en el hotel, y el hombre no volvió al depósito de basuras ni a la casita de las portuguesas; paseaban tomados del brazo,[10] alquilaban caballos y cochecitos, subían y bajaban la sierra, sonreían alternativamente, endurecidos, sobre fondos pintorescos, para fotografiarse con la "Leica" que se había traído ella colgada de un hombro.

—Es como una luna de miel —decía el enfermero, apaciguado—. Lo que le faltaba al tipo era la mujer, se ve que no soporta vivir separado. Ahora es otro hombre; me invitaron a tomar una copa con ellos en el hotel y el tipo me hizo preguntas sobre mil cosas del pueblo. La enfermedad no les preocupa; no pueden estar sin tocarse las manos, se besan aunque haya gente. Si ella pudiera quedarse (se va el fin de semana), entonces sí le apostaría cualquier cosa a que el tipo se cura. ¿No lo ve cuando vienen al mediodía a tomar el aperitivo?

El enfermero tenía razón y no me era posible decirle nada en contra; y, sin embargo, no llegaba a creer y ni siquiera sabía qué clase de creencia estaba en juego,[11] qué artificio agregaba yo a lo que veía, qué absurda, desagradable esperanza me impedía

---

[7] stars
[8] relámpago . . . flashbulb
[9] floodlights
[10] tomados . . . arm in arm
[11] en . . . involved

conmoverme, aceptar la felicidad que ellos construían diariamente ante mis ojos, con la insistencia de las manos entre los vasos, con el sonido de las voces que proponían y comentaban proyectos.

Cuando ella se fue, el hombre volvió a visitar la casa que había alquilado, a veces desde la mañana, con un envoltorio de cosas para el almuerzo, y no aparecía hasta la noche, arrinconado en su mesa del hotel, abstraído y lacónico, apresurándose a reconstruir los muros de separación que había derribado catorce días antes, exterminando todo tallo de intimidad con su mirada gris, discretamente desconsolada.

Y también volvieron las cartas, dos días después de la partida de la mujer, emparejados los sobres con las anchas letras sinceras y los escritos con una máquina de cinta gastada.

Así quedamos, el hombre y yo, virtualmente desconocidos y como al principio; muy de tarde en tarde[12] se acomodaba en el rincón del mostrador para repetir su perfil encima de la botella de cerveza —de nuevo con su riguroso traje ciudadano, corbata y sombrero—, para forcejear conmigo en el habitual duelo nunca declarado: luchando él por hacerme desaparecer, por borrar el testimonio de fracaso y desgracia que yo me emperraba en dar; luchando yo por la dudosa victoria de convencerlo de que todo esto era cierto, enfermedad, separación, acabamiento. Entraba mirándome a los ojos, con la insinuación de sonrisa que le ahorraba el saludo,[13] y dejaba de mirarme en seguida de recibir las cartas; las guardaba en el bolsillo del saco, tratando de no apurarse ni tropezar, la cabeza y el cuerpo inmóviles, fingiendo que nada tenían que ver con los cinco dedos que maniobraban con los sobres. A veces pedía cerveza, otras daba las gracias y se iba; entonces sí llegaba a sonreír de verdad y con esta sonrisa y con la voz del agradecimiento sólo buscaba tranquilizarme, decir que yo no era responsable de lo que dijeran las cartas.

—Gunz lo encuentra peor —contaba el enfermero—. Es decir, que no mejora. Estacionario. Usted sabe, a veces nos alegramos si conseguimos un estado estacionario. Pero en otros casos es al revés, el organismo se debilita. ¿Y cómo va a mejorar? Le aseguro que alquiló la casa sólo para emborracharse sin que lo vean.[14] Tendría

---

[12] **muy . . . rarely**　　　　　　　[14] **sin . . .** without being seen
[13] **que . . .** that excused him from greeting

que irse al sanatorio; si yo tuviera la responsabilidad de Gunz, el tipo ya estaría boca arriba[15] veinticuatro horas por día. Gunz tendría que darle un buen susto.

Asustarlo, pensaba yo; habría que inventar otro mundo, otros seres, otros peligros. La muerte no era bastante, la clase de susto que él mostraba con los ojos y los movimientos de las manos no podía ser aumentado por la idea de la muerte ni adormecido con proyectos de curación.

Así estábamos, como al principio, cuando el pueblo se fue llenando y docenas de hombres y mujeres, con ponchos de colores y gorras, pantalones de montar y anteojos oscuros se desparramaron por la sierra, los caminos, los hoteles, los bares con pista de baile y hasta por el mismo almacén. Era un buen año, era la misma ola que yo había visto llegar quince veces, cada vez más grande, más ruidosa, y más excitada; y el hombre se hundió en ella, el enfermero y las criadas del hotel dejaron de traerme informes, lo perdieron de vista y hasta yo mismo, ocupado por la atención del almacén, le entregaba las cartas a ciegas,[16] desinteresado. Pero no del todo; porque el imaginado duelo continuaba y por las noches, cuando el almacén quedaba vacío o con sólo un grupo de hombres y mujeres que se había refugiado allí para tomar la última copa —porque estaban de vacaciones, porque el salón del almacén era sórdido y sucio, porque el vino del barril los asombraba por malo y áspero, porque nunca se hubieran atrevido a entrar en un lugar así[17] en Buenos Aires—, yo me dedicaba a pensar en él, le adjudicaba la absurda voluntad de aprovechar la invasión de turistas para esconderse de mí, me sentía responsable del cumplimiento de su destino, obligado a la crueldad necesaria para evitar que se modificara la profecía, seguro de que me bastaba recordarlo y recordar mi espontánea maldición, para que él continuara acercándose a la catástrofe.

Poco antes de fin de año dejó de usar el ómnibus para llevar sus cartas a la ciudad; iba a pie desde el hotel y a veces yo lo veía pasar, con su vestimenta sin concesiones al lugar ni al tiempo, abrumado y distraído, tan lejos de nosotros como si nunca hubiera llegado al pueblo, con un brazo rígido, independiente del movimiento de la marcha, la mano hundida en el bolsillo del saco donde yo sabía que

---

[15] boca . . . on his back [17] like this
[16] a . . . blindly

estaba la carta recién escrita, apretando la carta con aprensión y necesidad de confianza, como si fuera un arma y como si le fuera imposible prever la forma, el dolor y las consecuencias de sus heridas.

IV

La idea fue del enfermero, aunque no del todo; y pienso, además, que él no creía en ella y que la propuso burlándose, no de mí ni del almacén, sino de la idea misma. Estábamos mirando pasar los automóviles, viéndolos entrar y salir, lustrosos y empinados, de las nubes de tierra que alzaban en el camino, cuando la mucama se echó a reír y colocó en el mostrador el vasito de anís. Era la Reina y decían que pensaba casarse con el enfermero.

—Si ese coche negro va para el hotel —dijo la Reina— vuelve pronto. ¿Lo vio si doblaba?[1] Desde el lunes no tenemos ni un lugarcito. Y eso que en todo sitio armamos camas.[2] No vamos a tener nada hasta febrero.

Ahora estaba seria y orgullosa; terminó el vasito con la boca en pico,[3] mirándome a los ojos, pidiéndome admiración y envidia.

—Y lo mismo pasa en el Royal —dijo el enfermero—. No sé dónde se va a meter la gente. Y siguen llegando. Con decirle que en el Royal tienen todas las mesas tomadas para Nochebuena[4] y el treinta y uno.[5] Yo que usted[6] limpiaba esto con creolina,[7] ponía una radio y daba un gran baile. —La mucama, la Reina, volvió a reírse; pero era sólo de excitación, una risita corta encima del pañuelo con que se enjugaba[8] el sudor y el anís.

—¿Por qué no? —dijo entonces el enfermero, poniendo cara de hombre honrado—. Seriamente se lo digo. Esas dos noches vamos a tener mucha gente que no va a encontrar donde bailar y emborracharse para celebrar. Usted sabe cómo se ponen.[9]

Él sabía, porque yo se lo había dicho. Todos, los sanos y los otros, los que estaban de paso en el pueblo y los que aún podían convencerse

---

[1] ¿Lo . . . Did you happen to see if it turned?
[2] que . . . even though we put up beds everywhere
[3] con . . . with pursed lips
[4] Christmas Eve
[5] el . . . New Year's Eve
[6] Yo . . . If I were you
[7] type of antiseptic
[8] se . . . wiped off
[9] cómo . . . how they get

de que estaban de paso, todos los que se dejaban sorprender por las fiestas como por un aguacero en descampado,[10] los que habitaban los hoteles y las monótonas casitas rojiblancas, todos adoptaban desde el atardecer de ambas vísperas, una forma de locura especial y tolerable. Y siempre las fechas les caían encima como una sorpresa; aunque hicieran planes y cálculos, aunque contaran los días, aunque previeran lo que iban a sentir y lucharan para evitar esta sensación o se abandonaran al deseo de anticiparla e irla fortaleciendo para asegurarle una mayor potencia de crueldad. Tenían entonces algo de animales, perros o caballos, mezclaban una dócil aceptación de su destino y circunstancia con rebeldías y espantos, con mentirosas y salvajes intentonas de fuga. Yo sabía que en las dos noches iban a mostrar a los mozos y a los compañeros de mesa, a todos los que pudieran verlos, al remoto cielo de verano sobre los montes, a los espejos empañados[11] de los cuartos de baño, y mostrarles como si creyeran en testimonios imperecederos, sus ojos fervorosos y expectantes, cubiertos de censura y de brillo endurecido. Sabía que iban a estar gimiendo sin sonido bajo la música, los gritos, las detonaciones, tendiendo sus orejas hacia supuestos llamados, de machos o hembras, de supuestas almas afines que se alzarían al otro lado de la selva, en Buenos Aires, o en Rosario, en cualquier nombre y distancia.

Estuve moviendo[12] la cabeza y alzando los hombros entre el enfermero y la mucama, fingiendo que trataba de recordar y que no había en el recuerdo bastante para convencerme.

—Usted sabe que se ponen como locos —precisó el enfermero, volviéndose hacia la mucama para convertirla en aliada—. Quieren un sitio para bailar y tomarse unas botellas. Cualquier agujero que no sea[13] aquel donde viven.

En aquel momento, ya no necesitaba del enfermero; había tomado una decisión y tenía resueltos casi todos los detalles.

—Muy de veras[14] —dijo la Reina, mientras abría la cartera para pintarse—. Si usted pone más mesas y arregla un poco para que bailen... Música va a tener en la radio.

Yo estaba ya mucho más lejos; pensaba en el árbol, dónde

---

[10] **como** . . . as if by a rainstorm out in the open
[11] misty
[12] shaking
[13] **que** . . . as long as it's not
[14] **Muy** . . . Really, now

conseguirlo y cómo adornarlo. Así que pude mirar al enfermero con amistad, olvidando la sospecha de que hubiera propuesto los bailes para burlarse de mí y del almacén; lo pude mirar con una sonrisa, recordando que había dicho "cualquier sitio que no sea aquel donde viven", sintiéndome capaz de tolerar que él tuviera más inteligencia de la necesaria para romper ampollas, clavar agujas[15] y llevar dinero al banco cada sábado.

Ella volvió a reír y comentó con entusiasmo las dos noches de baile en el almacén; el enfermero le dijo una broma que contenía una proposición no comprometedora. Nuevamente grave y humilde, repitió:

—En serio le digo. Se puede llenar de plata.

Así que aparecieron mesas y se fueron amontonando en el salón del almacén, algunas prestadas, otras armadas con cajones, tablas y caballetes, y todas las fui cubriendo con papeles de colores. Y el 24, aunque llovió toda la tarde y cayeron después algunos chaparrones,[16] el salón se fué llenando y cada una de las mujeres tuvo una frase de simpatía o un gesto rejuvenecedor al descubrir el pino cargado de reflejos encima del mostrador. A pesar de la lluvia la radio funcionó toda la noche; bailaron un poco apretados, incómodos, mostrando que esto les gustaba, como les gustaba beber en tazas de bordes rotos y resignarse a las bebidas ordinarias y al ajo del matambre. Bailaron, rieron, cantaron y empezaron a irse bajo el aguacero, amigos míos de toda la vida.[17]

Y la noche del 31 fue casi mejor, tuve más gente y hasta armé algunas mesas afuera. Pero a mitad de la noche empecé a sentirme cansado, aunque me ayudaba el chico de los Levy. De modo que cuando el enfermero oyó la bocina y salió afuera y vino a decirme sonriente, casi animándose a golpearme la espalda, que llegaba el ómnibus de la ciudad con algunos pasajeros y lleno de grupos que venían a bailar en el almacén, puse cara de sorpresa y de alegría[18] pero empecé a desear con todas mis fuerzas que terminara la noche.

Tal vez estuvieran todos borrachos; por lo menos yo había vendido lo suficiente. Cantaban y se preguntaban la hora; desde la mesa de los ingleses del Brighton, en un rincón, una mujer se puso

---

[15] **clavar** . . . give injections
[16] downpours

[17] **amigos** . . .life-long friends of mine
[18] **puse** . . . I acted surprised and happy

a tirar serpentinas, primero a las demás mesas, después para que quedaran colgando de la guirnalda[19] de alambre y flores de papel que atravesaba el salón desde la punta del arbolito de navidad hasta un barrote de la ventana. Era flaca, rubia, triste, vestida de negro con un gran escote,[20] con un collar de perlas, con un broche de oro encima del corazón, con una mueca nerviosa que la desnudaba la encía superior,[21] una contracción alegre, asqueada[22] y feroz que le alzaba instantáneamente el labio y se deshacía con lentitud; era una mueca que, simplemente, sucedía en su cara, regularmente, antes y después de beber un trago de la mezcla de caña[23] y vino blanco que había inventado el hombre gordo y rojo que presidía la mesa.

Ella se echaba hacia atrás sobre el banquito de cocina,[24] con el rollo de serpentina encima de la cabeza, observando cuidadosa la posición de la guirnalda, ya muy combada,[25] y cuyas flores parecían marchitarse;[26] inclinaba de golpe el cuerpo hacia la mesa y el vestido colgaba casi descubriendo el pecho, las redondeces breves y melancólicas,[27] y la serpentina silbaba al estirarse. No erraba nunca,[28] aunque estaba lejos; así que Levy chico y yo teníamos que empujar con las bandejas la cortina de serpentina y los bailarines las tocaban con las caras, giraban para envolverse en ellas procurando[29] no romperlas, dando vueltas lentísimas, engañando el ritmo de la música.

Atravesamos el escándalo de la medianoche y sólo puedo recordar mi dolor de cabeza, su palpitación irregular y constante y, rodeándolo, la gente de pie alzando vasos y tazas, brindando y abrazándose, confundida con el tiroteo que alguien inició en la sierra y que fue resbalando hasta el Royal, hasta las casas sobre el camino, mezclada con ladridos, con la voz presuntuosa del espíquer[30] en la radio que alguién alzó hasta el aullido.[31] La inglesa flaca, trepada en su banquito, sostenida por dos hombres, comía uvas blancas de un racimo[32] que yo no le había vendido.

No puedo saber si la había visto antes o si la descubrí en aquel

---

[19] garland
[20] low-cut neckline
[21] que . . . that revealed her upper gums
[22] repelling, disagreeable
[23] rum
[24] banquito . . . kitchen stool
[25] sagging
[26] to be withering

[27] las . . . the slight and melancholy breasts
[28] No . . . She never missed
[29] trying
[30] speaker
[31] que . . . that someone turned up till it howled
[32] bunch (of grapes)

momento, apoyada en el marco de la puerta:[33] un pedazo de pollera,[34] un zapato, un costado de la valija introducidos en la luz de las lámparas. Tal vez tampoco la haya visto entonces, en el momento en que empezó el año, y sólo imagine, no recuerde, su presencia inmóvil situada con exactitud entre el alboroto[35] y la noche.

Pero la recuerdo con seguridad, más tarde, cuando algún grupo decidió marcharse y los demás fueron descubriendo que les era imposible continuar allí, en el almacén, mientras afuera sonaban gritos y risas, los golpes de las puertas de los coches, los motores trepando la cuesta en segunda, hacia el hotel viejo o hacia el caserío de Los Pinos. Entonces sí la recuerdo, no verdaderamente a ella, no su pierna y su valija, sino a los hombres tambaleantes que salían, volviéndose uno tras otro, como si se hubieran pasado la palabra, como si se hubiera desvanecido el sexo de las mujeres que los acompañaban, para hacer preguntas e invitaciones insinceras a lo que estaba un poco más allá del borde de la pollera, de la valija y el zapato iluminados.

Luego está el momento en que me detuve, detrás del mostrador, para mirarla. Sólo quedaban los ingleses del Brighton, los dos hombres fumando sus pipas, las tres mujeres cantando a coro, desanimadas, canciones dulces e incomprensibles, la más flaca estrujando el último paquete de serpentinas. Ahora ella estaba dentro del almacén, sentada cerca de la puerta, la valija entre los zapatos, un pequeño sombrero en la falda, la cabeza alzada para hablar con Levy chico que se moría de sueño. Tenía un traje sastre gris, guantes blancos puestos, una cartera redonda colgada del hombro; lo digo para terminar en seguida con todo lo que era de ella y no era su cara redonda brillando por el calor, fluctuando detrás de las serpentinas suspendidas de la guirnalda y que empezaba a mover el aire de la madrugada.

El chico Levy la dejó para atender a los ingleses y vino a decirme que querían la cuenta; hice la suma[36] y crucé delante de ella, sin mirarla, evitando ponerla en guardia, para poder continuar observándola desde atrás del mostrador. Pero cuando terminé de acompañar a los ingleses hasta el coche, de darles las gracias, de

---

[33] **apoyada** . . . leaning on the doorframe   [35] uproar
[34] skirt   [36] **hice** . . . I added it up

rechazar los elogios a mi fiesta, y de discutir con el más viejo si el tiempo de la tarde sería o no favorable para pescar en el dique, vi que el enfermero estaba sentado junto a ella. Comprendí que había aprovechado la posición de la muchacha, levantada para encontrar los ojos de Levy chico y pedirle algo; así que el enfermero tuvo que contentarse, todo el tiempo, con una expresión que no era para él, que estaba dirigida a otro, en realidad a cualquiera. Pero esto no lo desanimaba:[37] seguía preguntando, asentía con entusiasmo cada vez que ella murmuraba algo, entendiendo eso y todo lo demás, lo que la muchacha decía y lo que estaba debajo de las palabras, con su pasado y su futuro.

Le dije a Levy chico que fuera cerrando y ordenara un poco.

—¿Te pidió algo la señorita?

—No —dijo, parpadeando, dejando que lo invadieran el sueño y el cansancio, que la cara se le llenara de pecas—. Lo que hay es que dice[38] que tenían que esperarla aquí, que mandó un telegrama, que el tren llegó atrasado.

—¿Quién tenía que esperarla? —pregunté. Pensaba que ella era demasiado joven, que no estaba enferma, que había tres o cuatro adjetivos para definirla[39] y que eran contradictorios.

—¿Quiere que le pregunte? —dijo Levy chico.

—Dejala. Ya vendrán a buscarla o la acomodaremos en el Royal o en cualquier lado. Pero pregúntale si tiene hambre o quiere tomar algo.

Mientras yo no miraba, el chico fue lentamente hasta la mesa y volvió.

—Quiere cerveza, no hay hielo, no tiene hambre.

Estuve moviendo la botella en el depósito de hielo para que se refrescara. "Es demasiado joven", volví a pensar, sin comprender el sentido de "demasiado" ni de qué cosa indeseable la estaba librando a ella, y no sólo a ella, a su juventud. Cuando me enderecé,[40] el enfermero estaba de codos en el mostrador, sonriendo a sus manos, reticente, modesto y triunfal.

—¿Sabe? —empezó, mientras yo secaba la botella y examinaba su vaso.

—Espere— le dije, seguro de la importancia de no escucharlo en

---

[37] **no . . .** didn't discourage him
[38] **Lo . . .** The matter is that she says
[39] **para . . .** to describe her
[40] **Cuando . . .** When I straightened up

seguida. Fui hasta la mesa y destapé la botella, ella me agradeció con la misma cara que había alzado para Levy chico y mantenido junto al enfermero. Pero la cara conservaba bastante de lo que había sido cuando estuvo en la sombra, junto a la puerta del almacén, y tal vez algunos restos del viaje en tren y en ómnibus, y, si yo no lo estaba imaginando, de lo que era a solas y en el amor.

Lo supe en cuanto el enfermero preguntó "¿Sabe?"; o lo había sabido antes y me dejé despistar porque ella era demasiado joven. . . Pero no tenía motivos para presumir frente al enfermero, de modo que cuando volví al mostrador jugando con la tapa de la botella, soporté que él repitiera[41] la pregunta y se demorara balanceando la sonrisa prologal. Cuando Levy chico fracasó por tercera vez con una persiana le dije que se fuera a dormir, que yo me encargaba de cerrar y que él podía venir a mediodía para ayudarme en la limpieza y cobrar.[42] Todo esto por encima de los hombros del enfermero, de sus brazos cruzados en el mostrador, de su corbata de fiesta y del clavel blanco en el ojal;[43] a través de la sonrisa indelicadamente grosera que continuaba segregando.

—¿Sabe? —le escuché por fin—. Es de no creer.[44] La chica mandó un telegrama avisando que venía y que la esperaran aquí, en la parada,[45] en el almacén. El tren vino atrasado, más de dos horas, y pensaba que la estuvieron esperando y se fueron. Pero no la estuvieron esperando. ¿Se imagina quién?[46] Uno del hotel viejo, que es también uno de la sierra, ¿Adivina? El tipo. Así es la cosa: una mujer en primavera, la chica esta para el verano. Y a lo mejor el tipo tiene el telegrama en el hotel y está festejando en el chalet de las portuguesas, emborrachándose solo. Porque fui esta noch dos veces al hotel viejo, por la solterona del perro y el subcontador, y el tipo no apareció por ninguna parte. Borracho en el chalet, el apuesto. Ella quiere que alguien la acompañe hasta el hotel. Como el teléfono está atrás no se le ocurrió que puede llamar desde aquí. Ahora fíjese: ¿y si el tipo no está? También puede haber recibido el telegrama y no querer venir, es capaz.

—No llegó ningún telegrama; siempre llegan dos días después.

—Bueno —insistió el enfermero—, no pasó por aquí, no se lo

---

trajeron a usted. Pero si era urgente, usted sabe, a veces aprovechan un viaje y lo llevan directo.[47]

—¿Por qué iba a ser urgente? —pregunté casi enfurecido—. ¿Para avisar que llegaba? ¿Ella le dijo que lo mandó urgente? ¿Y por qué no le ofreció el teléfono?

—Sí —dijo el enfermero, impaciente y excusándose—. Pero espere.

—Dígale que entre y que llame al hotel —le dije, curioso, aplacándome—. El telegrama no va a llegar en tres días. O mejor llamamos nosotros.

—Espere, por favor —alzó una mano y sonrió nuevamente—. Llamamos en seguida naturalmente, y yo puedo conseguir un coche en el Royal para llevarla y si el tipo no está en el hotel la llevamos hasta el chalet. Pero ahora dígame, seriamente: ¿está enferma?, ¿se va a curar?, ¿pulmones?. —Estaba borracho, sosteniendo su excitación, dilatando los ojos con una expresión intensa, inteligente. —¿O se le ocurre[48] que sólo viene, después de la otra de los anteojos de sol, a estar con él para que no se aburra? Dígame. Entonces resulta que el chalecito lo alquiló para esta chica. ¿No le parece una muchacha demasiado joven?— Estaba más borracho de lo que yo había pensado, burlándose, casi insolente; pero yo sentía que lo más fuerte era su intranquilidad, su confusión, y que me había elegido para odiar en mí una multitud de cosas.

—Vamos a telefonear —le dije, tocándole un brazo.

Ahora ella se había colocado de pie frente a la puerta del almacén, mirando hacia afuera, con las piernas firmes y las manos siempre enguantadas, blancas, unidas sobre la cadera, como si tuviera la estupidez necesaria para estar esperando que el telegrama llegara de un momento a otro al hotel viejo y obligara al hombre a bajar a buscarla. Fui hasta la puerta y le hablé y ella contestó evitando mirarme, con la cara dirigida hacia la oscuridad, las lucecitas escasas en la sierra. No le parecía bien llamar al hotel a esa hora; pedía que la llevaran en auto hasta allí o la acompañaran a pie o le indicaran el camino. Cerré a medias[49] el almacén mientras el enfermero cruzaba hasta el Royal. Cuando el enfermero detuvo frente a nosotros una voiturette rojiza con chapa de Oncativo[50] y sonó el

---

[47] directamente
[48] ¿O . . . Or do you think
[49] a . . . half way

[50] voiturette . . . reddish-colored compact car with license plates from Oncativo

teléfono y él fue a atenderlo,[51] tomé la resolución de no pensar, temeroso de hallar los adjetivos que correspondían a la muchacha y de hacerlos caer, junto con ella, encima del hombre que dormía en el hotel o en la casita. Cuando el enfermero se nos acercó y me dijo —no me esperen, váyanse no más— que tenía que volver al Royal para darle una inyección a la rubia de Lamas, que estaba peor, que ya no conocía, supe de pronto que los sobres marrones escritos a máquina eran de ella, y que la mansa alegría de su cara me había sido anticipada, una vez y otra, con minuciosas depresiones correspondientes, por la dulzura incrédula del perfil del ex jugador de básquetbol.

Sabía esto, muchas cosas más, y el final inevitable de la historia cuando le acomodé la valija en la falda e hice avanzar el coche por el camino del hotel. No intenté mirarla durante el viaje; con los ojos puestos en la luz que oscilaba elástica en el camino de tierra, no necesité mirarla para ver su cara, para convencerme de que la cara iba a estar, hasta la muerte, en días luminosos y poblados, en noches semejantes a la que atravesábamos, enfrentando la segura, fatua, ilusiva aproximación de los hombres: con la pequeña nariz que mostraba, casi en cualquier posición de la cabeza, sus agujeros sinuosos, inocentes; con el labio inferior demasiado grueso, con los ojos chatos,[52] sin convexidad, como simples dibujos de ojos hechos con un lápiz pardo[53] en un papel pardo de color más suave. Pero no enfrentando sólo a los hombres, claro, a los que iban a llegar después de éste a quien nos íbamos acercando, y los que ella haría seguramente felices, sin mentirles, sin tener que forzar su bondad o su comprensión y que se separarían de ella ya condenados a confundir siempre el amor con el recuerdo de la cara serena, de las puntas de sonrisa que estaban allí sin motivo externo, y hasta sin motivo nacido en su pensamiento o en su corazón, la sonrisa que sólo se formaba para expresar la placidez orgánica de estar viva, coincidiendo con la vida. No sólo enfrentando a los hombres, la cara redonda y sin perfumes que no trataba de resistirse a las sacudidas del coche, que se dejaba balancear asintiendo, con una cándida, obscena costumbre de asentir; porque los hombres sólo podían servirle como símbolos, mojones,[54] puntos de referencia para un

---

[51] answer it
[52] flat
[53] brown
[54] landmarks

eventual ordenamiento de la vida, artificioso y servicial. Sino que la cara había sido hecha para enfrentar lo que los hombres representaban y distinguían; interminablemente ansiosa, incapaz de sorpresas verdaderas, transformándolo todo de inmediato en memoria, en remota experiencia. Pensé en la cara, excitada, alerta, hambrienta, asimilando, mientras ella apartaba las rodillas para cada amor definitivo y para parir;[55] pensé en la expresión recóndita de sus ojos planos frente a la vejez y la agonía.

—¿Usted lo conoce? —preguntó; tenía los codos sobre la valija y hacía girar el sombrerito.

—Viene al almacén.

—Ya sé. ¿Cómo está?

—Sería mejor preguntarle al médico. Pero va a estar bien, dentro de unos minutos. Usted sabe.

—Ya sé —volvió a decir.

Doblé a la derecha y entramos en el parque del hotel viejo. No me dejó cargar[56] la valija; avanzó, un poco atrás, alargando los pasos, la cara alzada hacia las estrellas que empezaban a esfumarse. Hablé con el sereno y esperamos en el hall, de pie y separados, en silencio; el sereno apretaba el botón del teléfono y ella hacía girar la cabeza paciente y ansiosa, conociendo para el resto de su vida las distancias, el piso, las paredes, los muebles de un lugar que el hombre había atravesado diariamente.

Cuando él apareció en la escalera, flaco, insomne, en camisa, con una peligrosa inclinación a la burla, anticipando, escalón por escalón, antes de ver a la muchacha, antes de buscarla, su desesperanza, sus rápidas conformidades, hice un saludo con la mano y caminé hasta la puerta. Ella sonreía con la cabeza levantada hacia la excesiva lentitud del hombre y no se volvió cuando me dijo gracias, dos veces, en voz alta. Desde afuera, a través de la cortina de la puerta de vidrio, vi que el hombre se detenía, apoyándose en el pasamanos, encogido, hecha grotesca e infantil, por un segundo, su vieja, amparada incredulidad. Me quedé hasta verlos en la escalera, abrazados e inmóviles.

No hará bien a nadie, ni a ellos ni a mí, pensar, resolví cuando regresaba en el coche; el gerente del Royal estaba moviendo mesas ayudado por un peón; me senté para charlar y beber alguna cosa.

---

[55] give birth   [56] carry

—Si fuera fin de año todo el año con sólo un año de trabajo yo no trabajo más —dijo el gerente, con rapidez, mostrando que lo había dicho muchas veces; es gordo, calvo, rosado, triste, joven—. La rubia de Lamas parece que no pasa[57] la noche; el enfermero está con ella y los dos médicos. Justo al empezar el año.

Alguien tenía la ventana abierta en el primer piso del hotel; estaban bailando, se reían y las voces bajaban bruscamente hasta un tono de adioses, de confidencias concluyentes; pasaban bailando frente a la ventana, y el disco era "La vida color de rosa", en acordeón.

—Necesitamos un poco más de propaganda y un poco menos de controles —dijo el gerente. No le importaba el tema, espiaba, como siempre, mi cara y mis movimientos, nervioso y agradecido—. ¿Otra cerveza, por favor? La industria hotelera es muy especial, no puede ser manejada como los demás negocios. Aquí, usted lo sabe muy bien, el factor personal es decisivo.

La noche ya se había hecho blanca y los gallos gritaban escalonados en la sierra; dejaron de bailar y una mujer cantó, en voz suave, en francés, "La vida color de rosa", que habían vuelto a poner en el tocadiscos.

—Usted todavía puede hacer una buena fiesta para el día de reyes[58] —le dije al gerente; la mujer de arriba cantaba marcando mucho el compás, exagerando las pausas, como si cantara para que otro fuera aprendiendo—. Y si el tiempo ayuda, puede estar seguro de que el hotel se le va a llenar todos los fines de semana.

—Pienso lo mismo —contestó el gerente; destaparon otra botella y yo alcé mi vaso.

—Va a ser un buen año, esté seguro.

—Todos los años impares[59] son buenos —asintió él.

Desde las primeras horas del año impar el hombre se fue del hotel viejo; lo supieron al día siguiente, a media mañana, cuando apareció para llevarse algunas ropas —no todas, no desocupó la habitación aunque no vino a dormir allí mientras la muchacha estuvo en el pueblo— y para combinar[60] que le llevaran diariamente una vianda[61] con comida a la casa de las portuguesas.

---

[57] **no** . . . won't make it through
[58] **día** . . .Twelfth Night, Epiphany
[59] odd-numbered
[60] arrange
[61] lunch box

De modo que se fueron para la sierra poco después que yo dejé de verlos abrazados en la escalera, cuando el cuerpo de la muchacha corregía la furia inicial para ofrecer solamente cosas que no exigían correspondencia: protección, paciencia, variantes del desvelo. Deben haber subido hasta la pieza, pero sólo por un momento, sólo porque él necesitaba vestirse y ella quería mirar los muebles que él usaba. Se fueron caminando en la noche y subieron la sierra, él con la valija de la muchacha y tomándole una mano para guiarla, medio paso más adelante, orgulloso e insistente, disuelta su impaciencia por llegar en aquella sensación de dominio, de autoridad benigna, disfrutándola como si la robara, sabiendo que en cuanto cerraran la puerta de la casita iba a quedar nuevamente despojado, sin nada perdurable para dar, sin otra cosa auténtica que la antigua y amansada desesperación.

La muchacha se quedó menos de una semana y en ninguno de aquellos días volví a verlos, ni nadie me dijo haberlos visto; en realidad, ellos existieron para nosotros sólo en el viaje diario, al mediodía, del peón del hotel que remontaba la sierra con la vianda y un diario bajo el brazo. Y existieron, también para mí, en las dos cartas que llegaron, los sobres con las letras azules y vigorosas que guardé en el fondo del cajón de la correspondencia, separados de los demás.[62] Y todo lo que yo podía pensar de ellos —y para ellos, además, con el deseo vago y supersticioso de ayudarlos— era el trabajoso viaje en la oscuridad, tomados de la mano, silenciosos, él un poco adelantado, advirtiéndole los peligros con la presión de los dedos, la ancha espalda doblada como para simular el esfuerzo de arrastrarla, las cabezas inclinadas hacia el suelo desparejo e invisible, el ruido de los primeros pájaros encima de sus hombros, paso a paso, regulares y sin prisa sobre la humedad de la tierra y del pasto,[63] como si la casa estuviera a una altura infinita, como si el tiempo se hubiera inmovilizado en el primer amanecer del año.

No volví a verlos hasta la víspera de Reyes; no pude verlos de otra manera que andando cabizbajos,[64] ligados por dos dedos, a través y hacia arriba de una noche en suspenso, hasta que el enfermero cruzó por la tarde desde el Royal, puso un codo sobre el mostrador

---

[62] **de** . . . from the rest   [64] downhearted
[63] grass

y murmuró sin mirarme, con la pronunciación de alguno de los
ingleses del Brighton:

—Una cerveza helada, si le viene bien.[65] —Se echó a reír y me
palmeó—. Así están las cosas. Por fin dejó la cueva y almorzaron en
el hotel; ella se va hoy. Puede ser que ya no aguantaran más eso de
estar juntos y encerrados. De todos modos, parece un suicidio. Se
lo dije a Gunz y tuvo que darme la razón.[66] Y el tipo siguió con la
cuenta del hotel, completa, toda la semana. Y, hablando de todo,
hace mal también por ella; no es caballeresco,[67] no debía haberla
llevado al hotel, donde todo el mundo lo vio vivir con la otra. Todos
saben que han dormido juntos en el chalet desde que ella llegó. Y
ella, puede imaginarse, todo el almuerzo mirando el plato, escon-
diendo los ojos. En todo caso, él no debiera exponerla, provocar
mostrándola. Yo no lo haría, ni usted.

Fue entonces cuando los vi llegar del brazo por el camino, el
hombre cargado con la valija y vestido como si fuera a tomar el tren
para la capital; conversaron un poco detenidos bajo el sol y después
doblaron hacia el almacén. Me incliné para abrir el cajón de la
correspondencia y volví a cerrarlo sin meter la mano. Los miré
como si no los hubiera visto nunca, pensando qué podría descubrirles
si los enfrentara por primera vez. Era la despedida, pero él estaba
alegre, intimidado, incómodo, mirándonos a mí y al enfermero con
una sonrisa rápida.

Se sentaron junto a la reja,[68] en la mesa del enfermero, la mesa de
los ingleses a fin de año. Pidieron café y coñac, pidió ella, la
muchacha, sin apartar los ojos de él. Susurraban frases pero no
estaban conversando; yo continuaba detrás del mostrador y el
enfermero delante, dándome la espalda, mostrando a la puerta la
cara de entendimiento y burla que hubiera querido dirigir a la mesa.
El enfermero y yo hablamos del granizo,[69] de un misterio que podía
sospecharse en la vida del dueño de El Pedregal, del envejecimiento
y su fatalidad; hablamos de precios, de transportes, de aspectos de
cadáveres, de mejorías engañosas, de los consuelos que acerca el
dinero, de la inseguridad considerada como inseparable de la
condición humana, de los cálculos que hicieron los Barroso sentados
una tarde frente a un campo de trigo.

---

[65] **si** . . . if you please
[66] **tuvo** . . . he had to concede I was right
[67] gentlemanly
[68] railing
[69] hail

Ellos no hacían más que murmurar frases, y esto sólo al principio; pero no conversaban: cada uno nombraba una cosa, un momento, construía un terceto de palabras. Alternativamente, respetando los turnos, iban diciendo algo, sin esforzarse, descubriéndolo en la cara del otro, deslumbrados y sin parpadear, con un corto susurro, jugando a quién recordaba más o a quién recordaba lo más importante, despreocupados de la idea de victoria. No dejé de vigilarlos, pero ni yo ni el enfermero podíamos oírlos. Y cuando andábamos por[70] el reumatismo del dueño de El Pedregal y por el amor exagerado que tenía por los caballos, ellos dejaron de hablar, siempre con las miradas unidas. El enfermero no se dio cuenta del silencio o creyó que no era más que una pausa entre las frases con que probaban suerte. Recostado con la cintura en el mostrador, desviando un poco hacia mí la cabeza dirigida a la puerta, dijo:

—Leiva fue una especie de capataz en El Pedregal. Especie, digo. Me imagino que para el gringo no sería más que un sirviente. Lo demás será mentira; pero cuando la potranca[71] se quebró, el gringo la mató de un tiro y aquel día no comieron en la estancia porque el gringo no quiso. Ni en los puestos.

Estaban callados, mirándose, ella boquiabierta; el tipo ya no le acariciaba la mano: había puesto la suya sobre un hombro y allí la tenía, quieta, rígida, mostrándomela. Seguí hablando para que el enfermero no se volviera a mirarlos; hablé del cuerpo gigantesco del gringo, torcido, apoyado en un bastón; hablé del empeinamiento, hablé del hombre y de la potranca, de la voz extranjera que asestaba, terca, persuasiva, segura del remate inútil, contra la cabeza nerviosa del animal, contra el ojo azorado.[72]

Y ellos estaban mudos y mirándose, a través del tiempo que no puede ser medido ni separado, del que sentimos correr junto con nuestra sangre. Estaban inmóviles y permanentes. A veces ella alzaba el labio sin saber qué hacía; tal vez fuera una sonrisa, o la nueva forma del recuerdo que iba a darle el triunfo, o la confesión total, instantánea de quién era ella.

Algunos entraron a comprar y a traerme historias; un camionero atracó para pedir agua y una dirección; el último ómnibus para Los Pinos pasó sacudiéndose, desganado, cuando el sol empezaba a prolongar la sombra de la sierra. Adiviné la hora y miré el

---

[70] Y... And when we were on the subject of   [71] filly, mare
[72] excited

despertador[73] colgado en un estante.[74] Ellos estaban quietos en la
mesa, la muchacha con los brazos cruzados sobre el pecho, empujando el respaldo de la silla para ganar distancia y ver mejor; él, de
espaldas, ancho y débil, la mano en el hombro, el sombrero escon-
diéndole la nuca. "Sin otro propósito que el de mirar, sin fatiga, sin
voluntad", pensé a medida que daba vueltas junto a ellos, sin resol-
verme a decirles que el ómnibus para la ciudad debía estar por[75] llegar.
Ahora pude ver la cara del hombre, enflaquecida, triste, inmoral.
El enfermero me miraba con una sonrisa cargada de paciencia.

—El ómnibus —les dije—. Va a llegar en seguida. Movieron la
la cabeza para asentir; volví a mi sitio en el mostrador y hablé con
el enfermero de que es inútil dar vueltas para escapar al destino. El
enfermero recordó varios ejemplos.

El ómnibus se detuvo frente al almacén y el guarda entró a tomar
una cerveza; estuvo mirando la valija junto a la muchacha.

—No sé —dijo el enfermero, haciendo una sonrisa maquinalmente envilecida[76]—. Podemos preguntar. — Parecía enfurecido
cuando golpeó las manos: —¡Último ómnibus!

Ellos no se movieron; el enfermero encogió los hombros y apoyó
de nuevo su cintura en el mostrador; yo sonreí al guarda, cara a cara.
Ya se había ido el ómnibus y empezaba la noche cuando pensé que
no bastaba que ellos estuvieran fuera de todo, porque este todo continuaba existiendo y esperando el momento en que dejaran de mirarse
y de callar, en que la mano del hombre se desprendiera de la tela gris
del traje para tocar a la muchacha. Siempre habría casas y caminos,
autos y surtidores de nafta,[77] otra gente que está y respira, presiente,
imagina, hace comida, se contempla tediosa y reflexiva, disimula y
hace cálculos.

De pie contra la luz violácea de la puerta —él cargaba la valija y
me sonreía, parpadeando, autorizándome a vivir—, la muchacha
alzó una mano y la puso sobre la mejilla del hombre.

—¿Vas a ir a pie? —preguntó. Él continuaba mirándome.

—A pie. ¿Por qué no? A veces camino mucho más que eso. No
necesitamos apurarnos para alcanzar[78] el tren.

Ensayaba,[79] para mí, para los otros, los demás que yo representaba,

---

[73] alarm clock
[74] shelf
[75] about to
[76] debased

[77] **surtidores** . . . gas stations
[78] catch
[79] He was putting on

asomándome detrás de la deliberada pesadez del enfermero, servicial y como para una fotografía, una sonrisa de la que no lo hubiera creído capaz y que, no obstante, ella contemplaba sin asombro; una sonrisa con la que proclamba su voluntad de amparar a la muchacha, de guardarla de preocupaciones transitorias, de suavizar la confesada imposibilidad de mantenerla aparte de lo que simbolizábamos el enfermero y yo, el almacén, la altura de la sierra.

Movieron las manos para despedirse y salieron al camino. Tenían que hacer[80] dos cuadras[81] a lo largo de la cancha de tenis del Royal y los fondos del tambo;[82] después doblarían a la derecha para andar entre paradones de tierra rojiza, sobre un sendero zigzagueante, en declive, hasta surgir frente al foco y la bandera del puesto policial. Marcharían del brazo, mucho menos rápidos que la noche, escuchando distraídos el estrépito de alharaca[83] y disciplina que les iba a llegar desde la izquierda, desde los edificios flamantes del campo de aviación. Tal vez recordaran aquella marcha en otra noche, cuando llegó la muchacha y subieron la sierra hasta la casita; tal vez llevaran con ellos, secreto y actuante, pero no disponible aún como recuerdo, el viaje anterior, los sentidos obvios que podían añadirle y extraerle.

V

Las cartas volvieron a llegar, ahora armoniosamente: una escrita con la ancha letra azul junto con una a máquina. No sentía lástima por el hombre sino por lo que evocaba cuando venía a beber su cerveza y pedir, sin palabras, sus cartas. Nada en sus movimientos, su voz lenta, su paciencia delataba[1] un cambio, la huella de[2] los hechos innegables, las visitas y los adioses. Esta ignorancia profunda o discreción, o este síntoma de la falta de fe que yo le había adivinado, puede ser recordado con seguridad y creído. Porque, además, es cierto que yo estuve buscando modificaciones, fisuras y agregados, y es cierto que llegué a inventarlos.

En esto estábamos mientras iba creciendo el verano, en enero y

---

[80] cover
[81] (city) blocks
[82] inn

[83] noise
[1] betrayed
[2] la ... the mark left by

febrero, y los rebaños de turistas llenaban los hoteles y las pensiones de la sierra. Estábamos, él y yo —aunque él no lo supiera o creyera saber otra cosa— jugando durante aquel verano reseco al juego de la piedad y la protección. Pensar en él, admitirlo, significaba aumentar mi lástima y su desgracia. Me acostumbré a no verlo ni oírlo, a darle su cerveza y sus cartas como si las acercara a cualquier otro de los que entraban al almacén con los disímiles uniformes de verano.

—No crea que no me doy cuenta —decía el enfermero—. No quiere hablar del tipo. ¿Y por qué? ¿También a usted lo embrujó? Es de no creer lo que pasa en el hotel viejo. No saluda a nadie pero nadie quiere hablar mal de él. De la muchacha, sí. Y ni siquiera con Gunz; no se puede hablar con Gunz de la muerte del tipo. Como si él no supiera, como si no hubiera visto morir a cien otros mejores que él.

Todos los mediodías el hombre recogía sus cartas, tomaba una botella de cerveza y salía al camino, insinuando un saludo, metiéndose sin apuros en el insoportable calor, atrayéndome un segundo con la ruina incesante de sus hombros, con lo que había de hastiado, heroico y bondadoso en su cuerpo visto de atrás en la marcha.

Acababa de terminar el carnaval cuando la mujer bajó del ómnibus, dándome la espalda, demorándose para ayudar al chico. No se detuvo junto al árbol ni buscó la figura larga y encogida del hombre; no le importaba que estuviera o no allí, esperándola. No lo necesitaba porque él ya no era un hombre sino una abstracción, algo más huidizo[3] y sin embargo más vulnerable. Y acaso estuviera contenta por no tener que enfrentarlo en seguida, tal vez hubiera organizado las cosas para asegurarse esta primera soledad, los minutos de pausa para recapitular y aclimatarse. El chico tendría cinco años y no se parecía a ella ni a él; miraba indiferente, sin temor ni sonrisas, muy erguida la cabeza clara, recién rapada.[4]

No era posible saber qué se traía ella detrás de los lentes oscuros; pero ahí estaba el niño, con las piernas colgando de la silla y ahí estaba ella, acercándole el refresco, acomodándole el nudo de la corbata escocesa, aplastándole con saliva el pelo sobre la frente. No quiso reconocerme porque tenía miedo de cualquier riesgo im-

---

[3] evasive   [4] **recién** . . . newly cropped

previsto, de delaciones y pasos en falso;[5] me saludó, al irse, moviendo lo indispensable la boca,[6] como si los labios, los anteojos, la palidez, la humedad bajo la nariz, todo el cuerpo grande y sereno no fuera otra cosa que un delegado de ella misma, del propósito en que ella se había convertido, y como si considerara necesario mantener este propósito libre de roces y desgastes,[7] sin pérdidas de lo que había estado reuniendo y fortificando para dar la batalla por sorpresa[8] en el hotel viejo. Y acaso ni siquiera eso; acaso no me veía ni me recordaba y, en un mundo despoblado, en un mundo donde sólo quedaba una cosa para ganar o perder, persistiera, sin verdaderos planes, con sencillez animal, en la conservación apenas exaltada de la franja de tiempo que iba desde su encuentro en una sala de baile, en un reparto de medallas y copas, con el pivot de un equipo internacional de básquetbol, hasta aquella tarde en mi almacén, hasta momentos antes de colarse en una pieza de hotel, empujando con las rodillas al niño impávido[9] para apelar, sucesiva, alternativamente, a la piedad, a la memoria, a la decencia, al sagrado porque sí.[10]

Estábamos los tres en el almacén vacío, esperando que sonara la bocina del ómnibus para Los Pinos. Le miré los hombros redondos, la lentitud, protectora, casi irónica, de los movimientos con que atendía al chico e iba vaciando su propio vaso de naranjada. Comparé lo que podían ofrecer ella y la muchacha, inseguro acerca de ventajas y defectos, sin tomar partido[11] por ninguna de ellas. Sólo que me era más fácil identificarme con la mujer de los anteojos, imaginarla entrando en la pieza del hotel, prever el movimiento de retención e impulso con que ella trataría de cargar persuasiones en el niño para lanzarlo en seguida hacia el largo cuerpo indolente en la cama, hacia la cara precavida[12] y atrapada[13] alzándose del desabrigo de la siesta, reivindicando su envejecido gesto de entereza desconfiada.

Entre las dos, hubiera apostado,[14] contra toda razón, por la mujer y el niño, por los años, la costumbre, la impregnación.[15] Una buena apuesta para el enfermero. Porque al día siguiente, en un paisaje[16] igual, con idéntica luz que el anterior, vi la pequeña valija

---

[5] **pasos** . . .false moves
[6] **moviendo** . . . barely moving her lips
[7] **roces** . . . wear and tear
[8] **batalla** . . . surprise battle
[9] undaunted
[10] **porque** . . . just for the sake of it

[11] **sin** . . . without taking sides
[12] cautious
[13] trapped
[14] bet
[15] saturation
[16] setting

oscilando frente a la puerta del ómnibus, el mismo traje gris, el
sombrerito estrujado por la mano enguantada, blanca.

Entró con la cabeza demasiado alta, aunque con aquella inclinación, que la atenuaba, que parecía insinuar, engañosamente, la
capacidad de separarse, sin verdadera lucha, de todo lo que viera o
pensara. Me saludó como desafiándome y se mantuvo derecha frente
al mostrador, la valija entre los zapatos, tres dedos de una mano
hundidos a medias en el bolsillo de la chaqueta.

—¿Se acuerda usted de mí? —dijo, pero no era una pregunta—.
¿A qué hora tengo algo para el hotel viejo?

—Tiene una media hora de espera. Si prefiere, podemos tratar de
conseguir un coche.

—Como la otra vez —comentó ella sin sonreír.

Pero yo no iba a llevarla, en todo caso. Tal vez haya pensado en la
imposibilidad de repetir el primer viaje y la sorpresa, o en la melancolía de intentarlo. Ella dijo que prefería esperar y se sentó en la
mesa que ya conocía; comió la comida del enfermero, queso, pan
y salame, sardinas, todo lo que yo podía darle. Con un brazo apoyado
en la reja, me miraba ir y venir, ensayaba conmigo la expresión
tolerante y desplegada que había imaginado durante el viaje.

—Porque cuando llegue ya habrán almorzado[17] —explicó,
ayudándose a creer que un servicio de comedor a deshora[18] era el
trastorno más grave que llevaba al hotel.

Los escasos clientes entraban en la sombra, venían hacia mí y el
mostrador con las cabezas inmóviles, los ojos clavados en mi cara;
pedían algo en voz baja, despreocupados de que los entendiera o no,
como si sólo hubieran venido para interrumpir mi vigilancia, y giraban en seguida para mirarla, curioseando en los platos colocados
frente a la muchacha. Después me buscaban los ojos con aparatosa
sorpresa, con burla y malicia; y todos, hombres y mujeres, sobre todo
las inconformables, fatigadas mujeres que bajaban desde la sierra en la
hora de la siesta, querían encontrar en mí alguna suerte[19] de complicidad, la coincidencia en una vaga condenación. Era como si todos
supieran la historia, como si hubieran apostado a la misma mujer
que yo y temieran verla fracasar. La muchacha continuaba comiendo,

---

[17] **Porque** . . . Because they will have eaten
when I arrive

[18] **a** . . . not at the regular hour

[19] kind

sin esconder la cara ni ostentarla. Después encendió un cigarrillo y me pidió que me sentara a tomar café con ella.

De modo que pude jugar con calma a pronósticos y adivinaciones, preocuparme seriamente por sus defectos, calcular sus años, su bondad. "Estaría más cómodo si la odiara", pensaba. Ella me sonrió mientras encendía otro cigarrillo; continuaba sonriendo detrás del humo y de pronto, o como si yo acabara de enterarme, todo cambió. Yo era el más débil de los dos, el equivocado; yo estaba descubriendo la invariada desdicha[20] de mis quince años en el pueblo, el arrepentimiento de haber pagado como precio la soledad, el almacén, esta manera de no ser nada. Yo era minúsculo, sin significado, muerto. Ella venía e iba, acababa de llegar para sufrir y fracasar, para irse hacia otra forma de sufrimiento y de fracaso que no le importaba presentir. Y debió darse cuenta de que yo respiraría mejor si pudiera odiarla; porque quiso ayudarme y continuó sonriéndome entre las frases inútiles, detrás de los dedos rígidos, que movían el cigarrillo, graduando según mi necesidad la sostenida sonrisa cínica, emocionante, el brillo hostil de los ojos.

Y acaso, según se me ocurrió después, no estuviera haciendo aquello —la sonrisa, la indolencia, el descaro— solamente para facilitar mi odio, mi comodidad, mi regreso a la resignación; acaso buscara también paralizar mi lástima en el contiguo futuro, en la hora de la derrota que yo había profetizado o en la de la otra, definitiva, lejana, más allá del orgullo, y que ella estaba atribuyendo, como una fatalidad, a su vida.

—Vivir aquí es como si el tiempo no pasara, como si pasara sin poder tocarme, como si me tocara sin cambiarme —estaba mintiendo yo cuando llegó el ómnibus.

Ella alisó un billete de diez pesos sobre la hoja de diario que hacía de[21] mantel, volvió a ponerse los guantes y caminó hasta el mostrador con la liviana valija.

"No viene a quedarse", pensé mientras contaba el vuelto; "no trae nada más que ropa para una noche que no va a tener, siquiera. Sabe que viajó para oír una negativa, para ser razonable y aceptar, para permanecer en el resto del tiempo del hombre como un mito de dudoso consuelo." Apenas murmuró un saludo, con la sonrisa hacia el piso.

---

[20] **invariada** . . . unchanging misfortune   [21] **que** . . . that served as

Continué viéndola y aún la recuerdo así: soberbia y mendicante, inclinada hacia el brazo que sostenía la valija, no paciente, sino desprovista de la comprensión de la paciencia, con los ojos bajos, generando con su sonrisa el apetito suficiente para seguir viviendo, para contar a cualquiera, con un parpadeo, con un movimiento de la cabeza, que esta desgracia no importaba, que las desgracias sólo servían para marcar fechas, para separar y hacer inteligibles los principios y los finales de las numerosas vidas que atravesamos y existimos. Todo esto frente a mí, al otro lado del mostrador, todo este conjunto de invenciones gratuitas metido, como en una campana, en la penumbra y el olor tibio, húmedo, confuso, del almacén. Detrás del chofer del ómnibus la muchacha había caminado copiando la inclinación de los hombros del ex-jugador de básquetbol.

Entonces, aquella misma tarde o semanas después, porque la precisión ya no importa, porque desde aquel momento yo no vi de ellos nada más que sus distintos estilos de fracaso, el enfermero y la mucama, la Reina, empezaron a contarme la historia del epílogo en el hotel y en la casita. "Un epílogo", pensaba yo, defendiéndome, "un final para la discutible historia, tal como estos dos son capaces de imaginarlo."

Se reunían en el almacén, él y la mucama, todas las tardes, después del almuerzo. Podían verse en cualquier parte y a nadie en el pueblo o en el mundo le hubiera importado verlos juntos, ninguno habría pensado que no estaban hechos para encontrarse. Pero se me ocurre que el enfermero, o ella misma, la Reina, gruesa, con la boca entreabierta, con esos ojos fríos, inconvincentes, de las mujeres que esperaron demasiado tiempo, alguno de ellos supuso que agregaban algo si se citaban en la siesta en el almacén, si fingían —ante mí, ante los estantes, ante las paredes encaladas y sus endurecidas burbujas— no conocerse, si se saludaban con breves cabezadas y fraguaban miserables pretextos para reunirse en una mesa y cuchichear.

Debían sentirse muy pobres, sin verdaderos obstáculos, sin persecuciones creíbles; terminaban siempre por volver hacia mí las redondas caras sonrientes, cuidando no rozarlas; sospechaban que yo hubiera apostado por la mujer ancha de los anteojos oscuros y se dedicaban a su defensa, a la cuidadosa, solidaria enumeración de las virtudes que ella poseía o representaba, de los valores eternos que la más vieja de las dos mujeres había estado vindicando, durante cuarenta y ocho horas, en el hotel y en la casita.

—Habría que matarlo —decía la mucama—. Matarlo a él. A esa putita, perdóneme, no sé qué le haría. La muerte es poco si se piensa[22] que hay un hijo.

—Un hijo de por medio[23] —confirmaba el enfermero; pero me sonreía dichoso, vengativo, seguro de mi imposibilidad de disentir—. Usted la llevó al hotel aquella noche de fin de año. Claro que no podía imaginarse.

—¡Cómo iba a saber![24] —chillaba ella con escándalo, buscando mis ojos para absolverme.

Yo les escuchaba contar y reconstruir el epílogo; pensaba en el pedazo de la tierra, alto, quebrado, en que estábamos viviendo, en las historias de los hombres que lo habían habitado antes que nosotros; pensaba en los tres y el niño, que habían llegado a este pueblo para encerrarse y odiar, discutir y resolver pasados comunes que nada tenían que ver[25] con el suelo que estaban pisando. Pensaba en estas cosas y otras, atendía el mostrador, lavaba los vasos, pesaba mercaderías, daba y recibía dinero; era siempre en la tarde, con el enfermero y la Reina en el rincón, oyéndolos murmurar, sabiendo que se apretaban las manos.

Cuando la muchacha llegó al hotel, el hombre, la mujer y el niño estaban todavía en el comedor, callados, revolviendo las tazas del café. Ella, la mujer, levantó la cabeza y la vio. La otra se había detenido a dos mesas de distancia, con la valija que no quiso dejar en la portería, proclamando con su sonrisa alta y apenas arrogante, con la calma de los ojos chatos, que no quería herir ni ser herida, que no le importaba perder o ganar, y que todo aquello —la reunión del triunvirato en las sierras, las previsibles disputas, las ofertas de sacrificio— era, acababa de descubrirlo, grotesco, vano, sin sentido, como tendría que ser injusto cualquier acuerdo a que llegaran. Sin embargo, a pesar de la mansa displicencia[26] con que miraba las mesas vacías, las copas manchadas y las servilletas en desorden, fingía —y esto era para Reina repugnante e inexplicable— no haber distinguido el grupo macilento,[27] retrasado sobre los pocillos de café tibio.

—Ganaba tiempo, hasta ella misma se avergonzaba viendo la criatura.

La mujer la vio detenerse, avanzar sin ganas, y la reconoció en

---

[22] si ... if you consider
[23] de ... in the middle
[24] ¡ Cómo ... How was he to know!

[25] que ... that had nothing to do
[26] mansa ... mild displeasure
[27] withered

seguida. Nunca había visto una foto suya, nunca logró arrancar al hombre adjetivos suficientes paro construirse una imagen de lo que debía temer y odiar. Pero, de todas maneras, manejó caras, edades, estaturas; y los perecederos conjuntos que logró alzar, los cambiantes blancos para el rencor —que eran, simultáneamente, fuentes de autopiedad, de un resucitado, invertido orgullo de noviazgo y luna de miel— no podían ser relacionados con la muchacha que acercaba a la mesa su sonrisa diagonal e intimidada. El hombre se alzó, las espaldas más tristes y disminuídas, las yemas[28] de los diez dedos en el mantel, colgándole de los labios el lento cigarrillo que se concedía en· las sobremesas y que no atinó a desprender. Murmuró un nombre, nada más, no dijo palabras de bienvenida o presentación; y no volvió a sentarse porque la muchacha no lo hizo: se quedó de pie, alta sobre los vidrios oscuros y la boca oscura de la otra, sobre la curiosidad parpadeante del niño, sin necesitar ya su sonrisa, pensativa, liberada de promesas, frente al borde del mantel cuadriculado de los almuerzos como había estado una hora antes frente a mí y al mostrador, con una punta de la valija apoyada en una silla para soportar la brusca invasión del cansancio.

La mujer olvidó las anticipaciones que había construido, recordó haber imaginado a la muchacha exactamente como era, reconoció la edad, la transitoria belleza, el poder y la falsedad de la expresión honrada y candorosa. Estuvo, nuevamente, odiándola, sin esforzarse, guiada por una larga costumbre, asistida por la repentina seguridad de haberla odiado durante toda su vida.

La mujer dejó caer en el café lo que quedaba de su cigarrillo y fue bajando la cabeza; se miró la mano con los anillos y acarició al niño, sonriéndole, removiendo los labios con sonidos que no trataban de formar palabras, como si estuviera a solas con él. Entonces el hombre, largo, doblado, se animó a despegar las manos del mantel, a quitarse el cigarrillo de la boca y a ofrecer una silla a la muchacha. Pero ella, prestando[29] ahora su cara a una sonrisa que nada tenía que ver con la arrogancia, con el desdén ni con el amor, sin mirar los ojos del hombre, apartó la valija del asiento y recorrió de vuelta[30] el camino que había hecho entre las mesas.

---

[28] tips
[29] surrendering

[30] y . . . and she retraced once again

—Yo no le dije que viniera aquí —explicó el hombre, sin emoción—. No al hotel.

—Gracias —dijo la mujer; acariciaba el pelo del niño, le sujetaba una mejilla con dos nudillos[31]—. Es lo mismo, aquí o en otra parte. ¿No es lo mismo? Además; ¿no habíamos decidido ya? A veces olvidamos de quién es el dinero. Debías haberla invitado a comer.

—Lo miró, demostrando que podía sonreír. Con la boca abierta, adormecido, el niño hipó, estremeciéndose; la mujer le secó el sudor bajo la nariz y en la frente.

La muchacha había atravesado la penumbra del bar, frente al mueble cargado de llaves de la portería, lenta, definitivamente de espaldas al comedor. Se detuvo en la terraza para cambiar de mano la valija y empezó a bajar la escalinata. No era capaz de llorar entonces, no evidenciaba la derrota ni el triunfo mientras iba descendiendo, paso a paso, ágil y sin prisa. El ómnibus de Junquillo se detuvo frente al hotel y el chofer llamó con la bocina; un hombre bajó para estirar las piernas y estuvo paseándose, ida y vuelta, pequeño, abstraído, con un poncho rojizo colgado de un hombro. Tal vez ella mirara los chiquilines[32] oscuros, en harapos,[33] que corrían por la cancha de fútbol.

—Y él estuvo un momento sin saber qué hacer, hay que decirlo,[34] no salió corriendo como loco atrás de ella —contaron la mucama y el enfermero—. Se quedó mirando en el comedor vacío a la mujer y al hijito que parecía enfermo. Hasta que la otra pudo más que la vergüenza[35] y el respeto y dijo cualquier cosa y salió atrás, lento como siempre, cansado. Tal vez haya pedido perdón. La alcanzó frente al ómnibus, le agarró un brazo y ella no movió siquiera la cabeza para saber quién era.

Discutieron bajo el sol, detenidos, mientras el peón del hotel corría hasta el ómnibus, cargado con paquetes. Y cuando el coche aflojó los frenos y empezó a bajar hacia mi almacén, ella empezó a reírse y se dejó sacar la valija. Tomados de la mano,[36] despaciosos, subieron el camino de la sierra, costearon la cancha de fútbol que empezaba a rodear el público, doblaron allá arriba, en la esquina del dentista, y siguieron zigzagueando hasta la casita de las portuguesas.

---

[31] knuckles
[32] kids, youngsters
[33] rags
[34] **hay** . . . it should be said

[35] **Hasta** . . . Until the other woman won out over his embarrassment
[36] **Tomados** . . . Holding hands

El hombre se demoró en la galería, estuvo mirando desde allí el río seco, las rocas, el vaciadero de basuras del hotel; pero no entró; le vieron abrazarla y bajar la escalera de la galería. Ella cerró la puerta y volvió a abrirla cuando el hombre estaba lejos; pudo verlo hasta que se perdió atrás de las oficinas de la cantera, volvió a descubrirlo, pequeño, impreciso, al costado de la cancha y en el camino.

Imaginé al hombre cuando bajaba trotando hacia el hotel, después del abrazo; consciente de su estatura, de su cansancio, de que la existencia del pasado depende de la cantidad del presente que le demos, y que es posible darle poca, darle ninguna. Bajaba la sierra, después del abrazo, joven, sano, obligado a correr todos los riesgos, casi a provocarlos.

—No estaban. Cuando él volvió la señora se había retirado con el chico y el chico estuvo pataleando en la escalera. La puerta de la habitación estaba cerrada por dentro; así que el hombre tuvo que golpear y esperar, sonriendo para disimular a cada uno que pasaba por el corredor; hasta que ella se despertó o tuvo ganas de abrirle —contaron—. Y el doctor Gunz insistió en decir que no había visto nada aunque estaba en el comedor cuando llegó ella con la valija; pero no tuvo más remedio que decir,[37] palabra por palabra, que el tipo debió haberse metido en[38] el sanatorio desde el primer día. Tal vez así pudiéramos tener esperanzas.

Y él golpeó, largo y sinuoso contra la puerta, avergonzado en la claridad estrecha del corredor que transitaban mucamas y las viejas señoritas que volvían del paseo digestivo por el parque; y estuvo, mientras esperaba, evocando nombres antiguos, de desteñida obscenidad, nombres que había inventado mucho tiempo atrás para una mujer que ya no existía. Hasta que ella vino y descorrió la llave, semidesnuda, exagerando el pudor y el sueño, sin anteojos ahora, y se alejó[39] para volver a tirarse en la cama. Él pudo ver la forma de los muslos, los pies descalzos, arrastrados, la boca abierta del niño dormido. Antes de avanzar pensó, volvió a descubrir, que el pasado no vale más que un sueño ajeno.

—Sí, es mejor acabar en seguida —dijo al sentarse en la cama, sin otro sufrimiento que el de comprobar que todo es tan simple—. Tenía razón, es absurdo, es malsano.

---

[37] **no** . . . he had no choice but to say   [39] **se** . . . withdrew
[38] **debió** . . . should have checked into

Después cruzó los brazos y estuvo escuchando con asombro el llanto de la mujer, entristeciéndose, como si se arrepintiera vagamente no de un acto, sino de un mal pensamiento, sintiendo que el llanto lo aludía injustamente. Estaba encogido, sonriendo, dejándose llenar por la bondad hasta que resultara insoportable. Palmeó con entusiasmo la cadera de la mujer:

—Me voy a morir —explicó.

El final de la tarde está perdido; es probable que él haya intentado poseer a la mujer, pensando que le sería posible transmitirle los júbilos que rescatara[40] con la lujuria. Cuando llegó la noche, el hombre bajó de la habitación y se puso a bromear[41] con el portero y el encargado del bar.

—Bajó vestido como siempre, con ese traje gris que no es de verano ni de invierno, con cuello y corbata y los zapatos brillantes. No tiene otro traje; pero parecía que acababa de comprar todo lo que llevaba puesto.[42] Y era como si no hubiera sucedido nada en el almuerzo, como si la muchacha no hubiera llegado y nadie supiera lo que estaba pasando. Porque, lo que nunca,[43] bajó alegre y conversador, le hizo bromas al portero y obligó al encargado del bar a que tomara una copa con él. Es de no creer. Y saludaba con una gran sonrisa a cada uno que llegaba para la comida. Si hasta[44] no sé quién le preguntó a Gunz si lo había dado de alta.[45]

Pusieron una mesa en la terraza para la comida y acababan de sentarse cuando la muchacha trepó la escalinata y se les acercó, perezosa, amable. Le dio la mano a la mujer[46] y comió con ellos. Los oyeron reír y pedir vinos. La mujer ancha se había desinteresado del niño y era la otra, la muchacha, la que movía regularmente una mano para acariciarle el pelo sobre la frente.

Pero hay el par de horas que pasaron desde que el hombre bajó de la habitación hasta que el mozo vino a decirle que la mesa estaba pronta en la terraza y él se enderezó en el mostrador del bar para ofrecer el brazo a la mujer de los anteojos. El par de horas y lo que él hizo en ellas para reconquistar el tiempo que había vivido en el hotel, para cargarlo, en el recuerdo de los demás, con las expresiones de interés y las simples cortesías que lo harían soportable, común,

---

[40] he salvaged
[41] se . . . began to joke
[42] todo . . . what he had on
[43] lo . . . unlike any other time
[44] Si . . . Even
[45] si . . . if he had declared him to be cured
[46] Le . . . She shook the woman's hand

confundible con los tiempos que habían vivido los otros. Todo lo
que el hombre produjo y dispersó en dos horas, de acuerdo con ellos
y para que ellos lo fueran distribuyendo en los meses anteriores: las
sonrisas, las invitaciones y los saludos estentóreos; las preguntas
inquietas, de perdonable audacia, sobre temperaturas y regímenes,
los manotazos en las espaldas de los hombres, las miradas respetuosas
y anhelantes a las mujeres. Hizo caber,[47] también, la corta comedia,
las piruetas en beneficio de los que bebieron con él en el bar, la
repentina gravedad, la mano alzada para suplicar complicidad y
silencio, la mirada de alarma y respeto al doctor Gunz —que acababa
de entrar en el hall y reclamaba los diarios de la tarde mientras se
desabrochaba el chaleco[48]—, los pasos rápidos y sigilosos hasta la
balanza, el largo cuerpo totalmente erguido, remozado, inmóvil
sobre la plataforma. "Setenta y cinco", anunció con alivio al
acomodarse de nuevo en el mostrador del bar. Es seguro que mentía.
"Puedo tomar otra."

Todos reían y él mostraba agradecimiento; mantuvo su sonrisa
mientras le devolvían parte de los golpes[49] que había estado
sembrando en las espaldas, mientras pensaba admirado en la
facilidad de los hombres para espantarse de la muerte, para odiarla,
para creer en escamoteos,[50] para vivir sin ella. Tanto daba[51]
desesperarse o hacer el payaso,[52] hablar de política o rezar mentalmente las palabras extranjeras de las etiquetas de las botellas en el
estante. Y como estaba pagando sin avaricias, con prisa y obstinación,
las deudas que había ido amontonando desde el día de su llegada,
pidió permiso a los bustos que se inclinaban sobre los avisos de
turismo sujetos por el vidrio del mostrador, y se acercó, con un vaso
lleno en la mano, a la mesa de mimbre donde el doctor Gunz leía
noticias de fútbol y el enfermero anotaba en una libreta las
inyecciones que se había asegurado para su recorrida nocturna.[53]

—Me gustaría que lo hubiera visto. A mí me costaba trabajo[54]
convencerme de que era el mismo.

Estaba, sosteniendo el vaso con sus dedos torpes, exhibiendo el
brillo de la corbata y la camisa de seda —"como si fuera la noche
más feliz de su vida, como si estuviera festejando"— sonriendo con

---

[47] **Hizo** . . . He fit in
[48] vest
[49] pats on the back
[50] sleight of hand

[51] **Tanto** . . . It was just as easy
[52] **hacer** . . . to play the clown
[53] **recorrida** . . . nightly round
[54] **A** . . . I had a hard time

alerta docilidad al bigote rubio de Gunz, al brillo dorado de sus anteojos, a las palabras rápidas, gangosas, que el médico le iba diciendo.

—Y yo iba y venía, llevando la mantelería y los platos al comedor, porque, la casualidad,[55] la otra empleada está enferma o lo dice.[56] Y venía cargada desde la administración y pasaba entre el mostrador del bar y la mesa donde éstos estaban, antes de que bajara la señora con el chico, que un rato antes me había pedido agua mineral y aspirinas. Y lo veía, de espaldas, con la cabeza muy peinada, hamacándose en el sillón, riéndose a veces, tomando del vaso que tenía siempre en la mano. Y era como si charlaran de cualquier cosa, de la lluvia o del pozo en la cancha de tenis.

Desde la misma ola incontenible de gozo y amistad que había estado alzando para todo el mundo, consultó al médico sobre esperanzas razonables, sobres meses de vida. Y en este momento tuvo que hacerse más visible, más ofrecida —no para Gunz, ni para el enfermero, ni para los atareados viajes de la mucama— la ironía sin destino contendida en su veloz campaña de recuperación del tiempo, en el intento de modificación del recuerdo llamativo, desagradable, que había impuesto a la gente del hotel y del pueblo. En la sonrisa con que escuchaba a Gunz, estaría, exhibida, casi agresiva, la incredulidad esencial que yo le adiviné a simple vista, la soñolienta ineptitud para la fe que hubo de descubrirse con la primera punzada en la espalda y que había decidido aceptar totalmente en la jornada que atestiguaban la mucama y el enfermero.

—Pero quién lo agarra descuidado a Gunz.[57] Habló de curación total, como siempre; le dijo que desde el principio le había aconsejado meterse en el sanatorio para una curación total. Y el tipo, que ya debía estar borracho, pero no perdía su línea de conducta, se reía diciendo que no podía soportar la vida en un sanatorio. Y cuando la mujer apareció, con el chico en brazos, en la escalera, él nos empezó a hablar de un partido[58] con los norteamericanos, que alguien dijo que se había perdido por su culpa, y de cómo apenas pudo no llorar[59] cuando le acercaron el micrófono al final del partido. Se despidió y volvió al mostrador del bar; dejó que la mujer pasara con el chico a

---

[55] coincidence
[56] o ... or so she says
[57] **Pero ...** But who takes Gunz by surprise?
[58] game
[59] **y ...** and how he could hardly keep from crying

sus espaldas y saliera a la terraza. Fui a preguntarle al barman si
tenía algún llamado para mí, y él estaba contando la misma historia
del partido de básquetbol con los norteamericanos, ahora letra por
letra, gol por gol.

"Cuando subí al 40 para llevar las aspirinas y el agua mineral ella
me atendió con mucho cariño. El chiquillo estaba parado en una
silla, cerca de la ventana, miraba para afuera y llamaba a un gato.
Ella me ayudó a poner la bandeja encima de la mesa y me dijo, me
acuerdo, que era una gran idea usar zapatos de goma. Le dije que
eran muy descansados,[60] pero que me hacían muy baja. Estaba en
enaguas,[61] sin lentes, y tiene los ojos muy grandes y verdes, con
ojeras.[62] La sentía mirarme mientras destapaba la botella, apoyada
en la pared, los brazos cruzados, casi agarrándose los hombros.
Como si fuéramos amigas, como si yo hubiera subido al 40 a
contarle algo que no me animaba y ella esperara. Y cuando me iba
me llamó moviendo un brazo y me dijo, sin burlarse: 'Si usted me
viera, así, como ahora, sin saber nada de mí. . . ¿Le parece que soy
una mala mujer?' 'Por favor, señora', le dije. 'En todo caso, la mala
mujer no es usted'.

¿Por qué había elegido él, entre todas las cosas que no le importaban, la historia del partido de basquet? Lo veía enderezado en el
taburete del bar, dispersando a un lado y otro el insignificante
relato de culpa, derrota y juventud. Lo veía eligiendo, como lo mejor
para llevarse, como el símbolo más comprensible y completo, la
memoria de aquella noche en el Luna Park, el recuerdo infiel, tantas
veces deformado, de bromas de vestuario, de entradas revendidas a
cien pesos, de la lucha, el sudor, el coraje, los trucos, la soledad en el
desencanto, el deslumbramiento bajo las luces, en el centro del rumor
de la muchedumbre que se aparta ya sin gritos.

Tal vez no haya estado eligiendo un recuerdo sino una culpa,
vergonzosa, pública, soportable, un daño del que se reconocía
responsable, que a nadie lastimaba ahora y que él podía revivir,
atribuirse, exagerar hasta convertirlo en catástrofe, hasta hacerlo
capaz de cubrir todo otro remordimiento.

—Comieron en la terraza, como grandes amigos, como si for-
maran, los cuatro, una familia unida, cosa que poco se ve.[63] Y

---

[60] restful   [62] circles (under eyes)
[61] slip   [63] **cosa** . . . something one rarely sees

cuando terminó la comida el tipo acompañó a la muchacha hasta el chalet y la mujer bajó la escalinata, cargada con el chico, para acompañarlos hasta los portones del hotel. Después de acostar a la criatura volvió al comedor y pidió una copita de licor. Estuvo esperando hasta que a Gunz lo dejaron solo; entonces lo hizo llamar[64] y conversaron como media hora, el tiempo que demoró el tipo en ir y volver.

Ella no estaba triste ni alegre, parecía más joven y a la vez más madura cuando el hombre los descubrió desde la puerta del comedor y se fue acercando, erguido, escuálido, con la cara burlona y alerta. Gunz habló todavía unos minutos,[65] lento, pensativo, mientras se limpiaba los anteojos. La mano de la mujer restregaba la del hombre, cuidadosa, innecesaria. Debajo de la mentira, de la reacción piadosa, estaban en ella el asombro y la curiosidad. Examinaba al hombre como si Gunz acabara de presentárselo luego de hacerle oír una corta biografía que rebasaba el presente, una historia profética y creíble que alcanzaba a cubrir algunos meses colocados más allá de aquel minuto, de aquella coincidencia. Nunca había dormido con él, ignoraba sus costumbres, sus antipatías, el sentido de su tristeza.

Gunz se fue y ellos bebieron un poco más, silenciosos, separados para siempre, ya de acuerdo.[66] Y cuando subieron la escalera para acostarse, ella se sentía obligada a caminar apoyada en la establecida fortaleza del hombre, imaginando y corrigiendo la sensación que podían dar sus dos cuerpos, paso a paso, al sereno y a los que quedaban bostezando en el bar, descubriendo —con un tímido entusiasmo que no habría de aceptar nunca— que nada permanece ni se repite.

—Pero si eso, lo de aquella noche —insistía el enfermero— ya era bastante raro: las dos mujeres como amigas de toda la vida, el beso que se dieron al despedirse, lo que sucedió al otro día es para no creer. Porque después del almuerzo fue ella la que hizo, sola, el camino hasta el chalet con un paquete que debía ser de comida. El tipo se quedó con el chico, y se lo llevó a pasear al lugar más lindo que encontró en todo este tiempo: el depósito de basura. Se tiró en camisa al sol, con el sombrero en la cara, arrancando sin mirar yuyos[67] secos que masticaba mientras el chico se trepaba por las piedras. Podía

---

[64] **lo** . . . she had him called over
[65] **todavía** . . . a few more minutes
[66] **ya** . . . already in agreement
[67] weeds

resbalar y romperse el pescuezo. Y el tipo, véalo, tirado al sol, con el
saco por almohada, el sombrero en los ojos, casi al lado del montón
de papeles, frascos rotos, algodones sucios, como un cerdo en su
chiquero, sin importarle nada de nada, del chico, de lo que podían
estar hablando las mujeres allá arriba. Y cuando empezó a enfriar,
el chico, con hambre o aburrido, vino a sacudirlo hasta que el tipo
se levantó y se lo puso en los hombros para llevarlo de vuelta al
hotel. A eso de[68] las cinco llegó ella; parecía más flaca, más vieja y
se quedó sola en el bar tomando una copa, con la cara en una mano
sin moverse, sin ver. Después subió y tuvo la gran discusión.

—No una discusión —corrigió la Reina con dulzura—. Yo estaba
haciendo[69] una pieza enfrente y no tuve más remedio que escucharlos.
Pero no se oía bien. Ella dijo que lo único que querría era verlo feliz.
Él tampoco gritaba, a veces se reía, pero era una risa falsa, rabiosa.
"Gunz te dijo que me voy a morir. Es por eso. El sacrificio, la
renuncia." Aquí ella se puso a llorar y en seguida el chico. "Sí",
decía él, sólo por torturar; "estoy muerto, Gunz te lo dijo. Todo
esto, un muerto de un metro ochenta, es lo que le estás regalando.
Ella haría lo mismo, vos aceptarías lo mismo."

—No es que lo defienda —dijo el enfermero—; pero hay que
pensar que estaba desesperado. No se puede negar que hubo un
arreglo entre ellas, y aunque esto era lo que él andaba queriendo,[70]
cuando la cosa se produjo vio la verdad. Claro que él ya la sabía, la
verdad. Pero siempre es así. Usted la vio venir con el chico y tomar
el ómnibus; casi seguro que esta vez se fue para siempre. Ellos están
viviendo en el chalet; les llevan la comida desde el hotel y no salen
nunca. Sólo los ven alguna vez, de noche, fumando en la galería. Y
Gunz me dijo que la cosa va a ser rápida, que ya ni metiéndolo en el
sanatorio.[71]

Ella pasó, es cierto, por el almacén, cargada con el niño, sin entrar,
eligiendo la sombra del árbol para esperar el ómnibus. Desde el
mostrador, enjugando un vaso, la miré como si la espiara. Le
hubiera ofrecido cualquier cosa, lo que ella quisiera tomar de mí.
Le hubiera dicho que estábamos de acuerdo, que yo creía con ella
que lo que estaba dejando a la otra no era el cadáver del hombre sino

---

[68] **A** . . . Around
[69] making up
[70] **andaba** . . . wanted all along

[71] **que** . . . that not even putting him in
the sanatorium (would do him any
good)

el privilegio de ayudarlo a morir, la totalidad y la clave de la vida del tipo.

Los otros siguieron encerrados en la casita hasta principios del invierno, hasta unos días después de la única nevada[72] del año. No llegaron más cartas; sólo un paquete con la leyenda "ropa usada".

Andrade, de la oficina de alquileres, fue cuatro veces a visitarlos y siempre lo atendió la muchacha; amable y taciturna, ignorando la curiosidad del otro, haciendo inservibles[73] los pretextos para demorarse que Andrade había ido fabricando en el viaje en bicicleta. Era el primer día de un mes, los golpes en la puerta sólo podía darlos Andrade. Ella salía en seguida, como si hubiera estado esperando, con su tricota oscura, los pantalones arrugados, con los veloces, exactos movimientos de su cuerpo de muchacho; saludaba, cumplía en silencio el cambio del dinero por el recibo y volvía a saludar. Andrade montaba en la bicicleta y regresaba viboreando[74] hasta su oficina o continuaba recorriendo las casas de la sierra que administraba, pensando en lo que había visto, en lo que era admisible deducir, en lo que podía mentir y contar.

El mismo día de la partida de la mujer con el niño, el hombre pagó su cuenta en el hotel y se fue. De modo que ya no era, para los pasajeros, uno de ellos; las cortesías, las similitudes que había prodigado en la última noche empezaron a ser olvidadas desde el momento en que bajó la escalinata guardándose el recibo, el impermeable al hombro, repartiendo con postrer[75] entusiasmo saludos silenciosos, moviendo de un lado a otro su sonrisa. Los clientes de Gunz y de Castro volvieron a individualizar en seguida, con más exasperación que antes, cada una de las cosas que los separaban del hombre; y sobre todo, volvieron a sentir la insoportable insistencia del hombre en no aceptar la enfermedad que debía hermanarlo con ellos.[76]

No podían dar nombre a la ofensa, vaga e imperdonable, que él había encarnado mientras vivió entre ellos. Concentraban su furia en la casita de las portuguesas, visible cuando reposaban en la terraza o cuando paseaban por el parque y a la orilla del arroyo. Y dos veces por día, hasta que las noches se alargaron y del segundo

---

[72] snowfall
[73] **haciendo** . . . rendering useless
[74] winding like a snake

[75] final
[76] **que** . . . that should make him like their brother

viaje sólo podían conocer el prólogo, podían festejar la perduración de su odio viéndolo renovarse por las caminatas del peón del hotel, cargado con la vianda, un diario bajo el brazo, hasta la casita blanca y roja que fingían suponer clausurada por la vergüenza. Controlaban[77] los pedidos de botellas que trasmitía el peón al administrador y ocupaban sus horas suponiendo escenas de la vida del hombre y la muchacha encerrados allá arriba, provocativa, insultantemente libres del mundo.

VI

El enfermero había estado hablando de escándalo y afrenta pública; era casi de noche cuando encendí las lámparas y encargué a Levy chico que atendiera el almacén mientras yo cruzaba a tomar un trago y charlar de muertes, curaciones y tarifas con el gerente del Royal. Salí al frío azul y gris, al viento que parecía no bajar de la sierra, sino formarse en las copas de los árboles del camino y atacarme desde allí, una vez y otra, casi a cada paso, enconado y jubiloso. Iba cabizbajo, oyendo un motor que se entrecortaba[1] sobre la fábrica de aviones, pronosticando que el gerente del Royal me anunciaría, con falsa aprensión, con infantil esperanza, un invierno de nieve, de caminos bloqueados, cuando divisé los intermitentes círculos de la luz sobre la tierra del camino. Me detuve, la luz amarilla de la linterna se abrió[2] en mi cara y escuché la risa; era un sonido seco, intencionado, ejercido para el reto.[3] El hombre volvió a poner la luz en el suelo, miró hacia las nubes, y la apagó.

—La traía para la vuelta[4] —dijo—. La descubrí en el garaje. Es un encuentro casual, porque usted se iba. Pero venía a buscarlo. Quiero decir, tengo que hablar con usted y negociar.

Estaba inmóvil, altísimo, de espaldas a la última barra de claridad de la sierra, negro y despeinado. El viento sacudía su abrigo y lo hacía restallar con un sonido confundible con el de la tos, muy espaciada, que el hombre protegía alzando la mano y la linterna.

—No lo había conocido —dije, sin saber si debía ofrecerle la mano,

---

[77] They monitored
[1] **que** . . . that was sputtering
[2] **se** . . . flashed
[3] **para** . . . out of defiance
[4] **La** . . . I brought it for the return trip

pensando velozmente en su historia—. Vamos al almacén, ¿quiere? Por lo menos allí no hay viento.

Me seguía sin palabras, pisando como si tratara de aplastar. "Es la primera vez que habla, pensé al entrar en el almacén; todo lo anterior fueron monosílabos, gruñidos, gestos, una sola palabra. Está borracho, pero no de alcohol, y necesita seguir hablando, como si se despeñara y quisiera terminar cuanto antes."[5]

Entré restregándome las manos, desprendiéndome la ropa, aunque el frío y algo de viento también estaban en el negocio.[6] No quise volverme a mirarlo. Le golpeé el hombro a Levy chico que estaba boquiabierto, extático, con la gorra hasta los ojos, detrás del mostrador. Nos quedamos solos y llené dos vasos con vermouth. Él apartó la mano de la reja de la ventana y vino hacia mí, sonriendo con los brazos separados del cuerpo, balanceando la larga linterna niquelada. Se inclinó para dominar[7] la tos y volvió a sonreír, enrojecido, lacrimoso.

—Perdón —murmuró—. Si no le molesta,[8] prefiero caña.

Le serví lo que pedía y dije "salud" antes de beber, sin haberlo mirado todavía. Comencé por examinar el sobretodo, negro, viejo, demasiado holgado, con botones muy grandes y un cuello de terciopelo, casi nuevo.

—Usted salía —dijo—. No quiero que por mí. . . Es un minuto.

—Se detuvo y miró alrededor, serio, extrañado, inquisitivo. Volvió a girar la cabeza, más tranquilo, alzó la copa y la vació. Me miraba sin que le importara[9] verme, el labio levantado y fijo. Tocaba el mostrador con la punta de los dedos, para mantenerse recto, dentro del sobretodo negro, oloroso, anacrónico; exhibía los huesos velludos de las muñecas e inclinaba la cabeza para mirarlos, alternativamente, compasivo y con cariño; aparte de esto, no era nada más que pómulos,[10] la dureza de la sonrisa, el brillo de los ojos, activo e infantil. Me costaba creer que pudiera hacerse una cara con tan poca cosa: le agregué una frente ensanchada y amarilla, ojeras, líneas azules a los lados de la nariz, cejas unidas, retintas.[11]

—Deme otra copa —dijo—. Es muy simple, nos cortaron los

[5] **como** . . . as if he had plunged down headlong and wanted it to be over as soon as possible
[6] store
[7] overcome

[8] **Si** . . . If you don't mind
[9] **sin** . . . without caring
[10] cheekbones
[11] very dark

víveres.[12] Lo pudieron soportar sólo unos meses; pero yo me atrasé, no fui capaz de reventar[13] a tiempo, dentro de los límites de la decencia, como ellos esperaban. Aquí estoy, todavía, tosiendo y de pie. Yo soy así, hago proyectos, creo en ellos, llego hasta jurar, y después no cumplo.[14] No quiero aburrirlo, perdone. Entonces, justamente hoy, en el hotel, se les acabó la paciencia. A mediodía el empleado nos trajo la vianda y dijo que no iba a volver. Le daba mucha vergüenza,[15] estuvo rascando el piso con el pie, hasta es posible que nos tuviera lástima.[16] Le pagamos y le regalamos dinero. Y ella, a escondidas, salió a la galería para que yo no la viera llorar. Está mal, claro; ella se había hecho responsable de mi curación, de mi felicidad. Heredó un dinero de la madre y tuvo el capricho de gastarlo en esto, en curarme. En fin, estuvimos de acuerdo en que es necesario que sigamos comiendo hasta que yo reviente.[17] Así que vine a verlo, a preguntarle si puede hacernos llegar[18] comida, una o dos veces por día, y por poco tiempo. No porque piense morirme; pero puede ser que pronto nos vayamos.

Le dije que sí, mintiendo, porque no sabía cómo conseguirles sus dos comidas diarias, preguntándome por qué recurrían[19] a mí y no a cualquier otro hotel o pensión. Él estaba contra el mostrador, perfilado y torpe, jugando con la luz de su linterna porque no se le ocurría una frase para despedirse. Serví otra vuelta,[20] imaginé que la muchacha allá arriba aprovecharía su ausencia para llorar un poco más.

Una vieja de la sierra había contado que se acercó un domingo a la casita para pedir fósforos, que una ventana estaba abierta y que el hombre, solo, de pie, desnudo, se miraba en el espejo de un armario; movía los brazos, adelantaba una sonrisa curiosa, de leve asombro. Y no era, reconstruía yo, no había sido que terminaron de agitarse en la cama y el hombre fue atrapado por el espejo al pasar. Se había desnudado lentamente frente al armario para reconocerse, esquelético, con manchas de pelo que eran agregados convencionales y no intencionadamente sarcásticas, con la memoria insistente de lo

---

[12] **nos** ... they discontinued our food supply
[13] **no** ... I haven't managed to kick the bucket
[14] **no** ... I don't comply
[15] **Le** ... He was too ashamed
[16] **hasta** ... it's even possible that he felt sorry for us
[17] **hasta** ... until I keel over
[18] **si** ... if you can send us
[19] they resorted
[20] round (of drinks)

que había sido su cuerpo, desconfiado de que los fémures pudieran sosternerlo y del sexo que colgaba entre los huesos. No solamente flaco en el espejo, sino enflaqueciendo, a poco que se animara a mirar y medir.

Sacudió una mano en el bolsillo del sobretodo pero yo hablé antes de que la sacara.

—No es nada. Invito yo.[21] Queda arreglado, comida para dos, dos veces al día.

Golpeó la pared con la luz de la linterna y sonrió, con un lento orgullo, como si acabara de acertar.

—Gracias. Lo que nos mande[22] estará bien. Ya no vienen cartas. La verdad es que yo pedí que no escribiera.

Se movió para enfrentarme, ofreció la cara,[23] mantuvo más amplia, la sonrisa negativa. Estaba envejecido y muerto, destruído, vaciándose; pero sin embargo, más joven que cualquier otra vez anterior, reproduciendo la cabeza que había enderezado en la almohada, en la adolescencia, al salir de la primera congestión. Convirtió en ruido su sonrisa y me tendió la mano; lo vi cruzar la puerta, atrevido, marcial, metiendo a empujones en el viento el sobretodo flotante que alguna vez le había ajustado en el pecho; lo vi arrastrar, ascendiendo, la luz de la linterna.

No volví a verlos durante quince o veinte días; les llevaban viandas desde el Royal y ahora era él quien recibía al mandadero —Levy chico— y le pagaba diariamente.

La muchacha resurgió, en los chismes[24] del enfermero, bajando la sierra un anochecer para buscar a Gunz en el hotel e instalarse en la terraza a esperarlo, sonriente y silenciosa con los mozos, con los pasajeros que podían reconocerla. En la versión del enfermero, Gunz alzó los hombros y dijo que no; después estuvo cuchicheando, con la cabeza inclinada hacia ella y la mesa; por encima del cuerpo del médico la muchacha miraba a lo lejos como si estuviera sola. Finalmente dio las gracias y ofreció pagar las tazas de café; Gunz la acompañó hasta los portones del hotel y se quedó un rato con las manos en los bolsillos del pantalón, viéndola alejarse y subir, el chaleco hinchado avanzando en la primera sombra.

---

[21] **Invito** . . . It's on me
[22] **Lo** . . . Whatever you send us
[23] **ofreció** . . . he turned his face to me
[24] **gossip**

En la historia de la mucama —ya no iba a[25] casarse con el enfermero, llegaba al almacén sola y en las horas en que no podía encontrarlo— la muchacha bajó una noche para arrancar a Gunz de la cama y mostró a los que charlaban soñolientos en el bar, una cara donde había más susto que tristeza. Gunz, sin entusiasmo, aceptó por fin subir hasta el chalet apretando un brazo de la muchacha.

Volví a verlos, por sorpresa, antes de que la mucama o el enfermero pudieran informarme que se iban. Eligieron la mañana, entre las seis y las siete, para llegar juntos al almacén, solitarios en el frío, cada uno con su valija.

—Otra vez —dijo el hombre, irguiéndose.[26]

Se sentaron junto a la ventana y me pidieron café. Ella, adormecida, me siguió por un tiempo con una sonrisa que buscaba explicar y ponerla en paz. Les miré los[27] ojos insomnes, las caras endurecidas, saciadas, voluntariosas. Me era fácil imaginar la noche que tenían a las espaldas, me tentaba, en la excitación matinal, ir componiendo los detalles de las horas de desvelo y de abrazos definitivos, rebuscados.

Envuelta en el abrigo, en lanas tejidas, con un gorro azul de esquiador,[28] la muchacha parpadeaba mirando hacia afuera; tenía la cara redonda, aniñada,[29] indagadora.[30] Con un enorme reloj bailándole en la muñeca, el hombre abría una mano agrandada para sujetarse la mandíbula, solo y deslumbrado frente a su taza vacía. El vapor nublaba la mañana de atrás de los vidrios y las rejas; el sol se mostraba entrecortado, el frío se estaba haciendo palpable[31] en el centro del piso de tierra del almacén.

—Nos vamos al sanatorio —dijo el hombre cuando me acerqué a cobrar porque había sacudido un billete en el aire; la muchacha arrugó la nariz y la boca para decir algo, pero continuó mirando la mañana enrejada—. Ayer le dije al chico; de todos modos, quería avisarle que se acabó.[32] Y darle las gracias.

Me apoyé en la mesa y cumplí una buena farsa, pidiéndole que perdonara la calidad de la comida, como si yo la hubiera cocinado. Alguno, Mirabelli por la hora,[33] pasó guiando una vaca con

---

[25] **ya** . . . she was no longer going to
[26] straightening up
[27] **Les** . . . I looked at their
[28] **gorro** . . . blue ski cap
[29] childish
[30] inquisitive
[31] **se** . . . making itself felt
[32] **que** . . . that it's all over
[33] **por** . . . because of the hour

cencerro;[34] ella tenía la nuca en el brazo del hombre, escuchaba los pájaros, los primeros motores, el final de su noche.

—El doctor Gunz dice que es seguro —me contaba el hombre desde el hueco de la mano,[35] con una sonrisa desidiosa y alertada, con una voz que no podría despertar a la muchacha si durmiera—. Tres meses de sanatorio, un régimen de cuartel.[36]

—Gunz es muy buen médico. Y tiene mucha experiencia.

—Mucha experiencia —repitió lentamente, divirtiéndose; miraba hacia el centro del salón, justamente el lugar donde yo sentía amontonarse el frío; ahora la cara le cabía en la mano, las puntas de los dedos tocaban los pelos largos y desparejos sobre la sien—. Y después, empezar de nuevo. ¿Se da cuenta? Sólo tres meses; y aunque fueran seis.

Me pareció que no había alzado la voz, pero ella dejó de mirar la nube acuosa de la ventana y puso[37] los ojos, como el hombre, en el centro del piso del almacén. El primer cliente verdadero entró un saludo ronco e indirecto, el roce tristón de las alpargatas; llevaba boina,[38] bigotes largos, un pañuelo de luto.[39] La mano de la muchacha recorrió el pecho del hombre, fue subiendo hasta apretar los dedos gigantescos que sostenían la cabeza.

Friolento, carraspeando, el hombre del pañuelo negro planchó un billete sobre el mostrador y me pidió ginebra. Mientras llenaba el vasito vi acercarse la camioneta del sanatorio, recién pintada, balanceándose con suavidad. La muchacha y el hombre adivinaron y se fueron alzando con trabajo, entumecidos;[40] no me saludaron al irse; él cargaba las dos valijas, ella se puso a bromear con el chofer que había descendido del coche y apretaba contra el vientre la gorra con visera y leylenda.[41]

Tres meses, había mentido Gunz, seis meses había admitido el hombre. Los imaginaba inmóviles en camas blancas de hierro, allá arriba, depositados provisoriamente en una habitación del sanatorio, narices y mentones apuntando con resolución a un techo encalado, jugando aún al malentendido, apalabrados para esperar sin protestas, sin comentarios ociosos, la hora en que los demás reconocerían su

---

[34] cowbell
[35] **desde** . . . behind his cupped hand
[36] **un** . . . rigid military discipline
[37] fixed

[38] beret
[39] mourning
[40] **se** . . . stood up slowly with effort, numb
[41] **visera** . . . visor and insignia

error para decidir, con pequeñas excusas, con frases negadoras del tiempo, con golpecitos cordiales, mandarlos de vuelta al mundo, al desamparo, a la querella, a la postergación. Imaginaba la lujuria furtiva, los reclamos del hombre, las negativas, los compromisos y las furias despiadadas[42] de la muchacha, sus posturas empeñosas, masculinas.

VII

Habían pasado muy pocos días de los seis o tres meses cuando, con la ayuda del más chico de los Levy, me puse a limpiar el almacén y adelantar[1] el inventario. Entonces volví a ver, en el fondo del cajón de la correspondencia, debajo de la libreta negra de las cartas certificadas, los dos sobres con letra ancha y azul que no había querido entregar al hombre cuando llegaron, en el verano. No lo pensé mucho; me los puse en el bolsillo y aquella noche leí las cartas, solo, después de colgar las persianas. Una, la primera, no tenía importancia; hablaba del amor, de la separación, del sentido adivinado o impuesto a frases o actos pasados. Hablaba de intuiciones y descubrimientos, de sorpresas, de esperas largamente mantenidas. La segunda era distinta; el párrafo que cuenta decía: "Y qué puedo hacer yo, menos ahora que nunca,[2] considerando que al fin y al cabo[3] ella es tu sangre y quiere gastarse generosa su dinero para devolverte la salud. No me animaría a decir[4] que es una intrusa porque bien mirado[5] soy yo la que se interpone entre ustedes. Y no puedo creer que vos digas de corazón[6] que tu hija es la intrusa siendo que yo poco te he dado y he sido más bien un estorbo".[7]

Sentí vergüenza y rabia, mi piel fue vergüenza[8] durante muchos minutos y dentro de ella crecían la rabia, la humillación, el viboreo de un pequeño orgullo atormentado. Pensé hacer unas cuantas cosas, trepar hasta el hotel, y contarlo a todo el mundo, burlarme de la gente de allá arriba como si yo lo hubiera sabido de siempre y me hubiera bastado mirar la mejilla, o los ojos de la muchacha en la fiesta de fin

---

[42] merciless
[1] get ahead with
[2] **menos** . . . now less than ever
[3] **que** . . . that after all
[4] **No** . . . I couldn't dare say

[5] **porque** . . . because if you think about it
[6] **que** . . . that you honestly say
[7] hindrance
[8] **mi** . . . my skin flushed red with shame

de año —y ni siquiera eso: los guantes, la valija, su paciencia, su quietud —para no compartir la equivocación de los demás, para no ayudar con mi deseo, inconsciente, a la derrota y al agobio[9] de la mujer que no los merecía; pensé trepar hasta el hotel y pasearme entre ellos sin decir una palabra de la historia, teniendo la carta en las manos o en un bolsillo. Pensé visitar el sanatorio, llevarles un paquete de frutas y sentarme junto a la cama para ver crecer la barba del hombre con una sonrisa amistosa, para suspirar en secreto, aliviado, cada vez que ella lo acariciara con timidez en mi presencia.

Pero toda mi excitación era absurda, más digna del enfermero que de mí. Porque, suponiendo que hubiera acertado[10] al interpretar la carta, no importaba, en relación a lo esencial,[11] el vínculo que unía a la muchacha con el hombre. Era una mujer, en todo caso;[12] otra.

Lo único que hice fue quemar las cartas y tratar de olvidarme; y pude, finalmente, rehabilitarme con creces del fracaso, sólo ante mí, desdeñando la probabilidad de que me oyeran el enfermero, Gunz, el sargento y Andrade, descubriendo y cubriendo la cara del hombre, alzando los hombros, apartándome del cuerpo en la cama para ir hacia la galería de la casita de las portuguesas, hacia la mordiente noche helada, y diciendo en voz baja, con esforzada piedad, con desmayado desprecio, que al hombre no le quedaba otra cosa que la muerte y no había querido compartirla.[13]

—¿Qué? —me preguntó el enfermero, respetuoso, inseguro, sujetando[14] la excitación.

Salí afuera y me apoyé en la baranda de la galería, temblando de frío, mirando las luces del hotel. Me bastaba anteponer mi reciente descubrimiento al principio de la historia, para que todo se hiciera sencillo y previsible. Me sentía lleno de poder, como si el hombre y la muchacha, y también la mujer grande y el niño, hubieran nacido de mi voluntad para vivir lo que yo había determinado. Estuve sonriendo mientras volvía a pensar esto, mientras aceptaba perdonar[15] la avidez final del campeón de básquetbol. El aire olía a frío, y a seco, a ninguna planta.

---

[9] burden
[10] **que** . . . that I was right
[11] **lo** . . . what is essential
[12] **en** . . . one way or another
[13] **que** . . . that the man had nothing left but death and he didn't want to share it
[14] holding back
[15] **mientras** . . . while I reconciled myself to forgiving

Entré en la habitación y fui cruzando, lleno de bondad, el cuchicheo de los cuatro hombres. Recorrí con lentitud la casita, miré y rocé con la punta de los dedos estampas, carpetas, cortinas, almohadones, fundas, flores duras, lo que habían estado haciendo y dejaron allí las cuatro mujeres muertas, las fruslerías que crecieron de sus manos, entre maquinales y necios parloteos,[16] presentimientos y rebeliones, consejos y recetas de cocina. Conté las agonías bajo el techo listado por vigas[17] negras, nuevas, inútiles, usando los dedos por capricho. Pensé, distraído y sin respeto, en las virginidades de las tres hermanas y en la de su amiga, una mujer muy joven, rubia, gorda. En el cuarto del fondo descubrí un montón de diarios que no habían sido desplegados nunca, los que se hacía llevar con el peón del hotel; y, en la cocina, una fila de botellas de vino, nueve, sin abrir.

Regresé, paso a paso, a la habitación donde estaban el cuerpo y los demás.

—No tuvo paciencia, señora —explicaba Gunz a una mujer flaca, con la cabeza cubierta por un rebozo y afirmativa.

—Es así — dijo Andrade, adulador y triste.

El enfermero hablaba de procedimientos y remociones con el sargento; sonrió al verme entrar y quiso preguntar algo, pero yo me volví hacia los zapatos y los pantalones visibles del hombres muerto, hacia la forma incomprensible debajo de la sábana.

—Poca sangre, señora — informaba el enfermero, con un tono de interrogación dirigido a Gunz.

—La que le quedaba[18]— bromeó el médico bostezando.

Yo miraba hacia la cama con todas mis fuerzas, creyendo posible averiguar por qué había pedido los diarios para no leerlos, por qué había comprado las botellas para no abrirlas, creyendo que me importaba saberlo.

—¿Qué le parece si le dejo el certificado? —preguntó Gunz.

—Como le parezca, doctor —cantó el sargento—. Pero si puede esperar un poquito. . .

Y ahí estaba, en el suelo, el revólver oscuro, corto, adecuado que él se había traído mezclado con la blancura de camisetas y pañuelos y que estuvo llevando, en el bolsillo o en la cintura, escondiéndolo

---

[16] **entre** . . . amidst mechanical and foolish chatter

[17] beams (ceiling)

[18] **La** . . . What he had left

con astucia y descaro, sabiendo que era a él mismo que ocultaba, plácido y fortalecido porque podía ocultarse como un objeto de una y de la otra, de lo infundado de sí mismo.

El sargento y Gunz habían salido a la galería a esperar al comisario; sólo llegaba el ruido lento de las palabras, la imagen de los hilos de vapor de sus bocas. A mis espaldas, alzándose del desconcierto, de la curiosidad, del miedo, la mujer flaca empezó a preguntar.

—¿No lo vio? —dijo feliz el enfermero—. Está natural. Más flaco, puede ser; más tranquilo. —Se detuvo y yo sé que me estaba mirando con angustia; repitió su historia suavemente, para que yo no volviera a oírla. —Estaba desahuciado[19] aunque, claro, nunca se lo dijeron. Usted sabe cómo es. Hacía veinte días que estaban en el sanatorio y lo teníamos en quietud, con inyecciones. Un régimen muy severo. Ni peor ni mejor. Siempre contento, era un caballero. Estaba la muchacha con él. No sé, la señora, cuidándolo. Y esta mañana, cuando ella se despertó y el paciente no estaba en la habitación salimos a buscarlo por todo el sanatorio; después supimos que había bajado en la camioneta. El chofer está acostumbrado, gente que apenas puede andar y se le ocurre ir a dar una vuelta.[20] No se puede, señora; así es en el sanatorio, libertad. Pero no volvió a aparecer, el chofer se cansó de esperarlo, y estábamos sin saber qué pensar hasta que Andrade, aquí, nos telefoneó.

—Es así, señora —confirmó Andrade; ahora yo estaba mirándolos, divertido, balanceándome para entrar en calor.[21] —Me dijeron que lo habían visto entrar a mediodía, aunque él me devolvió las llaves, y no quise creerlo. Yo ni siquiera había venido para limpiar. Pero había una ventana con luz al caer el sol y me vine a golpear. Calcule,[22] cuando abrí la puerta y entré. Tal vez se haya guardado una llave de la entrada por la cocina.

—Y todavía era joven, el pobre —dijo la mujer; trató de echarse a llorar.

El enfermero, Andrade y yo encogimos los hombros y escuchamos en seguida el motor del automóvil, deteniéndose. El sargento y Gunz caminaron por la galería, golpeando a cada paso, como a propósito, el silencio luminoso y frío, la dureza de la noche imparcial.

---

[19] a terminal case
[20] **ir** . . . to go take a walk
[21] **balanceándome** . . . moving back and

forth to get warm
[22] Imagine

—El comisario —anunció con solemnidad el enfermero y la vieja volvió a decir que sí, cabeceando.

Me senté en el diván, estremecido y en paz; preferí no moverme cuando entró la muchacha y fue recta hasta la cama, copió con increíble lentitud mi ademán de descubrir y cubrir.

El sargento y Gunz ocupaban la puerta, la vieja y el enfermero se adelgazaban contra la pared, Andrade retrocedió con la boina en la mano. Casi sin respirar, miré a la muchacha que inclinaba la cara sobre el conjunto inoportuno,[23] airadamente[24] horizontal, de zapatos, pantalones y sábana. Estuvo inmóvil, sin lágrimas, cejijunta,[25] tardando en comprender lo que yo había descubierto meses atrás, la primera vez que el hombre entró en el almacén —no tenía más que eso y no quiso compartirlo—, decorosa, eterna, invencible, disponiéndose ya, sin presentirlo, para cualquier noche futura y violenta.

Capítulo I

Cuestionario

1. ¿Qué es lo que le indican las manos del hombre al dueño del almacén?
2. ¿Qué profetiza el almacenero y por qué es que nunca se equivoca?
3. ¿Cuántos años lleva el almacenero en el pueblo?
4. ¿Cuál es la condición física del almacenero?
5. ¿En qué se basan las profecías del almacenero? ¿Qué opinan Uds. sobre su sistema?
6. ¿Cuál es la apariencia física del recién llegado?
7. ¿Por qué dice el almacenero que el hombre es incrédulo?
8. ¿Cuántos años tendrá el hombre según opina el narrador?
9. ¿Por qué cree el almacenero que el hombre no se va a curar?
10. ¿A dónde llegaban las cartas destinadas para el hombre?
11. ¿Cómo eran los dos tipos de sobres que llegaban regularmente?
12. ¿Qué le prohibió el doctor Gunz al hombre?
13. ¿Cómo es la primavera en este pueblo?
14. ¿Cómo empieza el almacenero a ver al hombre por lo que decía la gente?

[23] **conjunto** . . . ill-fated body   [25] frowning
[24] angrily

15. ¿Por qué el hombre sigue siendo "el nuevo" aunque haya estado en el pueblo por mucho tiempo?
16. ¿A dónde suele ir el hombre en sus caminatas?

Temas

1. El dueño del almacén que nos cuenta la historia está obviamente obsesionado con el nuevo paciente que llega. ¿Cómo se explica esta obsesión? ¿Hay algo en la narración del almacenero que indica la razón por su preocupación por el hombre?
2. No llegamos a saber nada del protagonista que no sea expresado por el almacenero. Discutir las consecuencias de este sistema en la evolución del protagonista como personaje.

Capítulo II

Cuestionario

1. ¿Qué actitud tiene el enfermero con respecto al hombre?
2. ¿Por qué ya nadie le habla al hombre?
3. ¿Cuál es la historia del nuevo domicilio del hombre?
4. ¿Qué quiere decir el almacenero cuando dice que el hombre "no volverá a cumplir los veinticinco"?
5. ¿Se mudó el hombre del hotel al conseguir la casita de las portuguesas?
6. ¿Qué conjeturas hace el enfermero sobre el hombre y las portuguesas?
7. ¿Qué ha comprado el hombre para llevar al chalet y qué concluye el enfermero a base de esto?

Temas

1. ¿En qué basa el enfermero sus afirmaciones y conclusiones sobre el hombre?

Capítulo III

Cuestionario

1. ¿Qué hay diferente de lo usual en la manera de vestir del hombre?
2. ¿Cuál es la apariencia de la mujer?

3. ¿Qué hace el hombre mientras conversa con la mujer?
4. ¿Por qué opina el almacenero que el hombre habla tanto?
5. ¿Por qué cree el almacenero que el hombre había hablado de él en sus cartas a la mujer?
6. ¿Qué le revela la mujer al narrador-almacenero sobre la identidad y pasado del hombre?
7. ¿Qué cosas entiende el almacenero ahora acerca de la apariencia física del hombre?
8. ¿Qué cartas no le llegan al hombre mientras la mujer de anteojos de sol está en el pueblo?
9. ¿Qué opina el enfermero de la estancia de la mujer en el pueblo?
10. ¿Qué sucedería si la mujer pudiera quedarse, según cree el enfermero?
11. ¿Está de acuerdo con él el almacenero?
12. ¿Cuál es la actitud del hombre después de irse la mujer?
13. ¿Cómo encuentra el doctor Gunz al hombre, según dice el enfermero?
14. ¿Por qué cree el almacenero que sería difícil asustar al hombre?
15. ¿Cómo va el hombre a la cuidad para despachar sus cartas?
16. ¿Qué epoca del año es?

Temas

1. Discutir la actitud del enfermero frente al jugador de básquetbol. ¿Qué clase de sentimientos revela?
2. Discutir la alteración en los sentimientos y observaciones del almacenero al descubrir la carrera deportista del enfermo.

Capítulo IV

Cuestionario

1. ¿Qué idea tuvo el enfermero y por qué la propone, según piensa el almacenero?
2. ¿Quién es la Reina?
3. ¿Qué le pasa a la gente al atardecer de Nochebuena y del treinta y uno, según dice el narrador?
4. ¿Qué sensación del tiempo tiene la gente cuando les sorprenden las dos fechas?

5. ¿Qué preparaciones hace el almacenero para el baile?
6. ¿Está contenta la gente con los arreglos del almacenero para el baile de Nochebuena?
7. ¿Vuelve la gente para el baile del Treinta y Uno?
8. ¿Cómo se siente el almacenero esa noche, y por qué?
9. ¿A quién descubre el almacenero cuando la gente comienza salir a la calle?
10. ¿Cómo está vestida la muchacha de la valija?
11. ¿Qué espera la muchacha en el almacén?
12. ¿Qué piensa el dueño del almacén acerca de la muchacha?
13. ¿Por qué se impacienta el enfermero con los brazos cruzados sobre el mostrador?
14. ¿Quién debía de estar esperando a la muchacha?
15. ¿Qué conjeturas hace el enfermero?
16. ¿Cómo se encuentra el enfermero a causa de la fiesta?
17. ¿Quién conduce a la muchacha al hotel?
18. ¿Encuentra el almacenero alguna afinidad entre el perfil del ex-jugador de básquetbol y la cara de la muchacha?
19. ¿Cuáles son los pensamientos que la cara de la muchacha inspira al almacenero?
20. ¿Cómo aparece el hombre en la escalera?
21. ¿Qué observa el dueño del almacén desde afuera antes de marcharse?
22. ¿Qué tal estuvo el negocio en el Royal según dice el gerente?
23. ¿Por qué el nuevo año va ser un buen año?
24. ¿Cuándo se fueron al chalet el hombre y la muchacha, según dice el almacenero?
25. ¿Cuánto tiempo permanece la muchacha?
26. ¿Cuándo vuelve a verlos el dueño del almacén?
27. ¿Qué opina el enfermero sobre la situación?
28. ¿Cómo está el hombre durante la despedida?
29. ¿Cómo llegarán al tren?
30. ¿Qué expresión ensaya la cara del hombre mientras salían del almacén?
31. ¿Cómo marchan el hombre y la muchacha?

Temas

1. ¿Qué piensa Ud. sobre las relaciones entre la muchacha y el ex-jugador de básquetbol?
2. Discutir el significado de la actuación del hombre y de la muchacha en el almacén en la estructura de la historia.

Capítulo V

Cuestionario

1. ¿Qué es lo que busca el dueño del almacén en el hombre?
2. ¿Qué termina haciendo cuando no encuentra nada?
3. ¿Qué juego existe, según dice el almacenero, entre él y el hombre?
4. ¿Cómo dice el enfermero que el hombre se porta en el hotel viejo?
5. ¿De quién se habla mal en el hotel viejo?
6. ¿Quién vuelve al terminar el carnaval?
7. ¿Quién acompaña a la mujer?
8. ¿Cómo se comporta la mujer con el almacenero?
9. ¿Qué comparación hace el almacenero?
10. ¿Con quién se identifica él y por qué?
11. ¿Quién aparece en el almacén al día siguiente?
12. ¿Cómo reaccionan hacia la muchacha los clientes cuando entran en el almacén?
13. ¿Qué siente el almacenero mientras acompaña a la joven?
14. ¿Por qué dice el almacenero que la muchacha no viene a quedarse?
15. ¿Cómo caminó la muchacha detrás del chofer del ómnibus?
16. ¿Cómo se informa el almacenero sobre los hechos en la vida del ex-jugador de básquetbol?
17. ¿Por qué se reunen el enfermero y la Reina todas las tardes?
18. ¿Qué opina la Reina sobre la muchacha y el ex-jugador?
19. ¿Dónde se encuentran la mujer, el niño, el hombre y la muchacha?
20. ¿A dónde se dirige la muchacha al salir del comedor?
21. ¿A dónde se dirigen el hombre y la muchacha tomados de la mano?
22. ¿Se queda el hombre con la muchacha?
23. ¿Dónde encuentra el hombre a la mujer y al niño?
24. ¿Qué debía haber hecho el hombre según la opinión del doctor Gunz?
25. ¿Qué está haciendo la mujer mientras el hombre habla?
26. ¿Qué explica el hombre a la mujer?
27. ¿Qué hizo el hombre al llegar la noche?
28. ¿Qué gran diferencia se nota en la actitud del hombre?
29. ¿Quiénes comen en la terraza con él?
30. ¿Cómo pasó el hombre las dos horas antes de la comida?
31. ¿Cómo se puede explicar el comportamiento del hombre?
32. ¿Quién nos está relatando los hechos de esta noche?
33. ¿En qué consiste la conversación del hombre con el doctor Gunz según la historia?
34. ¿Por qué el hombre elige la historia que cuenta según el interlocutor?

35. ¿Cómo se despidieron la mujer y la muchacha después de la comida, según cuenta el enfermero?
36. ¿A dónde va la mujer el día siguiente después del almuerzo?
37. ¿Qué discusión desde el cuarto de la mujer oye la Reina esa tarde?
38. ¿Quién se va del pueblo al fin?
39. ¿Con quién se queda el hombre y dónde?
40. ¿Cuál es el diagnóstico del doctor Gunz de la condición del hombre, según dice el enfermero?
41. ¿Cómo se sienten los demás enfermos hacia el hombre después de irse éste del hotel? ¿Por qué?

Temas

1. ¿Qué transformaciones ocurren en el carácter y vida del hombre en este capítulo y cuál es el significado de estos cambios?
2. Discutir la actitud de los demás enfermos hacia el hombre. Nos dice el narrador que "No podían dar nombre a la ofensa, vaga e imperdonable, que él había encarnado mientras vivió entre ellos". ¿A qué se refiere?

Capítulo VI

Cuestionario

1. ¿De qué estaba hablando el enfermero?
2. ¿Con quién se encuentra el almacenero en el camino?
3. ¿Qué piensa el almacenero mientras caminan?
4. ¿De qué le informa el hombre al almacenero y qué le pide?
5. ¿Qué historia acerca del hombre cuenta una vieja de la sierra?
6. ¿Por qué ya no llegan cartas para el hombre?
7. ¿Cuánto tiempo pasa sin que el almacenero vuelva a ver al hombre?
8. ¿Cómo resurgió la muchacha según las versiones del enfermero y de la mucama?
9. ¿Hacia dónde se dirigen el hombre y la muchacha cuando el almacenero vuelve a verlos?
10. ¿Cuánto tiempo tendrá que permanecer el hombre en el sanatorio?
11. ¿Qué opina el almacenero sobre el tiempo que ha estipulado el médico?

Temas

1. Discutir las posibles razones por las cuales les cortaron la comida al hombre y a la muchacha.
2. Discutir el carácter de las relaciones entre el enfermo y el almacenero.

Capítulo VII

Cuestionario

1. ¿Qué descubre el almacenero en el cajón de la correspondencia pocos días después de marcharse el hombre y la muchacha?
2. ¿Cuándo habían llegado las cartas?
3. ¿Por qué no se las había entregado al hombre?
4. ¿Qué hace con las cartas ahora el almacenero?
5. ¿De qué hablaban las dos cartas?
6. ¿Quién es la muchacha, según esa carta?
7. ¿Quién ha escrito esas cartas?
8. ¿Qué siente el almacenero al descubrir la verdad?
9. ¿A dónde va el almacenero?
10. ¿Quiénes están en la casita? ¿Por qué?
11. ¿Qué es lo que hace el almacenero ante el cadáver?
12. ¿Qué piensa del hombre el almacenero después de verlo muerto?
13. ¿Qué encuentra en el cuarto del fondo?
14. ¿Qué descubre en la cocina?
15. ¿Cómo ha muerto el hombre?
16. ¿Qué hace la muchacha al entrar en el cuarto donde se encontraba el cadáver?
17. ¿Qué impresión tiene el almacenero de la muchacha ahora?

Temas

1. Discutir la importancia de las dos cartas a la historia total de la obra.
2. Discutir la actitud del almacenero ante su descubrimiento. ¿Por qué se siente lleno de poder?
3. ¿Qué han concluido Uds. con respecto al carácter del almacenero-narrador?
4. Discutir las posibles implicaciones que pueda contener esta novela con respecto a la actitud de Juan Carlos Onetti frente a la actividad creadora.

Vocabulary

Abbreviations:

adj.	adjective	*Mex.*	Mexico
adv.	adverb	*n.*	noun
Arg.	Argentina	*pop.*	popular
colloq.	colloquial	*pl.*	plural
dim.	diminutive	*prep.*	preposition
f.	feminine	*refl.*	reflexive
inf.	infinitive	*super.*	superlative
interj.	interjection	*v.*	verb
m.	masculine	*vulg.*	vulgar
mech.	mechanical		

A

abandonar to abandon, leave behind

abandono abandonment

abanicar to fan

abanico fan

abierto opened

abismo abyss

abogado lawyer

abolsado puckered

abotonado buttoned

abrigo overcoat; cover

abrir to open

abrasante burning hot, parching

abrazar to embrace

abrumado weary; overwhelmed
absorto absorbed, pensive
abstraído withdrawn, silent; abstracted
abúlico without willpower
aburrir(se) to bore; *refl.* to become bored
acá here
acabamiento end, death
acabar(se) to finish, to end up; *refl.* to be used up
  acabar de + *inf.* to have just
acampado camped
acampar to make camp
acariciar to caress, to stroke
acaso chance; casualty; *adv.* perhaps
aceptación acceptance
aceptar to accept
acercar(se) to move up close; *refl.* to approach
acero steel
acertar to hit the mark, to guess correctly, to be right
aciago ill-fated
acidez acidity, bitterness
acodado leaning on the elbows
acomodar(se) to accommodate, to arrange; *refl.* to make oneself comfortable
acompañar to accompany
aconsejar to advise
acontecer to happen
acontecimiento event
acorazonado heart-shaped
acordar(se) to harmonize, to agree; to approve; *refl.* to remember
acorde chord (musical)
acosado besieged, pursued
acostar(se) to put to bed; *refl.* to lie down

acostumbrado accustomed
acribillado shot down, bullet-riddled
actitud attitude, gesture
actuación behavior; acting, performance
actualidad present time, actuality
actuante active element (in a deliberation)
actuar to act; to move; to behave
acuclillado squatting
acudir to heed; to assist; to come
acuerdo accord, agreement
  estar de — to agree
acuoso watery
adecuado adequate, appropriate
adelantar to move ahead, to advance; to offer ahead of time
adelante forward, onward
  de ahora en — from now on
adelgazar to become thin
ademán *m.* gesture, attitude
además besides, furthermore
adherido adherent
adivinar to guess, to foretell
administrador administrator
  — de correo postmaster
admitir to admit
adolorido painful
adormecedor soporiferous, sleep-causing
adormecer(se) to lull to sleep, to make drowsy; *refl.* to fall asleep
adormilado drooping; dozed off
adornar to decorate
adorno adornment, decoration
adquirido acquired
adular to flatter; to coax
adversario adversary
advertencia warning, advice; remark

advertir to notice; to warn
aéreo *adj.* aerial, air
afeitarse to shave
afieltrado felt-covered, downy
afín compatible, close by affinity
afirmar to affirm
aflojar to loosen, to release, to weaken
afrenta affront
afuera outside
agacharse to stoop; to duck, to lower oneself
agarrar to grab, to grasp, to seize
agencia agency
agente agent
agitar to wave, to shake
agobio oppression
agonía agony
agonizar to agonize; to be dying
agotado exhausted, used up
agradar to please
agradecer to thank
agradecimiento gratefulness
agrandado enlarged
agregado *n.* attaché; aggregate; *adj.* added, gathered
agregar to add; to accumulate
—se a to join
agrupar to group
agua water
aguacero rainstorm, shower
aguamanil washstand
aguantar to tolerate, to withstand
agudizar to sharpen
agudo acute
agüero omen
águila eagle
aguja needle
agujero hole
ahí there

ahogado *n.* drowned person; *adj.* smothered
ahora now
ahorrar to save
aindiado mestizo Indian-like
airadamente angrily, hastily
aire air; appearance, demeanor
al — libre in the open, outdoors
aislado isolated
ajeno alien, strange; belonging to another
ajo garlic
ajustado tight
ajustar to tighten, to adjust, to fit
alabanza praise
alambre *m.* wire
alargar(se) to stretch, to lengthen; *refl.* to stretch out
alarido yell
alarmarse to become alarmed
alborotado agitated, excited
alboroto tumult, hubbub, racket
alcalde *m.* mayor
alcance reach
al — within reach
alcanzar to catch up to, to reach; to be sufficient
alcaraván *m.* bittern
alcoba bedroom
alegrarse to be happy; to cheer oneself up
alegre happy
alegría happiness, joy
alejar(se) to withdraw, to keep at a distance; *refl.* to go away from
alfiler *m.* pin, brooch
alfombra carpet
algodón cotton
alguien someone
algún some

alharaca grumbling, shouting, noise
alhucema lavender
aliado ally
alimentar to feed, to sustain
—**se de** to feed upon
alimenticio nutritional
alineado lined
alisar to smooth; to iron
aliviar to alleviate
alivio relief
alma soul
almacén *m.* store, general store; warehouse
almacenero storekeeper
almanaque *m.* almanac
almendro almond tree
almíbar *m.* syrup
almohada pillow
almohadón *m.* large cushion
almuerzo lunch
alpargata rope sandal, espadrille
alquilar to rent
alrededor de around
alrededores vicinity, surroundings
altavoz *m.* loudspeaker
alteración alteration, change
alterarse to change one's expression; to become upset
altarcillo *dim.* mantle, altar
alternar to alternate
alto high, tall
desde lo — from above
en — raised
altura height
a esa — at that point
alucinado hallucinated
alumbrar to illuminate, to shed light on
aluminio aluminum
alzar to raise

—**se de hombros** to shrug one's shoulders
allí there
amabilidad amiability, kindness, politeness
tenga la — be nice enough
amable amiable, pleasant
amanecer to wake up; to begin to grow light as the sun rises; *m.* daybreak
amansar to break in, to tame
amante *m.* lover
amar to love
amargado embittered
amargo bitter
amargura bitterness
amarillento yellowed, faded
amarillo yellow
amarrado tied
amarrar to tie, to bind
ambos both
amenazar to threaten
amistad friendship
amodorrado sleepy, drowsy
amoniacal of ammonia
amontonar to stack up, to crowd together; *refl.* to pile up, to accumulate
amorín *m.* cherub
amparado protected, sheltered
amparar to protect
amplio ample, wide
ampolla vial; blister
amurallar to wall in
anciana old woman
anclado anchored
ancho wide
anchura width
andar to walk; to go; to be in the process of
andén *m.* track, platform

anexo annex; *adj.* adjoining
anguloso angular
angustia anguish
angustioso anguished
anhelo urge, longing
anillo ring
— **de matrimonio** wedding ring
animar(se) to animate, to encourage; *refl.* to become lively, interested; to feel like
animoso spirited; gallant, courageous
aniñado childlike
anochecer to grow dark; *n.m.* nightfall
anotar to write down
ansia yearning; eagerness
ansiar to long for
ansiedad anxiety
ansioso anxious; eager
antebrazo forearm
anteojos eyeglasses
anteponer to put forward, to put ahead
anterior previous
antes before
—**de (llegar)** before (arriving)
antiguo ancient, old, former
anudado tied, knotted
anudar to tie, to knot
anular to cancel, to make void
anuncio announcement, advertisement; notice
añadir to add
año year
apacible mild, gentle, peaceful
apaciguar(se) to pacify; *refl.* to calm itself
apagar(se) to extinguish, to put out; to turn off; *refl.* to die out

apalabrado wordy; arranged, discussed
aparatoso showy, pompous, ornate
aparecer to appear
aparición apparition; appearance
apartar(se) to put aside, to draw back, to move out of the way; *refl.* to withdraw oneself, to move aside
aparte apart, separate
apelar to appeal
apelotonado piled up
apellido surname, last name
apenas hardly, scarcely; as soon as
aperitivo before-dinner drink
aplacar(se) to placate; *refl.* to subside
aplastar to smash; to overcome, to overwhelm
aplazado deferred
aplicado studious
aplicar to apply
apoderarse to get hold of
apostar to bet
apoyar(se) to support; *refl.* to rest upon, to lean
apoyo support
apremiante urgent, pressing
apremio urgency
aprender to learn
aprensión apprehension
apresar to seize; to take prisoner
apresurado hurried, hasty
apresurar to make haste, to speed up
apretado clenched, tight, pressed together
apretar to squeeze, to press; *refl.* to press against each other
— **los dientes** to grit one's teeth

apretujado squeezed in
aprobar to approve
aprobatorio approving
aprovechar to take advantage of, to profit
aproximación approach; near equivalent
apuesta bet
apuntado pointed, aimed
apuntar to point
apurarse to hurry
apuro hurry; want; scrape
aquel that
aquí here
árabe *n.* and *adj.* Arabic, Arab
araña spider; chandelier
árbol tree
arbusto shrub, bush
arcón *m.* chest, trunk
ardiente burning hot, fiery
arengar to harangue
arenilla sand
arenisca sandstone
árido arid, dry
arma weapon
armado armed; constructed
armario cabinet, commode
armónica harmonica
arqueado arched, bent
arrancar to pull up, to yank off, to pull out
arrastrar(se) to drag; *refl.* to crawl, to drag oneself
arreglar to arrange
 — cuentas to settle accounts
arrepentimiento repentance, remorse, regret
arrepentir to repent
arrestar to halt, stop
arrevesado odd, queer; difficult
arriba at the top, above; upstairs

arrinconado cornered; huddled
arrodillado kneeling
arrojar to throw, to cast
arropado covered up
arroyo creek; gulch, gully
arruga wrinkle
arrugar to wrinkle, to crumple, to crease
articulación joint
artificioso artificial
asado broiled, roasted; *n.* roast, barbecue
asalto assault, holdup
ascender to climb
asco disgust; nausea
asegurar to secure, to assure
asentir to assent, to agree
aseo toilette, washing-up; cleanliness
asestar to aim, to level; to hit
asfixiar(se) to choke
así thus, that way
asiento seat
asignar to assign
asilo asylum
asistir a to attend
asmático asthmatic (person)
asoleado sunny
asomarse to appear, to lean out
asombrar to astonish, to surprise
asombro surprise, astonishment, wonder
asombroso astonishing
áspero harsh, rough
aspirar to breathe; to aspire
asqueado repelling, disagreeable
astucia shrewdness
asumir to assume
asunto deal, affair, matter
asustar(se) to frighten; *refl.* to become frightened

atardecer late afternoon, evening
atareado busy
ataúd *m.* coffin
atención attention
  poner — to pay attention
atender to tend to, to attend, to treat; to wait
atento attentive
atenuar to diminish, to lessen
atestiguar to witness
atinar to hit the mark; to manage (to do)
atmósfera atmosphere
atormentado tormented
atracar to dock
atraer to attract
atrancar to bar (a door)
atrapado trapped
atrás back
atrasado late, behind schedule
atravesar to go through, to cross
a través de through
atreverse a to dare
atrevido daring, audacious
atribuir to attribute
atroz atrocious
aturdido stunned
aturdimiento drowsiness; consternation
audacia audacity
aullido howl
aumentar to increase, to grow
aun even
aún yet, still
aunque even though, although
ausencia absence
autopiedad self-pity
autoridad authority
autoritario authoritarian
auxilio aid
avanzar to advance

avaricia avarice, covetousness
avaro avaricious, miserly
avena oats
avergonzado ashamed
averiguar to find out
avidez greediness
avión airplane
avisar to inform
aviso warning; notice; announcement
ayer yesterday
ayudar to help
azar chance, fate
  al — at random
azorado terrified, confused
azúcar *m.* sugar
azul blue
azulejo tile

B

babucha slipper
bacinete *m.* helmet; toilet
báculo staff, cane
bailar to dance
bailarín *m.* dancer
baile *m.* dance
bajar to go down; to lower; to descend; to get off
bajo *adj.* low, short, shallow; *adv.* under, beneath
balancear to balance, to swing
balanza balance, scale
balbucear to stutter, to stammer
balcón balcony
balde:
  de — without cause; for nothing, without paying
  en — in vain
baldosa tile, paving stone
banano banana
banca banking

banco bench; bank
banda band
bandeja tray
banderín little flag
bañar(se) to bathe; *refl.* to take a bath
baño bath; bathroom
baranda railing
baratija trinket
barato cheap
barba beard
barca boat
barcaza barge
barco ship
barra shaft; bar; iron crowbar
barraca barracks
barrera barrier
barril barrel
barrio neighborhood
barro mud, clay
   — cocido adobe
barrote *m.* railing, iron bar
bartola:
   a la — without a care
bastante sufficient, enough
bastar to be enough, to suffice
basura trash, garbage
bata robe, dressing gown
batalla battle
batallón batallion
batida raid
batir to beat; to clash
baúl *m.* trunk
bazar bazaar
beber to drink
bebida drink, drinking
becario fellow, scholar
beleño henbane
belleza beauty
benigno benign, kindly
besar to kiss

beso kiss
bestia beast, animal
betún *m.* tar; shoe polish
bicicleta bicycle
bien *adv.* well, fine; *n.m.* good; benefit; *pl.* property
bienestar *m.* well-being, welfare
bienvenida welcome
bigote *m.* mustache
bilis *m.* bile
billar *m.* billiard
billete *m.* bill; ticket
blanco *adj.* white; *m.* blank
blancura whiteness
blancuzco whitish
blandura softness
blanqueado whitened, faded
blanquecino pale, hoary
bloqueado blockaded, jammed
bobo fool
boca mouth
   — abajo face down
   — arriba flat on one's back
bocamanga sleeve opening, wristband; armhole
bocina horn
boina beret
bola ball
boletín *m.* bulletin; pamphlet
   boletines de la contraloría accounting bulletins
bolitas *dim.* little balls
   — de naftalina mothballs
bolsa pocket; bag
bolsillo pocket
bomba sprayer; pump
bombachas *Arg.* loose trousers
bombo bass drum
bondad generosity, kindness, goodness
boquiabierta openmouthed

borde *m.* border, edge, rim
  al — de on the verge of
bordoneante rumbling; roving
borracho drunk
borrar to erase, to eliminate
borrón *m.* smudge
borroso blurry; muddy, unclear
bostezar to yawn
bota boot
  —s de montar riding boots
botar to throw out
botella bottle
botellón big bottle
botines high shoes
botiquín *m.* medicine chest
botón *m.* button
  pegar el — to sew on a button
brazo arm
brebaje *m.* potion, brew
breve brief, short
brezo heather, heath
brillante shiny
brillar to shine
brillo brightness
brindar to drink a toast; to offer
brocha brush
broche brooch, pin; clasp, snap
broma joke
  en — in jest
bronce *m.* bronze; bell
  —s rotos cracked bells
bucle *m.* curl, ringlet
buey ox
bufar to pant, to huff and puff
burbuja bubble
burdo coarse; ordinary
burla mockery, fun
burlar(se) to make fun, to ridicule;
  refl. **+ de** to make fun of
burlón *m.* jester, mocker; *adj.*
  mocking, taunting, derisive

buscar to look for; to pick up
busto bust
butaca armchair, seat

C

caballeresco gentlemanly
caballero gentleman
caballete *m.* easel
caballo horse
cabecear to nod the head
cabecera headboard; head of
  table or bed
cabello hair
caber to fit
cabeza head
cabizbajo with head down, bowed
cabo end
  al — finally, after all
cabrío billy goat
cacareo cackling (of a hen)
cacerola saucepan; casserole
cada each
  — vez every time
cadáver cadaver, corpse
cadena chain; network
cadera hip, thigh joint
caer to fall
café coffee; coffee house
cafetín small café
caída fall
caído fallen
caja box
  — blindada safe, strongbox
cajón *m.* box; coffin
cal *f.* whitewash, lime
calado openwork, fretwork; lace
calamidad catastrophe
calcetín *m.* sock
calculado studied, deliberate
calcular to figure, to figure out, to
  estimate

calderón kettle
calentado heated
calentar to heat; to warm
calidad quality
cálido hot
caliente hot
calificación rating, grade
calificado qualified, rated, considered
calma calm, tranquility
calmar to calm, to tranquilize, to appease
calmoso calm, slow
calor heat
calvo bald
calzado shoe, footwear
calzoncillos underwear, shorts
callar to be silent, quiet; to shut up
calle street
callejón *m.* alley, passageway
cama bed
camarada comrade
cambiar to change
cambio change
caminar to walk
caminata walk, stroll, journey
camino road, way
camión *m.* truck, bus
camionero truck driver
camioneta pick-up truck, van
camisa shirt
camiseta undershirt; T-shirt
camisón *m.* gown, chemise
campamento encampment, camp
campana bell
campanada ringing of a bell
campo field, countryside
canción song
   — de moda popular song
cancha court; playing field

candado padlock
candelabro candlestick
candoroso ingenuous, frank
canino:
   diente — canine tooth
canonjía soft job; canonship
cansado tired
cansancio weariness
cantado sung
cantera quarry
cantidad quantity
canto song
canturrear to hum, to sing in a low voice
caña sugar cane; rum
cañón *m.* gun barrel; quill
capa cape; layer
capataz foreman
capaz capable
capitán skipper
capricho caprice
caprichoso capricious
capullo bud
cara face; surface
caracol *m.* snail
   escalera de — spiral staircase
carácter *m.* character, strength of character, nature
carajo:
   del — *vulg.* "damned"
carbón *m.* coal
carcajada burst of laughter
cárdeno purple
carecer to lack
cargado laden, charged, full, loaded
cargar to carry, to load
cargo duty; charge; job
cariño affection
carnaval carnival
carne meat; flesh

carnicero butcher
caro expensive; dear
carpa circus tent
carraspear to clear one's throat
carrito *dim.* cart
carruaje carriage
carta letter
cartera purse, wallet
cartero mailman
cartílago cartilage
cartón cardboard
— **de propaganda** advertisement poster
cartucho pouch; cartridge; paper bag
cartulina thin cardboard
casa house, home
casar(se) to wed; *refl.* to marry
cascado chipped; not in good condition
caserío group of houses
casi almost
casilla post office box; teller's window
castrado castrated
casualidad coincidence, chance
catedral cathedral
catorce fourteen
catre *m.* cot
caudal *m.* wealth, riches, treasure
caja de —es strongbox, safe
causa cause
a — de on account of
cautela caution
cebolla onion
ceder to give; to give in
cegar to blind
ceiba silk-cotton tree
ceja eyebrow
cejijunto with knit eyebrows
celda cell

celebrar to celebrate; to applaud
celosía lattice, venetian blind; jalousie
cementerio cemetery
cena dinner
cencerro cowbell
ceniciento ashen
ceniza ash
censura censorship
centavo cent
centro center; downtown
cepillar to brush; to plane
cera candle wax, candle; sidewalk
cerca fence; *adv.* close, nearby
— **de** close to, near
cercanía proximity, nearness
cerciorar(se) to assure; to ascertain; *refl.* to make sure
cerda bristle
cerdo pig, boar
cerebro brain
cerilla wax match
cero zero
cerrado closed
cerradura lock; latch
cerrar to close, to shut
certeza certainty
certidumbre certainty
certificado certificate; *adj.* certified
cerveza beer
ciego blind
cielo sky; heaven
ciento (cien) one hundred
cierto true, certain
cifra figure, cipher
cigarra cicada, grasshopper
cincuenta fifty
cine *m.* movies; movie theater
cinta ribbon, tape
— **elástica** rubber band

cintura waist
circo circus
circular *v.* to circulate; *adj.* circular; *m.* circular
círculo circle
circumscripción district, area
ciruela prune
citar to cite; to engage, to make an appointment
ciudad city
ciudadano citizen; *adj.* civil, pertaining to city
claridad clarity; light
clarín *m.* trumpet, bugle
claro *adj.* clear, light-colored; *interj.* sure, of course
clausurar to cloister; to close, to end; to condemn (property)
clavado nailed
clavar to nail, to stick in
— **la mirada** to fix one's gaze
clave *f.* key, clue
clavel *m.* carnation
clavo nail
cliente *m.* customer, client
cobrar to collect, to charge
cobre *m.* copper; coin
cocer to boil, to cook
cocido boiled, cooked
cocina kitchen
cocinar to cook
coche *m.* car, coach
codicia greed
codo elbow
cofia headdress
cofre *m.* chest, trunk
coger to take, to pick up
cala tail; line
colorse to filter, to pass through
colchón *m.* mattress
cólera anger, rage

colgante hanging, drooping
colgar to hang
colmillo canine tooth, fang
colocar to place, to put
color:
— **vivo** bright color
columna column
— **vertebral** spinal column
columpiar to swing
collar necklace
comadre woman friend; godmother of one's child
combado warped
combinar to combine; to arrange
comedor dining room
comentario comment, commentary
comenzar to begin
comer to eat
comida food, meal
comisario deputy, official
como as; like; about
cómo how
cómodo comfortable
compadre *pop.* friend; godfather of one's child
compañero friend
compañía company
comparar to compare
compartir to share
compás *m.* beat, rhythm
compasivo compassionate
completo complete, full
complicidad complicity
componer(se) to fix; to compose; *refl.* to gain one's composure; to manage to; to groom oneself
compostura composure
comprar to buy
comprender to understand
comprensible comprehensible, conceivable

comprimido tablet, pill
comprobar to verify
comprometedor *adj.* incriminating
comprometerse a to commit one-self
compuesto *adj.* composed; *m.* composite
con with
concebir to conceive, to visualize
conceder to concede, to grant
consejo counsel, advice
concentrado concentrated
conciencia conscience, awareness
tener — de to be aware of
concientemente consciously
concluir to conclude, to finish; to draw a conclusion
condecoración decoration representing an award or honor
condenado condemned
condición condition, stipulation
conducir to drive, to lead, to conduct
conectar to connect, to turn on
conejo rabbit
confianza confidence, trust
confiar to trust
conformar(se) to conform, to adjust, to comply; *refl.* to resign oneself
conformidad conformity, acceptance
confundir to confuse
congestionado flushed, congested
congreso congress, convention
conjunto collection, group
conmoverse to be moved (emotionally)
conocer to know, to be acquainted with
conocimiento knowledge

conseguir to attain, to acquire
— que to convince of
conservar to preserve, to keep, to conserve
consolar to console
consolidar to solidify, to consolidate
constancia steadiness; record, evidence, proof
constituir to form, to constitute
construir to build, to construct
consuelo solace
consultar to consult
consultorio doctor's office
consumir to consume; to drink or eat
contacto contact; switch
contagiado affected; infected
contagio contagion
contante y sonante hard cash
contar to matter, to count; to tell
— con to count on
contener(se) to contain, to hold; *refl.* to control oneself
contenido contents
contentar to make happy
contestar to respond, to answer
contiguo adjoining, near by, next to
contorno surrounding area
contra against
contraproducente counterproductive
contrariar to act contrary to
contrariedad annoyance
contrario contrary, adverse
contrasentido contradiction in meaning
contratado under contract
contratiempo setback, disappointment

convencer to convince
convenir to befit, to agree, to suit
conversador chatty, talkative
conversar to chat, to converse
convertido converted
convincente convincing
convocar to invoke; to convene
copa cup; drink
copartidarios co-partisans
coraje *m.* courage; passion, anger
corazón *m.* heart
corazonada hunch
corbata necktie
corcovado humpbacked
coro chorus
corona crown, luminous halo
coronado crowned
coronilla crown, top of the head
correa belt
correas reins
correazo belt lash, whipping
corregir to correct
correo mail; post office
correr to run; to draw (a curtain)
corresponder to correspond, to belong to
corretear to scurry, to chase
corriente *f.* current; *adj.* common, ordinary; up-to-date
corromper to corrupt
cortado cut (up)
cortar to cut, to interrupt
cortejo procession
cortés courteous
cortina curtain
corto short
cosa thing
— **de** almost, just a matter of
coser to sew
cosido sewn
costado side; ribs

costar to cost, to require effort
costear to skirt, to go along the side
costra crust; scab
costumbre habit, custom
costura stitching
cráneo skull
creador creative, creator
crecer to grow, to increase, to rise (as a river)
creces:
con — in abundance; with profits
crédulo credulous
creencia belief
creer to believe
creíble believable
creolina type of antiseptic
crepitación crackling, crepitation
— **de la lluvia** drumming of the rain
crepúsculo twilight
cresta cockscomb, crest
cretona printed cotton used in curtains
criado (-a) servant
criatura child, infant
crinolina hoop-skirt
crisis crisis
— **de asma** asthma attack
cristal *m.* glass, crystal
crónica report, chronicle, history
crucifijo crucifix, cross
crudo raw, uncooked
crueldad cruelty
crujido crack, creaking
crujiente creaky
cruzado crossed
cruzar to cross
—**se con** to run across, to meet
cuaderno notebook
— **de contabilidad** accounting ledger

cuadra city block
cuadrado square
cuadriculado checkered
 papel — graph paper
cuadro picture
cuajado overly ornamented; co-
 agulated
cúal what, which
cualquier whichever, whatever
 —a anyone
cuando when
cuanto how much
 en — upon, when, as soon as
 en — a concerning
 — antes as soon as possible
cuarenta forty
cuartel *m.* barracks
 regimen de — military discipline
cuartilla sheet of paper
cuartito *dim.* small room
cuarto room; *adj.* fourth
cubierta cover
cubierto *adj.* covered; *m.* place
 setting
 —s silverware
cubo bucket, pail, cube
cubrir to cover
cuclillas:
 en or **de —** squatting, cowering
cuchara spoon
cucharada spoonful
cucharadita *dim.* teaspoon, tea-
 spoonful
cuchichear to whisper
cuchillo knife
cuello collar; neck
cuenta bill, account
 darse — to realize
 caer en la — de to realize
 tener en — to bear in mind
cuento story

cuerda cord, rope
 dar — to wind (a clock)
cuerno horn
cuero hide; leather
cuerpo body
cuesta grade, slope, hill
cuestión question, matter
cueva cave
cuidado care; *interj.* be careful
cuidarse to take care of oneself
culebra snake
culminante outstanding; conclu-
 sive
culpa guilt, fault, blame, sin
cultivar to cultivate, to grow
cumplir to fulfill, to accomplish
curación cure
curarse to get cured
curiosear to nose around
curso course
curtido weathered; tanned (leather)

CH

chal shawl
chaleco vest
chapa metal plate (ornament over
 a lock); license plate
chaparrón violent, heavy rain
 shower
chaqueta jacket
charco puddle
charol *m.* patent leather
charolado shiny black
charretera epaulet
chato flat
chillar to shriek, to scream
chino (-a) *n.* and *adj.* Chinese
chiquero sty
chiquilín child, small-fry
chiquillo little boy
chiquito *dim.* little

chirreo chirp; creak
chisme *m.* gossip
chivo kid, he-goat
chófer driver
chorro jet, flood, stream

D

dama lady
danza dance
daño damage, hurt
dar to give
— **ganas** to feel like
—**se cuenta** to realize
dato detail, piece of information, fact
debatir to struggle; to debate
deber *m.* duty; *v.* to owe; should
— **de ser** should be
débil weak
debilitar to weaken
decidirse to decide
— **por** to choose
decir to say; *m.* saying
querer — to mean
declinante declining
declive *m.* incline, slope
decoroso decent
dedo finger; toe
defender(se) to defend
definitivo definite, definitive
deformado deformed
deforme deformed, shapeless
defraudado cheated, betrayed; disappointed
deglutir to swallow
degollar to decapitate, to behead
dejar to let, to leave
— **de** to cease
delación accusation, betrayal; delay
delantal *m.* apron
delante ahead, in front

delantera forefront, lead
delatar to give away, to denounce, to betray
delgado thin, slender
delirante delirious
delirar to be delirious
demás:
lo — the rest
demasiado too much
demolido demolished, defeated, exhausted
demonio devil
demorar to delay; to linger
densidad density, bulk
dentro de inside of, within
departamento state, province; apartment
depender to depend
depósito deposit
derecho right, law; *adj.* right; *adv.* straight
derramado spilled, shed
derribar to knock over; to throw to the ground
derrota defeat
derrumbar(se) to demolish, to topple, to tumble down; *refl.* to collapse, to cave in
derrumbe fall; defeat
desabotonar to unbutton
desabrigo nakedness; lack of shelter
desabrochar to unbutton; to open
desafiar to challenge
desahuciado despaired of; given over; diagnosed as incurable
desajustar to put out of order
desamparo homelessness, loneliness
desandar to retrace
desanimado dull, lethargic

desanimar to discourage
desaparecer to disappear
desapego alienation; indifference
desarmar to undo; to disarm
desarreglo disorder, confusion
desatar to untie
desayuno breakfast
desazón *m.* uneasiness
desbordar to overflow
descalzo barefoot
descampado unsheltered, out in the open
descansar to rest
descargue unloading
descarnado emaciated, fleshless
descaro impudence
descender to go down, to descend
descifrar to decipher, to make out
descolgar to unhook, to take down
descomponer(se) to undo; *refl.* to break down, to be upset
desconcertado disturbed, disconcerted
desconchar to flake, to peel
desconectar to disconnect
desconfiado mistrusting
desconocido stranger; *adj.* unknown
desconsiderado rude, inconsiderate
desconsolado disconsolate
desconsuelo affliction, trouble, despair
descontar to discount, to subtract
descorrer to draw (open)
descubrir to discover; to uncover, to bare
descuidado careless, unsuspecting
descuido carelessness, neglect, oversight
desde since, from
— **cuando** since

desdén disdain
desdicha misfortune, unhappiness
desear to wish, to desire
desembocar to come out, to empty (river); to lead into
desempeñar to perform
desencanto disenchantment
desenredar to untangle
deseo desire, wish
desequilibrado unbalanced
desesperación desperation
desesperar(se) to despair
desgajar(se) to break loose; to break, to tear to pieces
desganado reluctant; without appetite
desgarrar to tear open, to claw
desgaste erosion, wearing away
desgracia misfortune; disgrace; adversity
desgraciado unfortunate
deshacer(se) to undo, to take apart; *refl.* to disintegrate, to come apart
deshora unusual hour, inconvenient time
desidioso idle, lazy
desierto deserted; *n.* desert
desigual uneven
desinteresado disinterested
deslizar to slide, to slip
deslumbrado dazzled
deslumbramiento daze; hallucination
desmayar to faint
desmesuradamente immeasurably, beyond good measure
desnivelado uneven, unbalanced
desnudo bare, naked
desocupado vacant, unoccupied
desocupar to vacate

desolado desolate, disconsolate
desorden *m.* disorder
despacio slowly
despachar to dispatch, to send
despacho office, study
desparejo uneven
desparramar(se) to scatter, to spread
despedazarse to break, to shatter
despedida farewell
despedir(se) to dismiss; *refl.* to take leave, to say goodby
despegar to unglue, to open, to separate
despeinado uncombed
despellejar to skin
despensa pantry, larder
despeñar to plunge; to fling from a precipice
desperdicios wastes, trash
despertador alarm clock
despertar(se) to wake; to awaken
despiadado pitiless
despierto awake; clever
despintado not painted; peeled off
despistar to throw off track
desplazar to displace
desplegado unfolded, unfurled; displayed
despoblado bare; unpopulated
despojado deprived; despoiled
desportillado nicked
despreciativo disdainful
desprecio scorn, disdain
desprender(se) to loosen; to emanate
despreocupado unconcerned
desproporción disproportion
desprovisto devoid, stripped

después then, later
— **de** after, following
destacado outstanding
— **a** destined to; stationed in
destapar to take the lid off, to open
destello gleam, ray of light
desteñido discolored
destinar to destine, to devote, to assign
destinatario addressee
destripar to squash; to disembowel
destrozo debris, destruction
destruir to destroy
desvanecer to vanish
desvelado sleepless
desvelo vigilance, anxiety
desvestir(se) to disrobe
desviar(se) to divert, to distract; *refl.* to wander off
desvinculado detached, disconnected
detallado detailed
detalle *m.* detail
detener(se) to stop, to hold
detrás de behind
deuda debt
devoción devotion, zeal; religion
devolver to return, to give back
devoto religious
diafragma *m.* diaphragm
diagnóstico diagnosis
diariamente daily
diario newspaper; *adv.* daily
dibujar to draw, to sketch
dibujo drawing
diciembre December
dichoso happy, lucky
diente *m.* tooth
diferencia difference
a — **de** unlike
difícil difficult

difuso diffuse
digerido digested
digno worthy
dilatado dilated, drawn out, lengthened
dilatar to add; to dilate; to delay
diligencia diligence
diluvio downpour
dineral *m.* large sum of money
dinero money
dique dike, dam
dirigente leader, director
dirigir to direct, to aim; to drive
—**se a** to head for, to direct oneself toward
disco record
disculpar(se) to pardon, to forgive; *refl.* to excuse oneself
discursivo meditative
discutible disputable
discutir to discuss, to argue
disentir to dissent
diseño design
disfrazado disguised
disfrutar (de) to reap, to enjoy
disimulo dissimulation
disminuido diminished
disolver to dissolve, to fade away
disparate *m.* nonsense, absurdity, blunder
displicencia displeasure
disponerse a to get ready to
disponible available
dispuesto willing, ready; arranged, laid out
distinguir to distinguish
distinto different
distraer to distract, to amuse
distraído distracted, absent-minded
distribuir to distribute

disuadir to dissuade
disuelto dissolved, melted
divertido funny
divisar to perceive at a distance, to barely make out
divisoria *adj.* dividing, partition
divo divine, godlike
divulgar to disclose
doblado bent over, folded
doblar to bend, to fold; to toll (bells)
doble *m.* tolling; *adj.* double
doblegar to bend; to subdue
doblez crease, fold
docena dozen
doler(se) to hurt
dolor pain
doloroso painful
doméstico domestic, household
dominar to dominate
—**se** to get hold of oneself
domingo Sunday
dominical *adj.* Sunday
dominio rule, dominance, domain
donde where
dorado *adj.* gilded; gold
dormir to sleep
dormitar to doze
dormitorio bedroom
dril *m.* denim
duda doubt
dudar to doubt
dudoso doubtful
duelo duel; period of mourning
dueño owner
dulcamara woody nightshade, bittersweet
dulce sweet
dulzura sweetness
duque duke
durante during
duro stiff, hard

E

echar(se) to throw, to toss; *refl.* to throw oneself; to lie down
— **a perder** to ruin, to spoil
edad *f.* age
edificio building
edredón *m.* feather bed, eiderdown
efectivamente in fact, effectively
elástico elastic, flexible
elección election
elegir to elect, to select
elevar(se) to lift
elogio praise
eludible avoidable
eludir to elude, to avoid
emaciado emaciated
embaldosado tile floor
embarrado plastered with mud
emborracharse to get drunk
embotar to dull, to stupefy
embriagarse to get drunk
embrollarse to embroil
embrujar to bewitch
embrutecido stupefied; brutish
embutido *m.* large sausage; *adj.* packed tight, crowded, stuffed
embutir to stuff; to inlay
emitir to emit
empañar to swaddle; to make opaque or cloudy
empapelado papered
emparejar to match, to pair
emparentar to be related by marriage
empecinado stubborn, incorrigible
empecinamiento stubbornness
empeñar(se) to pawn; *refl.* to persist in a determination
empeño earnest desire; courage and perseverance

empeñoso resolved, persistent; bold
emperrarse to be stubborn; to enrage
empezar to begin
empinado exalted; raised, tall, towering
empleado employee
emplumar to moult, to shed feathers; to adorn with feathers
empotrado built in
empresa enterprise, undertaking; firm, company
empujar to push
empuje push, shove
empujón *super. m.* shove
en in, at, on, upon
— **torno a** around, about
enagua petticoat, slip
enajenación alienation; distress, madness
enamorado beau; *adj.* in love, loving
encadenado chained, linked
encaje *m.* lace
encalado whitewashed
encargado ordered, charged with
encargar to order, to put in charge
—**se de** to take charge of
encarnar to incarnate, to embody
encarpetado covered, upholstered
enceguecer to blind, to make blind
encender to light
encerado waxed
encerrar(se) to enclose, to shut in
encía gums (of the mouth)
encierro enclosure, isolation
encima (de) on top of
por — over

encoger to shrink, to contract
—**se de hombros** to shrug one's shoulders

encogido timid, fearful

enconado inflamed, irritated, provoked

encontrar to find

encuadernado bound (book)

encuentro meeting

endeble weak, flaccid

enderezar(se) to straighten, to straighten up

endulzar to sweeten

endurecer to harden

enemigo enemy

enero January

enfermedad sickness

enfermero (a) nurse

enfermizo sickly

enfermo sick, sick person

enflaquecido thin, grown thin

enfrentar to confront

enfriar to cool, to get cold

enfurecido furious

engañar(se) to deceive; *refl.* to be deceived

engaño deceit, hoax, misunderstanding

engañoso deceiving, tricky

engendrar to engender, to bear

engordado fattened

enguantado gloved

enjalbegado whitewashed

enjuagar to rinse, to moisten

enjugar(se) to wipe, to dry

enloquecido mad, deranged

enmarañado entangled

enmarcado cut, carved

enmohecido moldy, musty, wet

enrarecido rarefied

enrazar to breed

enredo tangle, mess; complicated situation

enrejado lattice; *adj.* inside a grating

enrojecido red-faced, reddened

enrollar to roll up

ensanchado widened, enlarged

ensartar to string; to poke

ensayar to rehearse, to act out; to attempt

en seguida at once

enseñar to teach, to show

ensombrecido darkened, shadowy, shaded

entender(se) to understand; *refl.* to come to an agreement

entendimiento understanding

enteramente entirely

enterar(se) to inform; *refl.* to find out

entereza integrity, rectitude

entero whole

enterrar to bury

entierro burial, funeral

entonces then

entrada entrance

entrante next, following
la semana — next week

entre between, among

entreabierto halfway open, ajar

entrecortado short of breath

entrecortar(se) to sputter; to cut in and out

entregar(se) to hand over, to surrender; *refl.* to yield, to give oneself over

entrelazado entwined

entrenamiento training

entrepaño panel

entretener(se) to entertain, to amuse; to linger

entrever to glimpse, to see dimly

entreverado interlined with fat and lean; entangled, mixed up

entristecerse to become unhappy

entumecido benumbed; swollen, stiff

entusiasmado enthusiastic

entusiasmo enthusiasm

envarado stupefied; benumbed; stiff

envase *m.* receptacle, container for liquids

envejecer to age, to grow old

envejecido grown old

envejecimiento aging

envenenar to poison

envés *m.* back, the reverse side

enviar to send

envidia envy

envilecido vilified, disgraced

envoltorio bundle

envolver(se) to wrap; *refl.* to bundle up; to be involved

envuelto wrapped

época epoch, time

equilibrar(se) to balance

equipo team

equivocación error, mistake

equivocarse to be wrong, to err

equívoco *n.* error; *adj.* misleading, ambiguous

erguido raised up, straight, erect

erisipela erysipelas (skin disease)

errar to err; to wander

escalafón roster, register

escalera staircase

escalinata outside staircase, stairway

escalón *m.* step of a stair

escalonado perched at different levels; in varying degrees

escamoteo sleight of hand, trickery

escampar to clear up, to stop raining

escándalo uproar, commotion; scandal

escapar to escape

escaparate display cabinet

escarapelado beleaguered; with hair on end

escarbar to scrape, to scratch

escarlata scarlet, red

escaso scarce

escena scene

escocés (-esa) *n.* and *adj.* Scotch

escoger to choose

esconder(se) to hide

escopeta rifle

escote *m.* neckline

escribir to write

escritorio desk; office

escritura handwriting; scripture

escuálido squalid; skinny

escuchar to listen; to hear

escuela school

escueto bare, unadorned, austere

escultura sculpture

escupir to spit

escusado privy, outhouse; toilet

esforzarse to make an effort

esfuerzo effort

esfumarse to become hazy, to blur; to disappear

esmalte *m.* enamel

espaciado regular, at even intervals

espaciar to space out, to spread

espacio space

espalda back

   dar la — to turn one's back; to turn around

de —s   lying on one's back
de —s a   with one's back toward
espantar(se)   to frighten, to shoo away; *refl.* to become frightened
espanto   fear, dread, terror
espantoso   dreadful, horrid; amazing
especial   special
especie   species, type
espectral   ghostly
espejo   mirror
esperanza   hope
esperar   to wait; to hope; to expect
espeso   thick, viscous
espiar   to spy upon
espigado   tall; grown-up
espina   thorn, splinter
— dorsal   spine, dorsal column
espíquer *m.*   loudspeaker
espíritu *m.*   spirit
esposo   husband
espuela   spur
espuma   foam
esqueleto   skeleton
esquina   corner
estabilidad   stability
estacionario   stationary, stable, unchanging
estado   state
— de sitio   martial law, siege
estafeta   general post office; courier
estallar   to burst out, to explode
estambre *m.*   worsted (wool)
estanque *m.*   pool
estante *m.*   stand, shelf
estatua   statue
estatura   stature, height
estera   mat
estereotipado   stereotyped
estéril   sterile

estilo   style, mode, manner
estimar   to esteem; to estimate, to measure, to deem
estimulado   stimulated
estirar   to stretch, to spread
estómago   stomach
estorbo   bother, hindrance
estornudar   to sneeze
estragado   depraved;   ravaged, ruined
estrago   damage, havoc
estrecho   narrow
estrella   star
estremecer   to shudder
estremecimiento   shiver, shudder, trembling
estrenar   to use or wear for the first time
estrépito   noise, bustle
estribo   stirrup; footboard of coach
estricto   strict
estridente   strident, garish
estrujar   to squeeze, to press, to wrinkle
estupidez   stupidity
estupor *m.*   stupor
eterno   eternal
etiqueta   label; etiquette
europeo   European
evaporar   to evaporate; to vanish, to disperse
evidenciar   to witness; to make clear; to prove
evitar   to avoid
evocar   to evoke
evónimo   prickwood, spindle tree
exactitud   correctness, accuracy
exceso   excess
excitante   exciting, stimulating
excitar(se)   to excite; *refl.* to become aroused; to lose one's temper

exclamar to exclaim
excluir to exclude
exento free, exempt
exhalar to exhale, to give off
exhausto exhausted
exhibir to exhibit, to show
exhumar to exhume, to dig up
exigencia demand, requirement
exigir to demand, to call for
exilio exile
éxito success
expendio selling; shop, store
experimentar to experience
explicar to explain
exponer to expound, to express; to expose
expulsado exiled, expelled
extender to hold out, to stretch
extenuado exhausted
extinguido extinguished
extraer to extract, to take out
extranjero foreigner, alien; *adj.* foreign
extrañado surprised, wondering
extraño outsider, stranger; *adj.* strange
extremo limit; edge; end

F

fábrica factory
facción faction; feature (of face)
fácil easy
facilidad facility, ease; means
fachada façade, front
falda skirt
faldón *m.* flowing skirt, flap
falso false, untrue
falta lack
faltar to lack, to be missing
fantasma ghost
farsa farce

fascinado fascinated
fatiga fatigue
fatigar to tire, to fatigue, to exhaust
fatuo foolish, conceited
favorecer to favor, to ease
faz *f.* face
fe *f.* faith
febrilmente feverishly
fecha date
fechado dated
felicidad happiness
feliz happy
fémur thighbone
fenómeno phenomenon; monster, freak
feo ugly
feroz ferocious
fertilizar to fertilize, to make fertile
fervoroso ardent
festejar to feast, to celebrate
feto fetus
fiado on credit
fibra fibre
ficción fiction, lie
ficha note, filing card, form
fidelidad fidelity, loyalty
fiebre *f.* fever
fiera beast, wild animal
fierro iron
figura figure
fijado fixed
fijar(se) to fix; *refl.* to pay attention, to notice
fijo fixed, immobile
fila line, row
filo edge, blade
fin *m.* end; purpose; ending
  al — at last
  en — in short

final *m.* ending; *adj.* final, last
finca ranch
fingir to feign, to pretend
fino fine, delicate
firma signature; firm, business
firmar to sign
firme firm
físico physical
fisura fissure, crack
flaco skinny, thin
flojo loose, weak, flaccid
flor *f.* flower
florecillas *dim.* little flowers
florido flowery
flotar to float
fluctuar to fluctuate
fluir to flow
fluyente fluid, fluent
foco floodlight; light; lampost; focus
fofo spongy, soft; plump
fogón *m.* cooking stove
fondo back, bottom; background, depth
fondos funds, money
forcejear to struggle, to wrestle
forjado forged, wrought
forma form
   estar en — to be in good form, in shape
formol formaldehyde
fórmula formula, prescription
formulario prescription pad; blank form
forrado lined, covered, upholstered
forro lining
fortalecer to reinforce, to strengthen
forzar(se) to force; *refl.* to make an effort

fosa hole in the ground; grave
   — nasal nostril
fósforo match
fotografiar(se) to photograph; to have photograph taken
fracaso failure, downfall
fraguar to forge; to plot
francés (-esa) *n.* and *adj.* French
franela flannel
franja fringe, strip
frasco flask, vial
frase sentence; phrase
frecuencia frequency
   con — frequently
fregar to scrub; to nag, to annoy
   — la paciencia to try someone's patience
frenar to brake, to hold back
frenesí *m.* frenzy
freno brake
frente *f.* front; forehead
   — a in front of, in the face of, across from
fresco cool
frescura freshness
frió cold
friolento chilled, chilly, sensitive to cold
frontera frontier
fruncir to wrinkle, to pucker, to gather
   — el ceño or **— las cejas** to knit one's brow
fruslería frivolity, trinket
fruta fruit
fuego fire
fuelle bellows
fuente *f.* fountain
fuera out
fuerza strength, power, force
fuga flight, running away

fugado fugitive, runaway
fulgor *m.* brilliancy, gleam
fumar to smoke
fumigar to fumigate, to spray
funcionario official, functionary
funda case, covering; sheath, holster
fundir(se) to melt
fúnebre *adj.* funereal, gloomy
furia fury
furtivo furtive
fusil *m.* rifle, gun
fusilar to shoot
futuro future

G

gabinete *m.* cabinet
galería balcony, gallery; corridor
gallera cockfighting ring; grandstand
gallinazo buzzard
gallo rooster, cock
  — de pelea fighting cock
  pelea de — cockfight
gana:
  dar la — to desire, to want
  tener —s de to feel like
ganar to win; to earn
gangoso nasal, speaking through the nose
garabato scrawl; hook
garaje garage
garganta throat
gárgola gargoyle
garrafón demijohn, pitcher
gasa muslin, gauze
gastado worn out
gastar(se) to spend, to use up, to wear out; *refl.* to wear out
gato cat
gatas:
  a — on all fours, crawling

gaveta drawer
gelatina jelly, gelatin
gemelo twin
gemido groan, moan
género cloth, material; sort, type
gente people
gerente *m.* manager
gestión step, measure, negotiation
gesto gesture
gigantesco gigantic
ginebra gin
girar to turn, to spin, to rotate
golpe knock, blow
  de — suddenly
golpear to knock, to strike, to hit
goma glue; rubber
gordo fat
gordolobo great mullein
gordura fat; fatness
gorra cap, hat
gota drop, bit
gotear to leak, to drip
gotera leak
gótico Gothic
gozar (de) to enjoy
gozne *m.* hinge
grabado engraving
  — en madera wood engraving
gracia grace; amusement, pleasure
gracias thank you
graderías stands, bleachers
grado grade, degree
gráfico graphic
gran grand, great
grande large, grown-up
granizo hail
grano grain
  ir al — to come to the point
grasa fat, grease, oil
grasoso oily
gratuito without cause; without paying; free

grave serious, very ill
grifo faucet
gris gray
grisáceo grayish, opaque
gritar to shout
grito shout
  a —s shouting, screaming
  lanzar —s to shout
grosero gross, rude
grueso thick, rough
gruñir to grunt, to snarl, to growl
grupo group
guante *m.* glove
guarda attendant, guard
guardapolvo smock, dust guard
guardar to put away, to keep, to guard
guardarropa wardrobe; cloak-room
guerra war
guiar to guide, to lead, to drive
guiñar to wink; to blink
guirnalda wreath, garland
guitarra guitar
gusto pleasure
gutural guttural

H

habichuela bean
hábil skillful, able
habilidad ability; capacity
habitación room, bedroom
hábito dress, habit; custom
habitual customary
hacer(se) to do, to make; *refl.* to play at, to pretend; to become, to turn into
  — caso to pay attention to
  — frente a to face, to confront; to assume responsibility
hacia toward
hacienda ranch, estate

hallar to find
hamaca hammock
hamacarse to rock or swing back and forth
hambre hunger
hambriento hungry
harapo rag
harina flour
hastío loathing; boredom
hay there is, there are
hebilla buckle
hebra yarn; strand
hecho deed, event, incident; fact
helado frozen, cold; ice cream
helecho fern
hembra female
hendido cleft, split
herbario herbarium, herb garden
heredar to inherit
herencia inheritance
herida wound
herir to wound
hermanar to make or become like a brother, to fraternize
hermético hermetic
hermoso attractive
hervir to boil
hielo ice
hierba grass, herb
hierro iron; brand
hígado liver
hijito *dim.* son, child
hijo son
hilo thread
hincado kneeling
hinchado swollen
hipar to burp, to hiccup
hiperbólico extreme, exaggerated
hipodérmico hypodermic
hipotecado mortgaged
hirviente boiling
historia story, history

hoja leaf; sheet; knife blade
hojear to leaf through
holgado loose
hombro shoulder
  encogerse de —s to shrug one's shoulders
hongo mushroom
honrado honorable
hora hour, time
horadado pierced, hole-ridden
horario schedule
horcón *m.* forked prop, post, pole
horizonte *m.* horizon
hornilla stove
horroroso horrifying, horrible
hospicio house of charity; orphanage
hoy today
hoyo hole
hueco hole; scoop; hollow
huella track, imprint, mark
huérfano orphan
hueso bone
huésped *m.* guest; host
huidizo fleeting
huir to flee, to escape
hule *m.* rubber; oilcloth
humano human
humedad dampness, humidity
húmedo wet, moist
humilde humble
humillación humiliation
humo smoke
hundido sunk, buried
hundir(se) to submerge, to sink, to bury

I

ícono icon
iglesia church
igual equal, same, identical

ilusión illusion, hope
imagen image
impaciencia impatience
impaciente impatient
impar odd, uneven; unequal
impávido intrepid, undaunted
impedir to impede, to resist; to avoid
imperecedero imperishable, eternal
impermeable *m.* raincoat; *adj.* waterproof
imploración entreaty, imploration
implorante imploring
imponer to impose
importunar to disturb, to bother
impostergable unavoidable, unpostponable, inescapable
impregnación impregnation, saturation
impregnado impregnated
impresión impression
impreso printed
imprevisto unforeseen
imprimir to print
impudicia immodesty, impudence; unchastity
impulsado impelled
inadvertido unnoticed
inagotable endless
inanimado inanimate
inasible unreachable
incapaz incapable
incauto unwary, incautious
incendiado on fire, ablaze
inclinar(se) to bend, to lower; *refl.* to lean over, to bow
incluir to include
incluso including, inclusive
  —+ verb *even +* action of verb
incómodo uncomfortable

incomprensible incomprehensible
inconcluso unfinished, inconclusive
inconfundible unmistakable
inconsciente unconscious, unfeeling
incontenible overflowing; irrepressible
incorporarse to sit up in bed; to straighten up
incrédulo *m.* unbeliever; *adj.* unbelieving, incredulous
increíble incredible
indagador *m.* investigator; *adj.* inquiring
indefenso defenseless
indemnización indemnity
indeseable undesirable
indicación indication, direction
indicar to point, to show
índice *m.* index finger; index
indiferenciado undifferentiated
individualizar(se) to separate
índole *f.* kind, type
indolente lazy, indolent
infancia childhood
infantil childish
infierno inferno, hell
inflamarse to swell; to burn
informar to inform
informe *m.* news; information, report
infundado unfounded, groundless
infusión infusion
ingenuo naive
inglés (-esa) *n.* and *adj.* English
ingreso entrance, admission, acceptance
inicialado initialed, lettered
inicialmente initially
iniciar to start

injusto unjust
inmadurez immaturity
inmóvil immobile
innegable undeniable
inoportuno untimely
inquietar(se) to disquiet, to bother, to upset
inquietud *f.* unrest, uneasiness
insatisfecho dissatisfied
inservible worthless, worn-out, useless
insinuar to insinuate, to hint
insólito strange, unusual
insomne sleepless, wakeful
insondable bottomless, fathomless
insoportable unbearable
inspeccionar to inspect
instalar(se) to install; to move in, to settle
instantáneo instantaneous
instante *m.* instant
instinto instinct
instrumento instrument, apparatus
insulina insulin
insurrección uprising, revolt
intachable immaculate, spotless, irreproachable
intempestivamente unseasonably, inopportunely
intendente quartermaster; superintendent
intentar to attempt
intentona attempt
interesado interested
interesarse (por) to be interested (in), to inquire about
interior inside
internado *m.* boarding school; *adj.* hospitalized
interponer to interpose
interrumpir to interrupt

intimidad intimacy, friendship
intimidado intimidated
introducir to introduce, to insert, to put into
intruso intruder
intuición intuition
inundación flooding
inútil useless
inútilmente uselessly, in vain
invadir invade
inventario inventory
inventar to invent
inversa opposite
  en la — inversely, in reverse
  a la — on the other hand
investigación research, investigation
invierno winter
invitar to invite, to treat
inyección injection
irradiar to radiate
irrazonable unreasonable
irreal unreal, imaginary
izquierdo left

J

jadeante panting, gasping
jamás never
jardín garden, yard
jeringuilla syringe
jornada march, journey; a day's work
jorobado humpback
joven young man or woman; *adj.* young
jubilación pension, retirement
júbilo festivity, rejoicing
jubiloso joyful
juego play, game; gambling
jueves Thursday
jugador player

jugar to play, to gamble
junio June
juntar to join, to gather
junto a near, next to
juntos together
jurar to swear
juventud youth

L

laberinto labyrinth
labio lip
laborioso laborious, complicated
labrado carved
lacio straight (hair)
lacrado sealed (with wax)
lacrimoso tearful
lado side
  hacer de — to push aside
ladrido bark (of dog)
lágrima tear
lamentar(se) to lament
lámina sheet (metal); picture, print
lamoso slimy, muddy
lámpara lamp
lana wool; yarn
lancha launch, boat
lanzar to throw; to launch
lápiz *m.* pencil
largo long
lástima pity
  tener — to pity
lata tin; can
lavar(se) to wash
lazo bow, ribbon
lectura reading
lecho bed
leer to read
lejos distant, far
lengua tongue
lenguaje language
lengüeta strap, flap, tab

lente *f.* lens; eyeglass
lentejuela spangle
lentitud slowness
 con — slowly
lento slow, sluggish
leproso leper
letra letter (of alphabet); hand-writing; song lyrics
letrero poster, sign
levantar(se) to raise; *refl.* to get up
leve light, slight
leyenda legend; inscription
liberar(se) to free
libra pound (weight)
licencia permit, license
ligado linked
ligero light, slight
limo slime
limosna alms
limpiar to clean
limpieza cleanliness; cleanup
limpio clean; limpid, clear
línea line
lino linen
linterna lantern
 — de petróleo kerosene lamp
lirio lily
liso smooth, thin, bare
lista list
listado supported, held up; striped
listo ready
listón *m.* ribbon, strip
litoral *m.* coast
localizar to locate
locura madness
lograr to achieve, to succeed, to accomplish
lombriz worm
lomo back (of animal)
lotería lottery
lucidez lucidity

luchar to fight
luego then, later, afterwards
lugar *m.* place
luido fretted, lace-like
lujuria lust, lechery
luminoso luminous
luna moon
 — de miel honeymoon
lunar mole; spot, birthmark
lunes Monday
lustroso shining, brilliant
luto mourning
luz light
 — de mercurio fluorescent light

LL

llamado sign; call; knock
llamativo showy, gaudy
llanto sob, cry, weeping
llave key
llavero keyring
llavín small key
llegada arrival
llegar to arrive, to reach
llenar to fill
llevar to carry, to take; to wear
llorar to weep, to cry
llover to rain
llovizna drizzle
lluvia rain

M

macilento lean, withered, decaying
macho male, masculine
madera wood
madrugada dawn, early morning
madurar to mature
maduro ripe, mature
maíz *m.* corn, maize
mal *adv.* badly
maldición curse

maldito cursed
malentendido misunderstanding; *adj.* misunderstood
maletín *m.* case, bag
malicia malice
maligno malicious, malignant
malo *adj.* bad
malsano unhealthy
maltratar to hurt, to mistreat
manchado stained, spotted
mandadero messenger, errand boy
mandar to send; to command
mandíbula jaw
manecilla hand of a clock; *dim.* little hand
manejar to handle, to manipulate, to manage; to drive
manera manner, way
 de — que thus, so that
manga sleeve
 —s de camisa shirt sleeves
mango handle; mango
manifestar to manifest, to show
manija handle; bracelet
maniobra maneuver
maniobrar to maneuver
mano *f.* hand
manotazo slap, back patting
manso tame
manta blanket
mantel *m.* tablecloth
mantener(se) to maintain; *refl.* to remain
mañana *m.* tomorrow; *f.* morning
 por la — in the morning
máquina machine; car
 — de coser sewing machine
 — de escribir typewriter
maquinalmente mechanically
mar *m.* or *f.* sea
maravilloso marvelous

marca brand
marcar to mark; to count
marcial martial, military
marco frame
 — de puerta doorjamb
marcha march, progress
marchar(se) to march; *refl.* to go away
marchitar to wilt, to wither
mareo seasickness, dizziness
margen *m.* margin; *f.* river bank
marido husband
maromeros tightrope walkers
martirizar to torture
martirio torture
masa dough
mascar to chew
máscara mask
masticar to masticate, to chew
matambre cold cut (meat)
mate *Arg.* an herb used as tea; vessel for drinking the tea; flat, not shiny
 seda — raw silk
matinal *adj.* morning
matorral *m.* thicket
matrimonio marriage; married couple
maullido mew, cry of a cat
mayor greater, larger; older
mayúscula capital letter
mazamorra:
 — de maíz cornmeal mush
mecánica mechanics
mecedora rocking chair
mecer(se) to rock, to sway
media stocking
medianoche *f.* midnight
médico doctor
medida measurement, measure
 a — que while

medio means, way; milieu; center;
adj. middle, half
mediodía *m.* midday, noon
medir to measure, to gauge
mejilla cheek
mejor better
  a lo — perhaps
mejorar(se) to better; *refl.* to get
  better, to improve
memoria memory; memoir
mendicante *adj.* begging
menos less
  por lo — at least
mensual monthly
mente *f.* mind
mentir to lie
mentiroso *n.* liar; *adj.* untruthful,
  deceiving
menudo tiny, fine, small
  a — often
mercadería merchandise
mercancía merchandise
merecer to deserve, to merit
mérito merit
mes *m.* month
mesa table
Mesías Messiah
mesita *dim.* little table
meter(se) to put in; *refl.* to get
  into, to get involved in
mezcla mixture
mezclar(se) to mix; *refl.* to get
  involved; to blend
mezcolanza mixture, jumble
miedo fear
miel *f.* honey
mientras while
  — tanto meanwhile
miércoles Wednesday
mierda *vulg.* shit
migaja bread crumb, scrap

mil one thousand
milagro miracle; religious offering
milagroso miraculous
milímetro millimeter
mimbre *m.* wicker
ministerio ministry building
minucioso thorough, highly detailed
mirada look, gaze, glance
mirar to look
misa mass
mismo same
  por lo — therefore
mitad *f.* half
mito myth
moda fashion, style
  de — popular, in style
modestia modesty
modificar to modify, to change
modo mode, way
  de — que so that
mojado wet, moist
mojón landmark
molestar to bother, to disturb
molesto bothered; bothersome,
  annoying
molido worn out, ground through
  the mill
momentáneo momentary
moneda coin
monicongo cartoon
monólogo monologue
monstruo monster
montado mounted
monte *m.* hill, mountain
montón *m.* heap, pile, cluster
morado purple, violet
morder to bite
mordiente biting, sharp
mordisquear to nibble
morirse to die

mosca fly
mosquitero mosquito net
mostaza mustard
mostrador *m.* counter, bar
mostrar to show
motivo motive
moverse to move
movimiento movement
mozo waiter; young man
mucama *Arg.* maid
muchacho boy, fellow
muchedumbre *f.* crowd
mudo mute
mueble *m.* piece of furniture
mueca grimace
muerte *f.* death
muerto killed, dead, deceased
muestra sample; sign
mugre *f.* grime, dirt
mujer *f.* woman, wife
mula mule
mundo world
muñeca doll; wrist
muñeco puppet, figurine
muñequita *dim.* little doll
murciélago bat
murmurar to mumble; to whisper
muro wall
musgo moss
músico musician
muslo thigh
muy very

N

nacer to be born
nada nothing
nadie nobody
  — **más** no one else
nafta gasoline
naipe *m.* playing card
nalgas buttocks

naranjada orangeade
nariz *f.* nose
narración narration
naturaleza nature, kind
navegar to navigate; to drift; to sail
necesitar to need
necio silly, foolish
negar to deny
negativa denial, refusal, rejection
negociar to deal, to barter
negocio business, deal
negro black
nervio nerve
nevada snowfall
ni neither, nor; either
nido nest
nieve *f.* snow
ninfa nymph
ninguno (-a) no one, none
  de — manera not at all
niña girl, child
niquelado chrome-plated
nivel *m.* level
noción notion
nocturno *adj.* night; nocturnal
noche *f.* night
  de — at night
Nochebuena Christmas Eve
nogal *m.* walnut tree, wood of
  walnut tree
nombrar to name
nombre *m.* name
nomenclatura name, label
noticia news
novia bride, fiancée, girl friend
noviazgo engagement
noviembre November
nube *f.* cloud
nublar(se) to cloud over; *refl.* to
  become clouded
nuca nape of the neck

nudillo knuckle
nudo knot
nudoso knotty
nuevo new
  de — again, once again
número number
nunca never

O

oaxaqueño native of Oaxaca, Mex.
obedecer to obey
oblea wafer, sacred offering
obligar to force, to compel
obra work, creation
obsesionado obsessed
obstante:
  no — nevertheless
obstinado stubborn
ocasión chance, opportunity, occasion
occidente *m.* west
ocioso idle, lazy
ocultar to hide, to conceal
oculto hidden, covered; occult
ocupado occupied, taken up
ocuparse de to occupy oneself with, to attend to
ocurrir to occur
ochenta eighty
odiar to hate
odio hatred, dislike
ofender(se) to offend; *refl.* to become offended, to feel hurt
ofensa offense
oferta offer
oficial *m.* worker, agent; *adj.* official
  — de sastrería master tailor
oficio occupation; operation
ofrecer to offer
ofrecimiento offering

oído ear; hearing
oir to hear
ojal *m.* buttonhole
ojera dark circle under the eyes
ojillo *dim.* little eye
ojiva ogive, pointed arch
ojo eye
ola wave
oler to smell
olfatear to sniff
olfato sense of smell
oliva olive; olive color
olor *m.* odor, smell
oloroso fragrant, scented
olvidado forgotten
olvidar(se) de to forget
olla pot
ómnibus *m.* bus
onza ounce
opaco opaque, dull
opalino opalescent
oponerse (a) to oppose, to be against
oprimido oppressed
opuesto opposite
oración prayer; sentence
órbita orbit, range
orden *m.* order; type, kind; *f.* command
ordenado ordered, orderly
ordenamiento ordering, order
oreja ear
orgullo pride
orgulloso proud
orilla edge, limit, river bank, shore
orina urine
orinar to urinate
oro gold
ortográfico orthographical
oscurecer to darken

oscuridad darkness
ostentar to show, to display
otoñal *adj.* fall; pertaining to autumn; mature
otro other, another
  otra vez once again
ovación ovation
ovalado oval-shaped
óxido rust

P

paciencia patience
pacto pact
padecer to suffer
padre father
padrino godfather
pagar to pay
página page
país *m.* country
paisaje *m.* landscape, countryside
paisano countryman; farmer
paja straw
pajarito *dim.* bird
pájaro bird
  — carpintero woodpecker
palabra word
palidez *f.* paleness
pálido pale
palma palm
palmada clapping, applause
palmadita pat, slap
palmear to slap with open hand; to clap
palmeta rod, ferule; blow on palm of hand
palo stick
paloma dove, pigeon
palpable evident, clear, touchable
palpitación palpitation, throbbing
pan *m.* bread
  — de dulce sweet roll

pana cotton velvet; corduroy
pantalón *m.* pants
pantalla screen
pantufla slipper
paño cloth
pañuelo handkerchief
papagayo parrot
papel *m.* paper; role, part
  — secante blotter
paquete *m.* packet, package
par *m.* pair, couple; *adj.* even
parada stop; bus stop
parado stopped
paraguas *m.s.* umbrella
paraje *m.* place
paralelo parallel
paralítico cripple
parapetado propped, sheltered
pardo brown
parecer(se) to resemble, to seem, to appear
pared *f.* wall
paredón *m.* wall
parir to give birth
parloteo prattle, chatter
parpadear to blink, to flicker
párpado eyelid
parque *m.* park
párrafo paragraph
parte *f.* part, portion
  en alguna — somewhere
  por todas —s everywhere
partida departure; game; entry
partido party (political); game, match
partir to leave, to part; to cut up
parto childbirth
pasajero passenger; *adj.* fleeting
pasamanos *m.* balustrade, banister
pasar to pass
  — de largo to go by, to go past

pasear to promenade; to take a walk or drive
paseo stroll, walk; drive
pasillo passageway, corridor
pasión passion
paso step; pass (in mountains)
  abrirse — to make one's way
  de — passing by; in passing
pasta paste
pastilla pill
pasto grass, lawn, pasture
pastoso creamy, doughy, soft
pata foot, paw; leg of table or bed
patalear to kick violently, to stamp
pato duck
patricio native, national
pausa pause
  sin — ceaseless; *adv.* ceaselessly
pausado slow, deliberate
payaso clown
paz *f.* peace
peca freckle
pecado sin
pecho chest, breast, bosom; *pl.* breasts
pedazo piece
pedido request, order
pedir to ask for
pedregoso gravelly, rocky
pegar(se) to ´stick; to hit, to pound; *refl.* to get very close
peinado hairdo
peinar(se) to comb; *refl.* to comb one's hair
peine *m.* comb
pelambre *m.* quantity of hair; coat of an animal
pelado bare, peeled, plucked, cropped

peldaño step (of staircase)
pelea fight
película movie
peligro danger
pelo hair
pelota ball
peluca wig
peludo hairy
pelusa down, fuzz
pellejo hide, skin
pendiente *f.* slope; *adj.* pending, hanging
  estar — de to hang from; to mind, to watch
péndulo pendulum
penetrar to penetrate
penoso painful, difficult
pensamiento thought
pensar to think
  — que no not to think so
pensión pension; boardinghouse
pensionado pensioner
peón *m.* peon, farm worker
peor worse
pequeño small
percibir to perceive
perder to lose
perdición downfall
pérdida loss
perdido lost
perdurable everlasting, enduring
perduración perpetuity; persistence
perecedero perishable
perezoso lazy
perfeccionar to perfect
perfil *m.* profile
perfumado perfumed
periódico newspaper
perla pearl
permanecer to remain

permiso permission
  con su — excuse me
permitir to permit
perpetuar to perpetuate
perplejo perplexed
perro dog
persa *adj.* and *m. f.* Persian
perseguir to pursue, to follow
persiana Venetian blind; shade; shutter door
persuadir to persuade
pesadez *f.* heaviness, weight
pesadilla nightmare
pesado heavy, weighty; slow
pésame *m.* condolence
  dar el — present condolences
pesar to weigh
  a — de in spite of
pescado fish
pescar to fish
pescuezo neck
peso peso (monetary unit); weight
pestaña eyelash
picar to chop
picado chopped; annoyed; spoiled; tuberculous
pico beak, bill; sharp point
pie foot
  de — on foot
  al — de at the foot of
piedad pity, mercy; piety
piedra stone
piel *f.* skin
pierna leg
piernabierto with legs apart
pieza room; piece
pilastra square column
píldora pill, tablet
piloso hairy
pincelazo brush stroke
pino pine

pintoresco picturesque
piojo louse
pisar to step on, to trample
piso floor, story (building)
pista pit, trace, footprint
  — de baile dance floor
pitar to whistle; to blow a horn
pito whistle
placer *m.* pleasure
placidez *f.* placidness, ease
plácido placid
plancha iron; flat surface; plate
planchar to iron, to smooth
plano plan, map; *adj.* flat, plain
planta plant; sole of foot
plata silver; *colloq.* money
plateado silver-plated; silver-colored
platita *dim.* money
plato plate, dish
platón *m.* large plate, serving dish
plenamente fully, completely
pliego sheet (paper)
pliegue *m.* fold, pleat
plomizo grayish, lead-colored
pluma pen
poblado crowded, populated
pobre poor
pocillo small cup
poco little
  —s few
poder to be able, can; *m.* power
podrido rotten, putrid
policial pertaining to police
polilla moth
polisón bustle (of woman's dress)
polizón vagabond, stowaway
polvo dust, powder
polvoriento dusty
pollera hooped petticoat; chicken coop

pomo doorknob; jar
pómulo cheekbone
poner(se) to put, to place; *refl.* to become; to put on; *refl.*+**a** to begin
porcelana porcelain
por supuesto of course
portada portal, façade
portafolio briefcase
portazo slamming of a door
portería porter's office
portillo gap; small door or window
portón gate, door
poseer to possess
posición position
postergación putting off, delaying, delay
postizo false
potencia power
potranca young mare, filly
pozo pit; well
precaución precaution, vigilance
precavido cautious, on guard
precio price
precipitarse to rush
precisar to specify
pregón hawking or crying of a street vendor
pregonar to proclaim, to make public; to peddle by shouting
pregunta question, inquiry
preguntar(se) to ask; *refl.* to wonder
prenda apparel; gem; possession
prender to light; to turn on (light, etc.); to hang on; to pin
preocuparse (de) to worry
preparado prepared, ready
presagio foreboding
prescribir to prescribe

presencia presence
presenciar to watch, to witness
presentarse to appear, to present oneself
presentimiento premonition
presentir to foresee, to forebode
preservado preserved
presidir to preside over
preso prisoner
prestar to lend
prestarse (a) to lend oneself, to be good for
presuntuoso presumptuous
presupuesto budget
prever to foresee
previsible anticipated, foreseen; predictable
previsto foreseen
primavera spring
primero first
primo (-a) cousin
principio principle; beginning
  al — at first
prisa haste
privilegio privilege
probar to try, to try out, to test
procedimiento procedure, proceeding
procurar to obtain; to try
prodigar to lavish
profanación irreverence
profecía prophesy
profundo deep
prologal pertaining to prologue, preliminary
prolongar to prolong
promesa promise
promulgar to decree
pronóstico forecast
pronto soon
  de — suddenly

pronunciar to pronounce
propaganda advertisement
propiamente properly
propina tip, gratuity
propio own
proponer to propose
propósito purpose
  a — on purpose
propuesto proposed
prosa prose
proseguir to proceed, to go on
proteger to protect
protegido protected; protegé
provisorio temporary
provocar to provoke
proyectar to project, to plan
publicar to publish
púdicamente modestly
pudor *m.* modesty; bashfulness
pudrir to rot
pueblo town
puente *m.* bridge
puerco pig
puerta door
puerto port
pues since; well
puesto post, position
  — que since
pulmón *m.* lung
pulmonar *adj.* lung, pulmonary
pungente pungent
punta point, tip
  — de los dedos fingertips
  de puntillas on tiptoe
punto point, spot, stitch; *colloq.*
  "guy"
  a — de about to
punzada sting, prick, pain
puñado handful
puño fist; fistful
  en su — y letra in his own hand

pupila pupil (eye)
pureza purity
puro pure
putita *dim.* little whore

Q

quebrar to break, to shatter, to
  burst open; to rupture
quebrantar to break; to debilitate
quedar to remain
queja complaint
quemar to burn
querella complaint; quarrel
querer to want
  — decir to mean
  sin — unwittingly, without
    meaning to
queso cheese
quince fifteen
  — días two-week period of time
quinqué *m.* table lamp; oil lamp
quitar(se) to take off
quizás perhaps

R

rabia ire, anger, rage
rabioso rabid; furious, fierce
racimo branch, bunch, cluster
racional rational
radiografía X-ray
raído worn out, threadbare
raíz *f.* root
ramoso branchy
rapar to shave, to crop close
raro rare, unusual
ras *m.* level, plane
  al — con flush, even
rascar to scratch, to scrape
rasgar to tear apart, to claw, to
  lacerate
raso satin

raspaduras scrapings
raspar to erase; to scrape
rastrillo rake
rastro trace, track; junk-yard
rastrojo stubble
rata rat
rato a while
ratón *m.* mouse
rayado lined; striped; scratched
rayo ray; line
razón *f.* reason
   tener — to be right
reaccionar to react
realidad *f.* reality
realizar(se) to carry out, to under-take; *refl.* to occur
realmente really
rebanado cut, sliced
rebaño flock, herd
rebasar to exceed, to go beyond
rebelar to revolt, to rebel
rebeldía rebelliousness
rebozo shawl, muffler
rebuscado gleaned, searched for
recaer to fall back; to suffer a relapse
recámara bedroom
recapacitar to recover; to think over
recargar to reload, to recharge
receta prescription; recipe
recibir to receive
recibo receipt
recién recently; as soon as
reclamo enticement, call; adver-tisement
reclinar to recline
recobrar to regain
recoger(se) to pick up, to gather; *refl.* to retire, to go to bed

recolectar to collect
recóndito secret, conecaled; re-mote
reconfortado comforted
reconocer to recognize
reconquistar to reconquer
recordar to remind; to remember
recordatorio reminder
recorrer to examine, to survey, to go through, to review
recorrido trip, journey; path
recortar(se) to shorten; to cut away; to delineate, to stand out
recostar(se) to tilt; *refl.* to lean, to lie
recrear to recreate
rectamente *adv.* straight
rectificar to rectify, to correct
recto straight, erect
recubierto covered, paneled
recuerdo memory, keepsake
recuperar to recover, to regain strength
recurrir to resort, to revert, to recur
recurso resource, recourse
rechazar to refuse, to reject
rechinar to creak, to grate, to gnash
red *f.* net
redactar to write, to edit, to com-pose
redondeado rounded
redondel *m.* ring
redondez *f.* roundness
redondo round
referirse to refer to
reflejar to reflect (an image); to seem
reflejo reflection
reflexionar to reflect, to think

refrescar to refresh, to cool
refresco refreshment, soft drink
refugiarse to take shelter, to take refuge
refugio refuge
regado watered; spilled, spread
regalar to give (as a gift)
regazo lap
régimen *m.* diet; rule, regime
registrar to report, to record; to examine, to search
regla rule
regresar to return
regreso return
  de — returning; on the way back
rehusar to refuse
reir to laugh
reja iron grate, railing
rejuvenecedor rejuvenating
relámpago lightning
relieve *m.* relief, embossment
relojería watchmaker's shop
relleno stuffed; stuffing
remate *m.* conclusion; auction, bidding
remedar to mimic, to imitate
remedio remedy, solution; medicine
  no hay más — nothing else can be done
  no hay más — que one has to
remendar to repair, to mend
remesa remittance, shipment
remiendo adjustment; patch
remilgo pretense, affectation
remoción removal
remolino whirlwind, whirlpool, commotion
remontar to tower, to soar; to frighten away

remordimiento remorse
remoto remote, distant
remover to stir, to shuffle, to move
remozado rejuvenated
renacer to be reborn
rencor *m.* rancor, bitterness
rendición surrender
rendija crack, crevice, chink
rendirse to surrender
renglón line
renunciar to renounce, to give up, to resign
repartir to divide up, to distribute
reparto distribution
repente:
  de — suddenly
repentino sudden
repicar to toll, to ring
repisa pedestal, shelf
replicar to reply
reponer(se) to return, to answer; *refl.* to get well
reposado calmed, even, rested
reposar to relax
reproche *m.* reproach
repuesto *adj.* recovered; *m.* replacement
  de — spare
requerido detained, held back; required
resbalar to slide, to slip
reseco bone-dry
resentimiento resentment
resignarse to resign oneself
resolución resolution, resolve
resolver(se) to solve, to resolve, to decide
resorte *m.* spring
respaldo back, backing
respectivo respective
respetar to respect

respeto esteem, respect
respetuoso respectful
respiración breathing, breath
resplandecer to glitter
resplandor *m.* light, splendor, bright glow
respuesta reply
resquicio crack (in a door)
restallar to crack (a whip)
restituir to restore, to return
resto rest, remainder; *pl.* remains; leftovers
restregar to rub; to scrub
resucitar to resuscitate, to bring back to life
resuelto resolved
resumen *m.* outline
resumir to summarize
resurgir to reappear
retazo scrap
retener to keep, to retain
retículo network
retinto dark, pitch black
retirar(se) to withdraw, to remove; *refl.* to go away; to retire
reto challenge, threat
retórica rhetoric
retraído withdrawn
retrasado delayed; backward
retraso delay
retrato picture, portrait
retrete *m.* toilet
retroceder to step back, to retreat, to withdraw
reunión gathering, meeting
reunir to join, to gather, to meet
revelar to reveal, to disclose
revender to resell
revenido shriveled, shrunk; relinquished

reventar to burst; to blossom; *colloq.* to die (a violent death)
reverberante shimmering
revés *m.* reverse
al — backwards, inside out
revisar to revise, to examine, to review
revista journal, magazine
revivir to revive; to relive
revolcar(se) to knock down, to overcome; *refl.* to roll on the ground
revolver to stir, to churn, to revolve
revuelto mixed, messed up
rezar to pray
riesgo risk
rincón *m.* corner
riñón *m.* kidney
río river
— abajo down stream
— arriba up stream
risa laughter
risita *dim.* giggle
ritmo rhythm
rizo curl
robar to steal
roce *m.* rubbing, graze, light touch
rociar to bedew, to sprinkle with water
rodar to roll
rodeado surrounded
rodear to encircle, to go around
rodeo detour, turning
rodilla knee
roer to gnaw
rogar to beg, to implore
rojiblanco pale red, reddish white
rojizo reddish
rollo roll
romper(se) to break

ronco hoarse
ropa clothing
ropero closet, wardrobe
rosa rose
rosado pink
rosario rosary
rosetón *m.* big rose
rostro face
roto broken, cracked; torn
rotundamente emphatically
rozar to touch
rubio(-a) blond
rueda wheel
ruido noise
ruleta roulette
rumiar to ponder, to ruminate
rumor *m.* sound
rutina routine

S

sábado Saturday
sábana sheet
saber to know; to taste
sabio wise
sabor *m.* taste, flavor
saborear to taste, to savor
sacar to take out, to get; to win
— **a máquina** to type
saciado satiated, gratified
— **de** bored with, fed up
saco bag; jacket
sacrificar to sacrifice
sacrilegio sacrilege
sacudida jolt, shock
sacudir to shake, to wave; *refl.* to
tremble, to shake off
sagrado sacred, holy
sal *f.* salt
sala living room
salir to leave, to go out; to
appear, to come out

salón *m.* big room; salon
— **de billar** pool hall
salpicado dotted, spattered
salsa sauce
saltar to jump
salteado jumbled, assorted; not
complete; not in order
salud *f.* health; greeting
saludable healthy
saludar to greet
saludo greeting, salutation
salvaje savage, primitive
salvar to save
salvo safe, saved; *prep.* except
sanatorio sanatorium
sancocho stew
sangrante bleeding
sangre *f.* blood
sano healthy, sound
santidad saintliness, sanctity
santo saint, holy
santuario sanctuary
sapo frog, toad
sarmentado *adj.* pruned; full of
vine shoots
sastre *m.* tailor
sastrería tailor shop
satisfecho satisfied, full
secante blotter
secar to dry
seco dry; lean
sector area
seda silk
segregar to segregate; to define; to
secrete; to produce; to elaborate
seguida:
en — at once
seguir to continue; to follow
segundo second
seguridad assurance
seguro sure, secure

selva jungle
sello seal
semana week
semanal weekly
sembrar to sow, to plant
semejante similar
semejanza resemblance, sameness
semilla seed
sencillez *f.* simplicity
sencillo simple
sendero path
seno breast
sensato sensible
sentado seated
sentarse to sit down
sentencia sentence; law sentence; maxim
sentido felt, heartfelt; direction; sense, sensation; meaning
sentimiento feeling
sentir to feel
seño brow
separado separated
sepulcro sepulchre
sereno watchman; *adj.* serene
serie *f.* series
serpentina paper streamer; *adj.* serpentine
servicial subservient
servilleta napkin
servir to serve
— **para** to be good for
severidad severity, earnestness
sexto sixth
si if
siempre always
sien *f.* temple
sigiloso silent, secret
siglo century
significado meaning
signo sign, symbol, gesture

siguiente next
silbar to whistle
silbido whistle, hissing sound
silencio silence
silla chair
— **de montar** saddle
— **de resorte** swivel chair
sillón *m.* overstuffed chair; rocking chair
semidesnudo half-naked
simular to simulate
sin without
sino but
síntesis *f.* synthesis, summary
síntoma symptom
sinuoso winding
siquiera scarcely; though; at least, even
ni — not even
sirio (-a) *n.* and *adj.* Syrian
sirviente servant
sistema *m.* system
sitio place; siege
soberbio proud, arrogant
sobornar to bribe, to corrupt
sobrar to be left over, to be superfluous
sobre on, over, on top of; *m.* envelope
sobremesa:
de — after dinner
sobresaltarse to bestartled, to jump
sobresalto scare, fright, upset
sobretodo overcoat
sobrevivir to survive
sobrina niece
sofocar to suffocate
sol *m.* sun
soledad solitude
solicitar to solicit, to ask for
solitario alone; *n.* loner

solo alone

sólo only

soltar(se) to loosen, to shed, to let go; *refl.* to slip away, to escape

solterona old maid

solución solution

sombra shadow, shade

sombrero hat

sombrío somber, dark

sombríamente gloomily

sombrilla parasol

someter(se) to submit

sonámbulo somnambulist, sleep-walker

sonar(se) to sound; *refl.* to blow one's nose

sonreir to smile

sonriente smiling

sonrisa grin, smile

soñar (con) to dream (about)

soñoliento sleepy

sopa soup

soplar to blow

soplo breeze

sopor *m.* stupor, drowsiness, lethargy

soportar to support, to tolerate

soporte *m.* support, stand

sorber to sip

sorbo sip

sordamente with a thud; secretly

sordo deaf; dull (sound); deaf to reason

sorprendente surprising

sorprender to surprise

sortear to dodge; to clear (obstacles); to feel one's way

sortija ring

sosiego peace, rest

sospecha suspicion

sospechar to suspect

sostener(se) to support, to hold up

suave gentle, light, smooth, soft

subcontador subaccountant

subir to climb, to go up, to rise; to get on or into a vehicle

substancia substance

suceder to happen; to succeed (in order)

sucio dirty

sudar to sweat

sudor *m.* sweat

sudoroso sweaty

suela sole (of shoe)

sueldo salary, pay

suelo floor, ground

suelto loose

sueño sleep

conciliar el — to manage to fall asleep

suerte *f.* luck; kind, class

sufrimiento suffering

sufrir to suffer

suicidio suicide

sujetar to subject; to grasp, to grip; to fasten

suma total, sum, addition

en — in short

suministrar to supply

suntuoso sumptuous

superior upper

superpuesto superimposed, in layers

supersticiosamente superstitiously

suplir to supply; to replace, to substitute

suponer to assume, to suppose

suprimir to abolish, to cancel

supuesto supposed

sur south

surgir to emerge, to surge, to arise

surtidor supplier; fountain

suspender to interrupt, to suspend
suspenso suspense; bewilderment
suspirar to sigh
sustituir to substitute
susto scare, fright
sustraer to remove, to subtract
susurrar to murmur
susurro murmur, whisper
suyo yours, his, hers, its, theirs

T

tabla board, plank
taburete *m.* stool
tacto touch
tafeta thin, rather stiff silk
tajo cut, incision
talle *m.* figure, form; waist (of body)
taller *m.* shop
tallo sprout, stem
tamaño size
tambaleante tumbling, staggering
tambo *Peru* inn
tambor *m.* drum
tamborilear to drum
tampoco neither, nor
tan as, so
tanto so much
tapa lid, cover, top
tapar to cover, to close up
tapete *m.* cover for a table or chest; small carpet
tapiz *m.* tapestry, cloth
tapizado carpeted; upholstered
tardar to delay, to be late
tarde *f.* afternoon; *adv.* late
tarea task, chore, homework
tarifa price; list of prices
tarro jar, can
taza cup
té *m.* tea

tea torch, candlewood
tecla key (piano, etc.)
techo roof, ceiling
— **de palma** palm-thatched roof
tedio tedium
tejo yew tree; quoit
tela cloth
telaraña spider web
telégrafo telegraph
tema *m.* theme, subject
temblar to tremble
temblor *m.* trembling, shudder, tremor
temer to fear
temeridad temerity, imprudence, foolishness
temeroso fearful
tempestad storm
tenacidad tenacity, persistency
tenaz persistent
tender(se) to extend, to stretch; to distend; *refl.* to stretch out
tendido stretched out
tenedor *m.* fork
tener to have
— **que** to have to
tensión tension
tentación temptation
tentar to tempt; to feel, to grope, to touch
teñido stained, dyed, darkened
tercero third
terceto musical composition for three voices
terciopelo velvet
terco stubborn
terminar to finish
— **por** to end up by
ternura tenderness
terquedad stubbornness
terraza terrace

terreno terrain, ground
tesorero treasurer
tesoro treasure
tezontlé *Mex.* a construction stone
tía aunt
tibio tepid, lukewarm
tiempo time; weather
tienda tent; store
tierno gentle, tender
tierra earth
tieso stiff, rigid, firm
tiesto flower pot
tigre *m.* tiger
timbre *m.* timber (voice); bell
timidez *f.* timidity, shyness
tina tub; earthen water jar
tinajero *Mex.* wash stand; one
  who makes water jars
tiniebla darkness
tinta ink; shade (of color)
tintero inkwell
tipo type, kind; *colloq.* guy
tirado stretched out; thrown down
tirano tyrant
tirar to throw; to shoot; to draw,
  to pull
tiro shot
  a —s shooting; by bullets
  de un tirón at one stretch
tiroteo shooting at random; skir-
  mish
titulares headlines
tiza chalk
tobillo ankle
tocadiscos *m.* record player
tocar to knock; to touch; to play
  (instrument)
  —le a uno to be one's turn
todavía still, yet
todo all
toldo awning

tolerar to tolerate
tomar to take; to drink
tómbola raffle
tomo tome, volume
tontería foolishness
toque *m.* ring, sound; touch
  — de queda curfew call
torcedura twisting, sprain
torcer to twist, to wring
tornillo bolt
torno:
  en — a around, about, con-
    cerning
torpe torpid, dull, slow, heavy,
  clumsy
torre *f.* tower
tos *f.* cough
tosco coarse, unrefined
tostar to toast; to tan (from sun)
trabajo work, job, effort
trabajoso difficult, taxing
trabazón *f.* connection; traffic jam
traducir to translate
traer to bring
tragado swallowed
tragaluz *f.* skylight
tragar to gulp, to swallow
trago drink, gulp
traje *m.* suit of clothes, gown
  — de baile full gown
tranca bolt; beam; crossbar
tranquilo tranquil, calm
transcurrir to pass, to elapse, to
  take place
transitar to move about, to pass by
trapo rag
traslado transference, moving
traspasar to cross
trastienda back of the store
trastornado contorted, confused,
  perplexed

trastorno disturbance
tratado treaty
tratar to try
  — de or **con** to deal with
travesaño crossbar; beam
trece thirteen
tregua truce
tren *m.* train
trenzar to plait, to braid
trepar to climb, to scale
tribu *f.* tribe
tridente three-pronged fork
trigo wheat
tripa gut; entrails
tristeza sadness
tristón sad
triturado crushed
triunfal triumphant
triunfo triumph
trofeo trophy
tronal throne-like
tronera louver, small window
tropa troop
tropel *m.* rush, bustle
tropezar to bump into, to meet; to stumble
trotar to trot
trozo piece, chunk
truco trick
trueno thunder
truncado multilated, truncated
trunco truncated
tubo pipe
  colgar el — to hang up (the phone)
  — de vapor smoke stack
  — digestivo digestive tract
tuerca nut (mech.)
tufo odor
tul *m.* tulle
tumba grave

tumbo tumble
  dar —s to bounce
turbio confused, turbid, muddy
turbulento rushing, violent
turco (-a) *n.* and *adj.* Turk, Turkish
turno turn
tuya yours

U

ubicación location, situation
ubicar to locate
último last
  por — at last
umbral *m.* threshold, doorway
único only, lone, sole; unique
unir to join, to unite
uña fingernail; toenail; claw
urgente urgent
urgir to be pressing, urgent
usar to use, to wear
uso use
utilizar to utilize
uva grape

V

vaca cow
vaciadero drain; sink
vaciado emptied, depleted
vaciar to empty
vacío emptiness; *adj.* empty
vagar to wander about
vago vague; vagrant, idle
vagón *m.* train car
vaho vapor; breath
vaina pod; sheath
valer to be worth
  — la pena to be worthwhile
valija suitcase
  hacer la — to pack
valor *m.* courage; value

vals *m.* waltz
vanidad vanity, false pride
vano vain; useless
vapor *m.* steam
variante *m.* and *adj.* variable
varilla stave, rod; rib (of umbrella)
varios several
varonil manly
vaso glass; cup
vecino neighbor; *adj.* neighboring
vedado prohibited, denied; closed off
vejez *f.* old age
vela wakefulness; candle
veladora candle holder; night lamp
velar to veil; to keep vigil; to have a wake
velo veil
veloz fast
velloso downy, hairy
velludo shaggy, wooly
vencer to conquer, to overcome
vendedor *m.* salesman
— **ambulante** traveling salesman, peddler
vender to sell
venenoso poisonous
vengativo vengeful
venir to come
ventaja advantage
ventana window
ventanilla small window
ventilador *m.* fan
ver to see
tener que — con to deal with, to have to do with
verano summer
veras:
de — really, truly

verdad truth
verdadero true, truthful
verde green
verdoso greenish
verduras greens, vegetables
vergüenza shame, embarrassment
vericuetos rough, uneven ground; ups and downs
verificar to verify
verja grill, railing, iron grating
verruga mole, wart
vertiginoso dizzy, giddy
vertir to pour
vestíbulo hall
vestimenta dress
vestir(se) to dress, to wear
vestuario clothes; costumes
vez *f.* occasion, instance, time
vía path; passageway
viaje *m.* journey
viajero traveler
vianda food, victuals
viborear to wind like a snake
viboreo twisting
vibración vibration
victoria victory
vid *f.* vine, grapevine
vidrio glass
viejo old man; *adj.* old
viento wind
vientre *m.* belly, stomach
viernes Friday
viga roof beam
vigilar to watch, to keep watch
vileza vileness
vínculo link, tie, bond
vino wine
violácea violet-colored
violar to violate; to rape
virgen *f.* virgin
virginidad virginity

virtud virtue, goodness; quality, attribute

viscoso viscous

visera visor, peak (of cap)

visión vision, sight

víspera eve, night before

vista eyesight; view; vision

vistazo *n.* glance

vitalicio lasting for life (pension)

vitrina cabinet; show window

viuda widow

víveres *m.* victuals, groceries

vivir to live

vivo alive, quick, witty

volar to fly

voltear to turn

voluminoso bulky, voluminous

voluntad will, willpower

voluntarioso wilful, capricious

volver to turn, to return

  — **a** + *inf. action of verb* + again

voz *f.* voice

  en — **alta** aloud

vuelta turn, spin; return

vuelto *n.* change; *adj.* turned

Y

ya already, now

  — **no** no longer

  — **que** since

yacer to lie

yema:

  — **del dedo** fingertip

  — **de huevo** egg yolk

yerta inert, stiff, rigid

yeso plaster; chalk

yuyo weed

Z

zaguán *m.* porch, entrance hall

zanahoria carrot

zancudo mosquito; *adj.* long-legged

zapato shoe

zarza bramble

zigzagueante zigzagging

zumbido hum

zurcir to darn